北山四先生全書

黄靈庚　李聖華　主編

王柏卷

書疑（外三種）
魯齋王文憲公文集

上

〔宋〕王柏／撰
宋清秀　李鳳立　方媛／整理

上海古籍出版社

浙江文化研究工程成果文庫總序

習近平

有人將文化比作一條來自老祖宗而又流向未來的河，這是説文化的傳統，通過縱向傳承和横向傳遞，生生不息地影響和引領着人們的生存與發展；有人説文化是人類的思想、智慧、信仰、情感和生活的載體、方式和方法，這是將文化作爲人們代代相傳的生活方式的整體。我們説，文化爲群體生活提供規範、方式與環境，文化通過傳承爲社會進步發揮基礎作用，文化會促進或制約經濟乃至整個社會的發展。文化的力量，已經深深熔鑄在民族的生命力、創造力和凝聚力之中。

在人類文化演化的進程中，各種文化都在其内部生成衆多的元素、層次與類型，由此決定了文化的多樣性與複雜性。

中國文化的博大精深，來源於其内部生成的多姿多彩；中國文化的歷久彌新，取決於其變遷過程中各種元素、層次、類型在内容和結構上通過碰撞、解構、融合而產生的革故鼎新的强大動力。

中國土地廣袤、疆域遼闊，不同區域間因自然環境、經濟環境、社會環境等諸多方面的差

異，建構了不同的區域文化。區域文化如同百川歸海，共同匯聚成中國文化的大傳統，這種大傳統如同春風化雨，滲透於各種區域文化之中。在這個過程中，區域文化如同清溪山泉潺潺不息，在中國文化的共同價值取向下，以自己的獨特個性支撑着、引領着本地經濟社會的發展。

從區域文化入手，對一地文化的歷史與現狀展開全面、系統、扎實、有序的研究，一方面可以藉此梳理和弘揚當地的歷史傳統和文化資源，繁榮和豐富當代的先進文化建設活動，規劃和指導未來的文化發展藍圖，增强文化軟實力，爲全面建設小康社會、加快推進社會主義現代化提供思想保證、精神動力、智力支持和輿論力量；另一方面，這也是深入瞭解中國文化、研究中國文化、發展中國文化、創新中國文化的重要途徑之一。如今，區域文化研究日益受到各地重視，成爲我國文化研究走向深入的一個重要標誌。我們今天實施浙江文化研究工程，其目的和意義也在於此。

千百年來，浙江人民積澱和傳承了一個底藴深厚的文化傳統。這種文化傳統的獨特性，正在於它令人驚嘆的富於創造力的智慧和力量。

浙江文化中富於創造力的基因，早早地出現在其歷史的源頭。在浙江新石器時代最爲著名的跨湖橋、河姆渡、馬家浜和良渚的考古文化中，浙江先民們都以不同凡響的作爲，在中華民族的文明之源留下了創造和進步的印記。

浙江人民在與時俱進的歷史軌迹上一路走來，秉承富於創造力的文化傳統，這深深地融匯在一代代浙江人民的血液中，體現在浙江人民的行爲上，也在浙江歷史上衆多傑出人物身上得到充分展示。從大禹的因勢利導、敬業治水，到勾踐的卧薪嘗膽、勵精圖治；從錢氏的保境安民、納土歸宋，到胡則的爲官一任、造福一方；從岳飛、于謙的精忠報國、清白一生，到方孝孺、張蒼水的剛正不阿、以身殉國；從沈括的博學多識、精研深究，到竺可楨的科學救國、求是一生；無論是陳亮、葉適的經世致用，還是黄宗羲的工商皆本；無論是王充、王陽明的批判、自覺，還是龔自珍、蔡元培的開明、開放，等等，都展示了浙江深厚的文化底藴，凝聚了浙江人民求真務實的創造精神。

代代相傳的文化創造的作爲和精神，從觀念、態度、行爲方式和價值取向上，孕育、形成和發展了淵源有自的浙江地域文化傳統和與時俱進的浙江文化精神，她滋育着浙江的生命力、催生着浙江的凝聚力、激發着浙江的創造力、培植着浙江的競争力，激勵着浙江人民永不自滿、永不停息，在各個不同的歷史時期不斷地超越自我、創業奮進。

悠久深厚、意韵豐富的浙江文化傳統，是歷史賜予我們的寶貴財富，也是我們開拓未來的豐富資源和不竭動力。黨的十六大以來推進浙江新發展的實踐，使我們越來越深刻地認識到，與國家實施改革開放大政方針相伴隨的浙江經濟社會持續快速健康發展的深層原因，就在於浙江深厚的文化底藴和文化傳統與當今時代精神的有機結合，就在於發展先進生産力與發展先進文化的有機結合。今後一個時期浙江能否在全面建設小康社會、加快社會主義現代化建設進程中繼續走在前列，很大程度上取決於我們對文化力量的深刻認識、對發展先進文化的高度自覺和對加快建設文化大省的工作力度。我們應該看到，文化的力量最終可以轉化爲物質的力量，文化的軟實力最終可以轉化爲經濟的硬實力。文化要素是綜合競争力的核心要素，文化資源是經濟社會發展的重要資源，文化素質是領導者和勞動者的首要素質。因此，研究浙江文化的歷史與現狀，增强文化軟實力，爲浙江的現代化建設服務，是浙江人民的共同事業，也是浙江各級黨委、政府的重要使命和責任。

二〇〇五年七月召開的中共浙江省委十一届八次全會，作出《關於加快建設文化大省的決定》，提出要從增强先進文化凝聚力、解放和發展生産力、增强社會公共服務能力入手，大力實施文明素質工程、文化精品工程、文化研究工程、文化保護工程、文化産業促進工程、文化陣地工程、文化傳播工程、文化人才工程等「八項工程」，實施科教興國和人才强國戰略，加快建設教育、科技、衛生、體育等「四個强省」。作爲文化建設「八項工程」之一的文化研究工程，其任務就是系統研究浙江文化的歷史成就和當代發展，深入挖掘浙江文化底藴、研究浙江現象、總結浙江經驗、指導浙江未來的發展。

浙江文化研究工程將重點研究「今、古、人、文」四個方面，即圍遶浙江當代發展問題研究、浙江歷史文化專題研究、浙江名人研究、浙江歷史文獻整理四大板塊，開展系統研究，出版系列叢書。在研究内容上，深入挖掘浙江文化底蘊，系統梳理和分析浙江歷史文化的内部結構、變化規律和地域特色，堅持和發展浙江精神；研究浙江文化與其他地域文化的異同，釐清浙江文化在中國文化中的地位和相互影響的關係；圍遶浙江生動的當代實踐，深入解讀浙江現象，總結浙江經驗，指導浙江發展。在研究力量上，通過課題組織、出版資助、重點研究基地建設、加强省内外大院名校合作、整合各地各部門力量等途徑，形成上下聯動、學界互動的整體合力。在成果運用上，注重研究成果的學術價值和應用價值，充分發揮其認識世界、傳承文明、創新理論、咨政育人、服務社會的重要作用。

我們希望通過實施浙江文化研究工程，努力用浙江歷史教育浙江人民、用浙江文化熏陶浙江人民、用浙江精神鼓舞浙江人民、用浙江經驗引領浙江人民，進一步激發浙江人民的無窮智慧和偉大創造能力，推動浙江實現又快又好發展。

今天，我們踏着來自歷史的河流，受着一方百姓的期許，理應負起使命，至誠奉獻，讓我們的文化綿延不絕，讓我們的創造生生不息。

二〇〇六年五月三十日於杭州

浙江文化研究工程成果文庫序言

袁家軍

浙江是中華文明的發祥地之一，歷史悠久、人文薈萃，素稱「文物之邦」「人文淵藪」，從河姆渡的陶竈炊烟到良渚的文明星火，從吴越争霸的千古傳奇到宋韵文化的風雅氣度，從革命紅船的揚帆起航到建國初期的篳路藍縷，從改革開放的敢爲人先到新時代的變革創新，都留下了彌足珍貴的歷史文化財富。縱覽浙江發展的歷史，文化是軟實力，也是硬實力，是支撑力，也是變革力，爲浙江幹在實處、走在前列、勇立潮頭提供了獨特的精神激勵和智力支持。

二〇〇三年，習近平總書記在浙江工作時作出「八八戰略」重大決策部署，明確提出要進一步發揮浙江的人文優勢，積極推進科教興省、人才强省，加快建設文化大省。二〇〇五年七月，習近平同志主持召開省委十一届八次全會，親自擘畫加快建設文化大省的宏偉藍圖。在習近平同志的親自謀劃、親自布局下，浙江形成了文化建設「3＋8＋4」的總體框架思路，即全面把握增强先進文化的凝聚力、解放和發展文化生産力、提高社會公共服務力等「三個着力點」，啓動實施文明素質工程、文化精品工程、文化研究工程、文化保護工程、文化産業促進工程、文化陣地工程、文化傳播工程、文化人才工程等「八項工程」，加快建設教育、科技、衛生、體育等「四個强省」，構建起浙江文化建設的「四樑八柱」。這些年來，我們按照習近平總書記當年作出的戰略部署，堅持一張藍圖繪到底、一任接着一任幹，不斷推進以文鑄魂、以文育德、以文圖强、以文傳道、以文興業、以文惠民、以文塑韵，走出了一條具有中國特色、時代特徵、浙江特點的文化發展之路。

文化研究工程是浙江文化建設最具標誌性的成果之一。隨着第一期和第二期文化研究工程的成功實施，產生了一批重點研究項目和重大研究成果，培育了一批具有浙江特色和全國影響的優勢學科，打造了一批高水平的學術團隊和在全國有影響力的學術名師、學科骨幹。二〇一五年結束的第一批浙江文化研究工程共立研究項目八百十一項，出版學術著作千餘部。二〇一七年三月啓動的第二期浙江文化研究工程，已開展了五十二個系列研究，立重大課題六十五項、重點課題二百八十四項，出版學術著作一千多部。特別是形成了《宋畫全集》等中國歷代繪畫大系、《共和國命運的抉擇與思考——毛澤東在浙江的七百八十五個日日夜夜》等領袖與浙江研究系列、《紅船逐浪：浙江「站起來」的革命歷程與精神傳承》等「浙一百年」研究系列、《浙江通史》《南宋史研究》等浙江歷史專題史研究系列、《良渚文化研究》等浙江史前文化研究系列、《儒學正脈——王守仁傳》等浙江歷史名人研究系列、《吕祖謙全集》等浙江文獻集成系列。可以説，浙江文化研究工程，賡續了浙江悠久深厚的文化血脈，挖掘了浙江深層次的文化基因，提升了浙江的文化軟實力，彰顯了浙江在海内外的學術影響力，爲浙江當代發展提供了堅實的理論支撑和智力支持，爲堅定文化自信提供了浙江素材。

當前，浙江已經踏上了實現第二個百年奮斗目標的新征程，正在奮力打造「重要窗口」，争創社會主義現代化先行省，高質量發展建設共同富裕示範區。文化工作在浙江高質量發展建設共同富裕示範區中具有决定性作用，是關鍵變量；展現共同富裕美好社會的圖景，文化是最富魅力、最吸引人、最具辨識度的標識。我們要發揮文化鑄魂塑形賦能功能，爲高質量發展建設共同富裕示範區注入强大文化力量，特别是要堅持把深化文化研究工程作爲打造新時代文化高地的重要抓手，努力使其成爲研究闡釋習近平新時代中國特色社會主義思想的重要陣地、傳承創新浙江優秀傳統文化革命文化社會主義先進文化的重要平臺、構建中國特色哲學社會科學的重要載體、推廣展示浙江文化獨特魅力的重要窗口。

新時代浙江文化研究工程將延續「今、古、人、文」主題，重點突出當代發展研究、歷史文化研究、「新時代浙學」建構，努力把浙江的歷史與未來貫通起來，使浙學品牌更加彰顯、浙江文化形象更加鮮明、中國特色哲學社會科學的浙江元素更加豐富。新時代浙江文化研究工程將堅守「紅色根脈」，更加注重深入挖掘浙江紅色資源，持續深化「習近平新時代中國特色社會主義思想在浙江的探索與實踐」課題研究，努力讓浙江成爲踐行創新理論的標杆之地、傳播中華文明的思想之窗；擦亮以宋韵文化爲代表的浙江歷史文化金名片，從思想、制度、經濟、社會、百姓生活、文學藝術、建築、宗教等方面全方位立體化系統性研究闡述宋韵文化，努力讓千年宋韵更好地在新時代「流動」起來、「傳承」下去；科學解讀浙江歷史文化的豐富内涵和時代價值，更加注重學術成果的創造性轉化，探索拓展浙學成果推廣與普及的機制、形式、載體、平臺，努力讓浙學成果成爲有世界影響的東方思想標識；充分動員省内外高水平專家學者參與工程研究，堅持以項目引育高端社科人才，努力打造一支走在全國前列的哲學社會科學領軍人才隊伍；系統推進文化研究數智創新，努力提升社科研究的科學化水平，提供更多高質量文化成果供給。

偉大的時代，需要偉大作品、偉大精神、偉大力量。期待新時代浙江文化研究工程有更多的優秀成果問世，以浙江文化之窗更好地展現中華文化的生命力、影響力、凝聚力、創造力，爲忠實踐行「八八戰略」、奮力打造「重要窗口」，争創社會主義現代化先行省，高質量發展建設共同富裕示範區，提供强大思想保證、輿論支持、精神動力和文化條件。

總目

總序

南宋乾淳間，吕祖謙東萊之學、陳亮永康之學、唐仲友説齋之學同時並起，金華之學彬彬稱盛。吕祖謙尤著，與朱熹、張栻并稱「東南三賢」，又與朱熹、陸九淵并稱「朱陸吕三大家」。祖謙惜早逝，麗澤門人無大力者繼之，永康、説齋之學亦無紹傳。嘉定而後，何基、王柏振起。何基（一一八八—一二六九），字子恭，金華人。親炙於朱熹高弟子黄榦，居北山之陽，學者稱北山先生。門人王柏（一一九七—一二七九），字會之，一字仲會，號長嘯，改號魯齋，金華人。家學源於朱、吕，而已則師於何基。何、王轉承朱子之統，王柏又私淑東萊。王柏門人金履祥（一二三二—一三〇三），字吉父，號次農，蘭溪人。從學王柏，并得何基指授。宋、元易代，以遺民終，隱居講學，許謙、柳貫諸子從學。許謙（一二六九—一三三七），字益之，號白雲山人，東陽人。年三十一師履祥，爲元世大儒。後世推許何、王、金、許，并稱「金華四賢」「金華四先生」「金華四子」「何王金許四君子」，又稱「北山四先生」。

四先生爲講學家之流，名相并稱始於元末，流行於明初。杜本《吴先生墓誌銘》：「浙之東州有數君子，爲海内所師表。蓋自朱子之學一再傳，而何、王、金、許實能自外利榮，蹈履純固，反身克己，體驗精切，故其育德成仁，顯有端緒。」①黄溍《吴正傳文集序》：「初，紫陽朱子之門人高弟曰勉齋黄氏，自黄氏四傳，曰北山何氏、魯齋王氏、仁山金氏、白雲許氏，皆婺人。」②宋濂《故丹谿先生朱公石表辭》：「而考亭之傳，又唯金華之四賢續其世胤之正。」③張以寧《甌山存稿序》：「婺爲郡儒先東萊吕成公之里也。近何、王、金、許氏，得勉齋黄公之傳於徽國朱文公者，以經學教於鄉。」④蘇伯衡《洗心亭記》：「伯圭，何文定公、王文憲公、金文安公、許文懿公里中子，而四賢實以朱文公之學相授受。」⑤鄭楷《翰林學士承旨宋公行狀》：「初，宋南渡後，新安朱文公、東萊吕成公並時而作，皆以斯道爲己任。婺實吕氏倡道之邦，而其學不大傳。朱氏一再傳，爲何基氏、王柏氏，又傳之金履祥氏、許謙氏，皆婺人，而其傳遂爲朱學之世適。」⑥以上爲元末明初諸家并提四家之說。導江張𢄙爲王柏高弟子，「以其道顯於

① 吴師道《禮部集》附録，文淵閣《四庫全書》本。
② 黄溍《金華黄先生文集》卷十八，元刻本。
③ 宋濂《宋學士文集》卷十九，明天順五年黄譽刻本。
④ 張以寧《翠屏文集》卷三，明成化間刻本。
⑤ 蘇伯衡《蘇平仲文集》卷八，《四部叢刊》景明正統刻本。
⑥ 程敏政《明文衡》卷六十二，《四部叢刊》景明本。

北方」①，柳貫與許謙同學於履祥，元時又有黄溍、吴萊、吴師道、胡長孺并著聞，何以不入「四賢」之目？以上所引諸説已明言之：一則四先生遞相師承，非嫡傳不入；二則四先生於吕學既衰之後，上接紫陽之傳，以講學明道爲己任，非一般詞章文士；三則皆不肯仕，高蹈遠引，以經學教於鄉；四則學行著述堪爲師表，足傳道脈。元末明初學者多稱説「何王金許」、「金華四賢」，盛明而後始多稱「金華四先生」。「北山四先生」之稱，則始於全祖望修補《宋元學案》，改《金華學案》爲《北山四先生學案》。蓋以北山一脈起於何基，何基居金華北山下，取以自號，王柏、金履祥亦居北山之下，隱於斯，遊於斯，講學於斯。北山秀奇，得四先生名益彰，北山有靈，亦莫大幸焉。

在中國學術史上，四先生成就雖不足與朱、陸、吕三大家相提并論，但皆不愧一代學者。且其上承朱、吕，下啓明清理學及浙學一脈，有功於浙學與宋元明清儒學匪淺，學術貢獻不下於王陽明、黄宗羲諸大家。

① 吴師道《敬鄉録》卷十四，明抄本。

一、朱子世適，兼取東萊

四先生爲朱子嫡脈，除何基「確守師説」外，餘三家承朱子之學，繼朱子之志，鑒取東萊之學，兼容并包，已構成朱學之變。即浙學而言，由此復興，雖與東萊、永康、永嘉所引領浙學初興有異，但亦是浙學之「新變」。全祖望《北山四先生學案序録》稱金履祥爲「浙學之中興」，卓有見解。

（一）傳朱一脈

金華爲東萊講學之邦，何基、王柏奮起於吕學衰没之際，承朱學之統，亦自有故。

按王柏《何北山先生行狀》，何基早歲從鄉先生陳震習舉子業，已能潛心義理。弱冠隨父伯慧宦遊臨川，適黄榦爲令，伯慧令二子何南、何基師事之。黄榦首教以「爲學須先辦得真實心地，刻苦工夫」，臨別告以「但讀熟《四書》，使胸次浹洽，道理自見」。何基「終身服習，不敢頃刻忘也。一室危坐，萬卷横陳，存此心於端莊静一之中，窮此理於研精覃思之際。每於聖賢微詞奥義疑而未釋者，必平其心，易其氣，舒徐容與，不忘不助，待其自然貫通，未嘗參以己意。不立異以爲高，不狥人而少變。蓋其思之也精，是以守之也固。充其知而反於身者，莫不踐其實」①。

雖説何基開金華朱學之門，但居鄉里未嘗開門授徒，聞名而來學者，亦未嘗爲立題目、作話頭。王柏從學何基，及金履祥從學王柏、許謙問師履祥，皆有偶然性。王柏身出望族，少慕諸葛亮之爲人，年逾三十，與友人汪開之同讀《四書》，取《論孟集義》求朱子去取之意，以黄榦《四書通釋》尚闕答問，乃約爲《語録精要》以足之，題曰《通旨》。間從朱子門人楊與立、劉炎、陳文蔚問朱門傳授之端，與立告何基得朱氏之傳，即往從學②。何基授以「立志居敬」之旨，舉胡宏之言曰：「立志以定其本，居敬以持其志。志立乎事物之表，敬行乎事物之内。」③王柏自是發憤讀書，來學者必先教之讀《大學》。

金履祥年十八試中待補太學生，有能文聲。旋自悔，屏舉子業，研解《尚書》。與同郡王相爲友，知向濂洛之學。聞何基得朱子之傳，欲往從之無由。年二十三，由王相之介，得從王柏受業。初見，問爲學之方，即教以「立志居敬」，問讀書之目，則曰「自《四書》始」。未幾，由王柏之介進於何基之門，自是講貫益密，造詣益精，講求裎躬搆物，如何、王所訓「存敬畏心，

① 何基《何北山先生遺集》卷四，《金華叢書》本。
② 金履祥《仁山文集》卷三，明萬曆二十七年刻本。
③ 王柏《復吴太清書》，《魯齋集》卷八，明崇禎刻本。

尋恰好處」，「真實心地，刻苦工夫」。柳貫《故宋迪功郎史館編校仁山先生金公行狀》云：「二先生鄉丈人行，皆自以爲得之之晚，而深啓密證，左引右掖，期底于道。雖孫明復之於石守道，胡翼之之於徐仲車，不是過也。然文定之所示曰『省察克治』，文憲之所示曰『涵養充拓』，語雖甚簡，而先生服之終身，嘗若有所未盡焉者。」①

大德五年，履祥年七十，講道蘭江之上，許謙始來就學，年已三十一。明年，履祥設教金華吕祖謙祠下，許謙從之卒業。履祥告曰：「吾儒之學，理一而分殊。理不患其不一，所難者分殊耳。」許謙由是致辨於分之殊，而要歸於理之一。屏居八華山，率衆講學，教人「以五性人倫爲本，以開明心術變化氣質爲先，以爲己爲立心之要，以分辨義利爲處事之制」②。吴師道《祭許徵君益之文》云：「烏乎紫陽！朱子之傳，其在吾鄉，曰何與王。傳之仁山，以及於公，其道彌光。仁山之門，公晚始到。獨超等夷，遠詣深造。」③

① 柳貫《柳待制文集》卷二十，《四部叢刊》景元至正本。
② 黄溍《白雲許先生墓誌銘》，《金華黄先生文集》卷三十二。
③ 吴師道《吴禮部文集》卷二十，《金華叢書》本。

何、王崛起於吕學衰落之際，傳朱子之學。然生於東萊講學之鄉，麗澤之潤已入士人肌理。故自王柏以下，返本溯源，遂成學朱爲主、參諸吕學之格局。此一變化自王柏始。

（二）兼采吕學

王柏家學出於吕氏。按葉由庚《王魯齋先生壙誌》，王柏祖師愈從楊時受《易》《論語》，後與朱、張、吕遊。父瀚與其叔季執經問難於考亭、麗澤之門，世其家學。王柏早孤，抱志宏偉，三十而後「始知家學授受之原，慨然捐去俗學以求道」。既師何基，發憤奮厲，「研窮愈刻深，則義理愈呈露；涵養愈細密，則趣味愈無窮」①。金履祥《魯齋先生文集目後題》追溯魯齋家學云：「初，公之大父焕章公與朱、張、吕三先生爲友，父仙都公早從麗澤，又以通家子登滄洲之門。公天資超卓，未及接聞淵源之論而早孤。年長以壯，謂科舉之學不足爲也，而更爲文章偶儷之文；又以偶儷之文不足爲也，而從學於古文、詩律之學，工力所到，隨習輒精。今存於《長嘯醉語》者，蓋存而未盡去也，公意不謂然。因閲家書，而得師友淵源之緒，間從撝堂先生劉公、船山先生楊公、克齋先生陳公考問朱門傳授之端。而於楊公得聞北山何子恭父之名，於是尋訪盤溪之上，盡棄

① 王柏《魯齋王文憲公文集》附録，《金華叢書》本。

所學而學焉。」①所言王柏既見何基，「盡棄所學」，非謂盡棄家學，而指前之所好。吴師道《仙都公所與子書》亦載：「魯齋先生之學，世有自來矣。先生大父崇政講書直焕章閣致仕，諱師愈，師事龜山楊公，後又從朱、張、吕三公遊，朱子誌墓稱其有本有文者也。父朝奉郎、主管仙都觀，諱瀚，執經朱、吕之門，克世其學。此其所與子書，莫非《小學》書、《少儀外傳》之旨也。」②

東萊之學，與朱、陸有同有異。概言之，東萊主於經史不分，《五經》、史學皆擅；近接北宋理學之緒，遠采漢儒考據訓詁，并重義理、考據；博收廣覽，以文獻見長，講求通貫；重於用實，揆古用今。吕祖謙與陳亮等人好讀史，學問「博雜」，朱熹深有不滿，指爲「浙學」風習。然東萊之學自成一系。王柏嘗爲履祥作《三君子贊》，分贊「東南三賢」朱熹、張栻、吕祖謙，《吕成公》云：「片言妙契，氣質盡磨。八世文獻，一身中和。手織雲漢，心衡今古。鼎峙東南，乾淳鄒魯。」③於東萊評價高矣。然王、金諸子終不明言取則東萊，而標榜傳朱一脈。葉由庚《壙誌》、金履祥《後題》、吴師道《仙都公所與子書》追溯王柏家學出於吕氏，亦皆重於載述從何基接軌朱子一脈，而不言返本吕學。

① 金履祥《仁山先生文集》卷三。
② 吴師道《吴禮部文集》卷十七。
③ 金履祥《濂洛風雅》卷一，清雍正間金律刻本。

論四先生之學，當察其言，觀其行，亦必考其實跡，始可得真實全貌。王、金、許三家，於《五經》之好不減《四書》，既重性理探求，復事於訓詁考據；守朱子之説，而欲爲「忠臣」，以求是爲本；朱子不喜學者嗜讀史，三家未盡遵行；朱子不喜浙學「博雜」，三家貫通經史、諸子百家，喜輯録文獻；朱子不喜浙人好言事功，三家負經濟之略，而身在草萊，心存當世，欲出所學措諸政事。柳貫《金公行狀》稱履祥「先生夙有經世大志，而尤肆力于學，凡天文地形、禮樂刑法、田乘兵謀、陰陽律曆，靡不研究其微，以充極於用」。史學、考據乃東萊所長，朱子亦借助訓詁，并出其餘力研史，此史學、考據終爲其所短。王、金、許三家取朱子言性理之長，去其所短，兼師東萊，遂精於史學、考據。

王、金、許三家援漢儒訓詁考據以治《四書》《五經》，得力於東萊頗多。生於東萊講學舊邦，風氣霑熏，有其不自知者。尤可言者，四先生好「標抹點書」，殆傳東萊文獻之學。東萊標抹圈點之書，如《儀禮》《漢書》《史記》《資治通鑑》等，久爲士林所重。吕喬年稱其「一字一句，點畫皆有深意，而所得之精，多見於此」①。吴師道屢言四先生「標抹點書」，乃鑒用東萊之法。《請傳習許益之先生點書公文》：「當職生長金華，聞標抹點書之法始自東萊吕成公，至今故

① 吴師道《吴禮部文集》卷十八。

家所藏猶有《漢書》《資治通鑑》之類。」①《題程敬叔讀書工程後》：「蓋自東萊吕成公用工諸書，點正句讀，加以標抹，後儒因之，北山何先生基子恭、魯齋王先生柏會之俱用其法」，「金、張亦皆有所點書，其淵源有自來矣。」②章懋《楓山語録》云：「何最切實，王、金、許不免考索著述多些。」又，「東萊於香溪，四賢於東萊，皆無干涉」③。王、金、許「考索著述多些」，即三家重於文獻。然稱四先生與東萊「無干涉」，未盡合於實。東萊文獻之學冠於海内，四先生生長其鄉，著述相接，故論者曰：「吾婺固東南鄒魯也，中原文獻之傳甲於天下。」④全祖望稱王應麟承東萊文獻之學，爲「明招之大宗」。以文獻之傳而言，王、金、許何嘗不可稱「明招之大宗」？

四先生緣何不明言取徑東萊，今蠡測之，蓋有數因：一則重於師承，稱説師門，但言朱子，不言其他。二則東萊之學不能無弊，麗澤後學治經，輯討文獻，或疏於性理求索；四先生以明道爲先務，篤信朱子問學要義。三則朱子批評浙人「好功利」，四先生亦警醒，關注世用而不急功求利，不標舉東萊之學，或有此故。由此不難理解葉由庚《壙誌》所言：「證古難也，

① 吴師道《吴禮部文集》卷二十。
② 吴師道《吴禮部文集》卷十七。
③ 章懋《楓山語録》，文淵閣《四庫全書》本。
④ 張祖年《婺學志》集前序，清刻本。

復古尤難也；明道難也，任道尤難也。朱、張、呂三先生同生於一時，皆以承濂洛之統爲身任者也。張、呂不得其壽，僅及終身，經綸未展，論著靡竟。獨文公立朝之時少，居閑之日多，大肆其力於聖經賢傳，刊黜《詩》《書》之小序，紹復《易》《春秋》之元經，定著《論語》《孟子》《中庸》《大學》章句，以立萬世之法程。北山、魯齋二先生同生於一鄉，亦皆以續考亭之傳爲身任者也。」①

四先生之學，以朱學爲本，參諸東萊，朱、呂互爲表裏。海寧查慎行爲黄宗羲高弟子，《得樹樓雜鈔》卷一云：「魯齋上承呂、何之緒，下開金、許之傳，其功尤大。」②卓有識見。數百年來，學者罕直言四先生私淑東萊，而述及學統，或指出接緒朱、呂。成化三年，浙江按察司僉事辛訪奏請將宋儒何基等封爵從祀，下禮部尚書兼翰林學士陳文議：「昔者晦庵朱文公熹與東萊呂成公祖謙皆傳聖道，而金華郡儒者何基、王柏、金履祥、許謙師徒，累葉出於文公之後，以居于成公之鄉，其於斯道不爲不造其涯涘，然達淵源則未也；不爲不躡其徑庭，然造堂奥則未也。」③張祖年《八婺理學淵源序》云：「子朱子挺生有宋，疏洙泗，瀹濂洛，决横渠，排金

① 王柏《魯齋王文憲公文集》附録《壙誌》。
② 查慎行《得樹樓雜鈔》卷一，民國《適園叢書》本。
③ 姚夔《姚文敏公遺稿》卷十，明弘治間姚璽刻本。

谿，補苴罅漏，千古理學淵源，渾涵渟滀，稱會歸矣。維時吾婺東萊成公倡道東南，而子朱子、南軒宣公聲應氣求，互相往來」，「是麗澤一泓，固八婺理學淵源也，猗歟盛哉！三先生爲東南理學鼎峙，吾婺學者翕然宗之」，「而毅然卓見斯道者，未之有聞。幸北山先生父伯慧者，佐治臨川，欽勉齋黄氏學，命北山師事之，遂載紫陽的傳而歸。以授之魯齋，魯齋以授之仁山，仁山以授之白雲，踵武繩繩，機籥相印，而麗澤溶瀁灝瀚矣」①。胡宗楙謂趙宋南渡，婺學昌盛，鉤稽派别，可約分政學、理學、文學三派，其理學則自范浚以下，繼以東萊，復繼以四先生。《續金華叢書序》云：「二曰理學，香溪《心箴》，導其先河。東萊吕氏，麗澤講席。北山、魯齋，溯源揚波。仁山、白雲，一脈相嬗。莘莘學子，追蹤鄒魯。咸淳之際，於斯爲盛。」②當然，論者迄今仍多只認四先生爲朱子嫡傳。近歲，我們昌言「浙學復興」，强調四先生兼傳東萊之學，諸論始有所改觀。

（三）從「確守師説」到「要歸於是」

四先生中，何、王歿於宋，金履祥由宋入元，許謙則爲元世名儒。四先生尊德性，道問學，

① 張祖年《婺學志》集前序。
② 胡宗楙《夢選樓文鈔》卷上，民國二十五年刊本。

遞相師傳，百餘年間亦有前後變化。兼采吕學，即是自王柏後一大變化。另一顯著變化，即從「確守師説」到願爲「朱子之忠臣」，篤於求是。

何基之學，立志以定本，恭敬以持志，力學以致知，篤守朱、黄之傳，虚心體察，不欲參以己意，不以立異爲高。王柏《何北山先生行狀》稱「思之也精」，「守之也固」。《啓蒙發揮後序》又説：「晚年纂輯朱子之緒論，羽翼朱子之成書，不敢自加一字，而條理粲然，羣疑盡釋。」①《同祭北山何先生》則云：「公獨屹然，堅守勿失」，「發揮師言，以會於歸」②。黄宗羲論云：「北山之宗旨，熟讀《四書》而已」，「北山確守師説，可謂有漢儒之風焉。」③

王柏問學，重視求於《四書集注》《周易本義》之内，然好探朱子發端而未竟之義，考訂索隱朱子所未及，視此爲繼朱子之志，較何基已有變化。葉由庚《壙誌》云：「先生學博而義精，心平而識遠，考訂羣書，如干將、莫邪，所向肯綮，迎刃自解。凡文公發其端而未竟，致其疑而未決，與夫諸儒先開明之所未及者，莫不該攝融會，權衡裁斷，以復經傳之舊」，「上自羲畫，下逮魯經，莫不索隱精訂，以還道經之舊，以承考亭之志，確乎其任道之勇也！」金履祥《祭魯齋

① 王柏《魯齋王文憲公文集》卷五，明崇禎間刻本。
② 王柏《魯齋王文憲公文集》卷十九。
③ 黄百家《金華學案》。

先生文》云：「論定諸經，决訛放淫。辯析羣言，折衷聖人。究其分殊，萬變俱融。會諸理一，天然有中。見其全體，靡所不具。」①

金履祥爲王柏所授，重於求是，不標新奇之論，亦不拘於一説，欲爲「朱子之忠臣」。《論孟集注考證跋》云：「文公《集注》，多因門人之問更定，其問所不及者，亦或未修，而事跡名數，文公亦以無甚緊要略之，今皆爲之修補。或疑此書不無微牾者，既是再考，豈能免此？但自我言之，則爲忠臣；自他人言之，則爲讒賊爾。此履祥將死真切之言，二三子其詳之！」②李桓《論孟集注考證序》云：「其於《集注》也，推其意之未發，佐其力之不及，以簡質之文，達精深之義，而名物度數、古今實事之詳，一皆表其所出。後儒之説，可以爲之羽翼者，間亦採摭而附入之。觀之時若不同，實則期乎至當，故先生嘗自謂朱子之忠臣。夫忠臣者，固不爲苟同，而其心豈欲背戾以求異哉？蓋將助之而已矣。斯則《考證》之修所以有補於《集注》者也。」③

許謙承履祥之傳，於先儒之説未當處不敢苟同，敷説義理，歸於平實，考據訓詁，「要歸於

① 金履祥《仁山文集》卷三。
② 金履祥《孟子集注考證》，《率祖堂叢書》本。
③ 陸心源《皕宋樓藏書志》卷十，清同治、光緒間刻《潛園總集》本。

是」。黄溍《白雲許先生墓誌銘》云：「先生於書無不觀，窮探聖微，蘄於必得，雖殘文羡語，皆不敢忽。有不可通，則不敢强。於先儒之説，有所未安，亦不敢苟同也。讀《四書章句集注》，有《叢説》二十卷。敷繹義理，惟務平實」，「讀《詩集傳》，有《名物鈔》八卷。正其音釋，考其名物度數，以補先儒之未備，仍存其逸義，旁採遠援，而以己意終之。讀《書集傳》，有《叢説》六卷。時有與蔡氏不能盡合者，每誦金先生之言曰：『自我言之，則爲忠臣；自他人言之，則爲讒賊。』要歸於是而已。」①

四先生之學，從何基「確守師説」，到金履祥、許謙「要歸於是」，乃其前後一大變化。四先生傳朱子之學，重於涵養功夫、踐履真實。何基常是一室危坐，存此心於端莊静一之中，研精覃思。履祥從學何、王，何基示曰「省察克治」，王柏示曰「涵養充拓」，履祥服之終身，常若有所未足。許謙習静，晚年尤以涵養本原爲務，講授之餘，齋居凝然。應典《八華精舍義田記》云：「迨其晚年，有謂：聖賢之學，心學也。後之學者雖知明諸心，非諸事，而涵養本原，弗究弗圖，則雖博極群書，修明勵行，而與聖賢之心猶背而馳也。」②

① 黄溍《金華黄先生文集》卷三十二。
② 党金衡纂修《道光東陽縣志》卷十，民國三年石印本。

（四）發揮表箋，漢宋互參

何基「確守師説」，毋主先入，毋師己意，虚心體察，述自得之意，名其著述曰「發揮」，所撰有《易學啓蒙發揮》《易大傳發揮》《大學發揮》《中庸發揮》《語孟發揮》《太極通書西銘發揮》。《近思録發揮》未詮定而歿，金履祥與同門汪蒙、俞卓續抄校訂，付其家藏之。柳貫《金公行狀》云：「凡文公語録、文集諸書，商確考訂之所及，取其已定之論，精切之語，彙敘而類次之，名爲《發揮》，已與諸書並傳於世矣。而若文公、成公所輯周、程、張子之微言曰《近思録》者，宜爲宋之一經，而顧未有爲之解者，亦隨文箋義，爲《近思録發揮》，未詮定而文定歿。」

自王柏以下，雖力戒先入之見，不標榜己意，然欲爲通儒，折衷羣言，出入經史百家，索隱朱子發端而未竟之義，考訂朱子所未及之書，故不苟同先儒之見，且倚重於訓詁考據，已不能不與何基有異。所著述於「標抹點書」「發揮」外，或名「考證」，或曰「精義」「衍義」「疏義」「指義」，或曰「表注」「叢説」。王柏考訂羣書，葉由庚《壙誌》稱「無一書一集不加標注，於《四書》《通鑑綱目》，精之又精。一言之題，一點之訂，辭不加費而義以著明，無非發本書之精髓，開後學之耳目」。又論其與何基異同云：「北山深潛沖澹，精體默融，志在尚行，訒於立言；魯齋通睿絶識，足以窮聖賢之精藴，雄詞偉論，足以發理象之微著。」履祥出入經史，天文地理、禮樂刑法、田乘兵謀、陰陽律曆無不究研。謂古書有注必有疏，作《論孟集注考證》，以爲朱子《集注》有疏，補所未備，增釋事物名數。注解《尚書》，推本父師之意，正句畫段，提其章旨，析其義理之微，考證文字之誤，表於四闡之外，曰《尚書表注》。柳貫《行狀》云：「研窮經義，以究窺聖賢心術之微；歷考傳注，以服襲儒先識鑒之確。無一理不致體驗，參伍錯綜，所以約其變；無一書不加點勘，鉛黄朱墨，所以發其凡。」許謙《上劉約齋書》云：「其爲學也，於書無所不讀，而融會於《四書》，貫穿於《六經》，窮理盡性，誨人不倦，治身接物，蓋無毫髮歉，可謂一世通儒。」①許謙追步王、金，欲爲一世通儒。黄溍《白雲許先生墓誌銘》云：「先生於天文地理、典章制度、食貨刑法、字學音韻、醫經數術，靡不該貫，一事一物，可爲傳聞多識之助者，必謹志之。至於釋老之言，亦皆洞究其蘊，謂學者孰不日闢異端，苟不深探其隱，而識其所以然，能辨其同異、别其是非也幾希。」許謙每念履祥所言欲爲「朱子之忠臣」、「要歸於是」，所著《詩集傳名物鈔》《讀書叢説》《讀四書叢説》，考訂索隱，以補先儒所未備，存其逸義，而終以己意。在王、金、許三家看來，其著述不離於孔孟遺意，惟求是求真，乃可繼朱子之志。

四先生著述，無論彙敘發揮、隨文箋義，抑或考證衍義、辨誤訂訛，都不離於言説義理。王、金、許三家治學，與何基有所不同。總體以觀，有三大特點：一是治《五經》而貫穿性理，治《四書》而倚重訓詁考據，《四書》《五經》融會貫通。二是以理學爲本，兼采漢學。漢、宋兼

① 許謙《許白雲先生文集》卷三，明成化二年陳相刻本。

采，本爲東萊所長，三家蓋以朱學爲主，兼采東萊。三是欲爲通儒之學，貫穿經史百家，重於世用，不避「博雜」之嫌，此亦與東萊之學相通。

二、四先生治《四書》《五經》及其史學、文學

四先生長於《四書》，自王柏以下，《五經》貫通，兼治史學，重於文獻。其治《四書》，義理闡説與訓詁考據并重；治《五經》，疑古考索，尚於求是，并重義理；研史則經史互參，會通朱、吕；詩文雖其餘事，不離於講學家風習，然發攄性靈，陶冶性情，文以載道，裨益教化，各具其致。以文章合於道，扶翼經義、世教，通於世用，故金、許傳人尚文風氣日盛。以下分作論述：

（一）《四書》學

朱子之學，萃於《四書集注》。門人黄榦得其傳，有《四書通論》。世推四先生爲朱子適傳，亦以其得朱門《四書》之傳也。

何基從學黄榦，黄榦臨别告以熟讀《四書》，道理自見。何基以此爲讀書爲學之要，教門人治學以《四書》爲主，以《朱子語録》爲輔。嘗曰：「學者讀書，先須以《四書》爲主，而用

《語録》以輔翼之」，「但當以《集注》之精嚴，折衷《語録》之疏密；以《語録》之詳明，發揮《集注》之曲折。」王柏《行狀》稱「此先生編書之規模也，他書亦本此意」。何基後又覺得《四書》「義理自足」，當深探本書，「截斷四邊」。王柏稱「此先生晚年精詣造約，終不失勉齋臨分之意」（《何北山先生行狀》）。

王柏得北山之教，深味其旨，教門人爲學亦以《四書》爲本。寶祐二年，履祥來學，問讀書之目，告以「自《四書》始」。是年冬，履祥作《讀語論管見》，凡有得於《集注》言意之外者則録之。王柏讀後，勸説當沉潛涵泳於《集注》之内，有所自得，不當固求言外之意，發爲新奇之論①。履祥終生沉潛涵泳不輟，作《論孟集注考證》。殁前一歲，即大德六年，在金華城中講學，以《大學》爲第一義，諸生執經問難，爲之毫分縷析，開示蘊奥，因成《大學指義》一書。許謙聞履祥緒論，精研《四書》。黄溍《白雲許先生墓誌銘》稱其每戒學者曰：「聖賢之心盡在《四書》，而《四書》之義備於朱子。顧其立言，辭約意廣，讀者或得其粗，而不能悉究其義。或以一篇之致自異，而初不知未離其範圍。世之詆訾貿亂、務爲新奇者，其弊正坐此耳。始予三四讀，自以爲了然，已而不能無惑，久若有得，覺其意初不與己異，愈久而所得愈深，與己意合者，亦大異於初矣。童而習之，白首不知其要領者何限？其可以易心求之哉！」

① 王柏《金吉甫管見》，《魯齋王文憲公文集》卷九。

四先生闡説性理，遞相師承，治《四書》皆所擅長。何基有《大學發揮》《中庸發揮》《語孟發揮》，王柏有《論語通旨》《論語衍義》《魯經章句》《孟子通旨》《批點標注四書》，金履祥有《大學疏義》《中庸表注》《論語集注考證》《孟子集注考證》，許謙有《讀四書叢説》。從朱子《四書章句集注》《四書或問》，到黄榦《四書通釋》，再到四先生著述十餘種，可見四先生《四書》學淵源，亦可見朱學流傳及其盛行浙東之況。

何基《四書發揮》，取朱子已定之論、精切之説，以爲發揮，守師説甚固，研思亦精。王柏、金履祥、許謙三家，傳何基之學，復繼朱子之志，索隱微義，考證注疏，以爲羽翼。其索隱考證，倚於訓詁考據，以性理爲本，重於求是。許謙《論孟集注考證序》云：「先師之著是書，或檃栝其説，或演繹其簡妙，或攄其幽，發其粹，或補其古今名物之略，或引羣言以證之。大而道德性命之精微，細而訓詁名義之弗可知者，本隱以之顯，求易而得難。吁！盡在此矣。」吴師道《讀四書叢説序》稱《四書》自二程肇明其旨，至朱子集其大成，然一再傳之後，泯没畔涣，「其能的然久而不失傳授之正，則未有如於吾鄉諸先生也。蓋自北山取《語録》精義，以爲《發揮》，與《章句集注》相發明；魯齋爲標注點抹，提挈開示；仁山於《大學》有《疏義》《指義》，《論》《孟》有《考證》，《中庸》有《標抹》，又推所得於何、王者，與其己意併載之」，「今觀《叢説》之編，其於《章句集注》也，奥者白之，約者暢之，要者提之，異者通之，畫圖以形其妙，析段以顯其義。至於訓詁名物之缺，考証補而未備者，又詳著焉。其或異義微牾，則曰：『自我言之，則爲忠臣，自他人言之，則爲殘賊。金先生有是言也。』此可以見其志之所存矣」（《吴禮部文集》卷十七）。《四庫全書總目》著録《論孟集注考證》，《提要》云：「其書於朱子未定之説，但折衷歸一，於事蹟典故，考訂尤多。蓋《集注》以發明理道爲主，於此類率沿襲舊文，未遑詳核，故履祥拾遺補闕，以彌縫其隙，於朱子深爲有功」，「然其旁引曲證，不苟異，亦不苟同，視胡炳文輩拘墟迴護，知有注而不知有經者，則相去遠矣。」此可見四先生《四書》學及其「家法」之大端。

（二）《五經》學

朱子研《易》《詩》，并涉獵禮制，而東萊則《五經》貫通。何基於《五經》僅《易經》有撰著，仍題曰「發揮」。其治《四書》，雖與《五經》參讀，大抵「發揮師言，以會於歸」。自王柏以下，不惟尊德性，且好治經研史。王、金、許三家研討《五經》，既通於朱子經學，又通於東萊經學及文獻之學。概言之，一是崇義理而并事訓詁考據。二是好纂輯、音釋、標抹、考訂、表注，以翼經傳。三是好考證名物度數，補先儒之未備。四是不苟同，不苟異，「要歸於是」。前已言及，此更舉例以明之。

王柏於《五經》皆有撰述，著《讀書記》十卷、《讀詩記》十卷、《讀春秋記》八卷、《書附傳》四十卷、《詩可言》二十卷、《詩疑》二卷、《書疑》九卷、《涵古易説》一卷、《大象衍義》一卷、《左氏正傳》十卷等。葉由庚《壙誌》稱其嗜於索隱考訂，好「復經傳之舊」，「先生一更一定，皆有授證，一析一合，不添隻字，秩秩乎其舊經之完也，炳炳乎其本旨之明也」。并舉其大端如：於《易》，作《易圖》，推明《河圖》《洛書》先後。謂《河圖》爲先天後天之宗祖，逐位奇偶之交，後天爲統體奇偶之交。古之册書，作上下兩列，故《易》上下經非標先後。謂今之三百五篇非盡孔子之三百五篇，孔子所删，或有存於閭巷浮薄之口者，漢儒概謂古詩，取以補亡。乃定二《南》各十一篇，還兩兩相配之舊，退《何彼穠矣》《甘棠》歸之《王風》，而削去《野有死麕》。若風、雅、頌，亦必辨其正變，次其先後，謂鄭、衛淫詩，皆當在削。

世人或稱經以講解辯訂而明，釐析類合則陋，王柏則不以爲然，好參訂疑經。何基嘗告之：「治經當謹守精玩，不必多起疑端。有欲爲後學言者，謹之又謹可也。」①然王柏終勇於「任道」「求是」，《書疑序》云：「不幸秦火既焰，後世不得見先王之全經也。惟其不全，固不可得而不疑。所疑者，非疑先王之經也，疑伏生口傳之經也。讀書者往往因于訓詁，而不暇思經文之大體，間有疑者，又深避改經之嫌，寧曲説以求通，而不敢輕議以求是」，「聖人之經不可改，伏氏之言亦不可正乎？糾其繆而刊其贅，訂其雜而合其離，或庶幾乎得復聖人之舊，此

① 戴殿江《金華理學粹編》。

有識者之不容自已。」①

後世於王柏疑經，頗多争議。錢維城《王柏删詩辯》：「宋儒之狂妄無忌憚，未有如王柏之甚者也」，「朱子惟過於慎，故寧爲固而不敢流於穿鑿，而孰知一再傳之後，其徒之肆無忌憚，乃至於此也。」②成僎《詩説考略》卷二《王柏詩疑之舛亂》：「夫以孔子所不敢删者，而魯齋删之；以孔子所不敢變易者，而魯齋變易之。世儒猶以其淵源於朱子而不敢議，此竹垞所以嗤爲無是非之心也。」《四庫全書總目》著録《書疑》九卷，《提要》云：「然柏之學，名出朱子，實則師心，與朱子之謹嚴絶異」，「柏作是書，乃動以脱簡爲辭，臆爲移補」，「至於《堯典》《皋陶謨》《説命》《武成》《洪範》《多士》《多方》《立政》八篇，則純以意爲易置，一概托之於錯簡」，「是排斥漢儒不已，並集矢於經文矣，豈濂、洛、關、閩諸儒立言垂教之本旨哉？托克托等修《宋史》，乃與其《詩疑》之説並特録於本傳，以爲美談，何其寡識之甚乎？」又著録《詩疑》二卷，《提要》云：「《書疑》雖頗有竄亂，尚未敢删削經文。此書則攻駁毛、鄭不已，並本經而攻駁之；攻駁本經不已，又並本經而删削之。」爲之辯護析論者亦多。如胡鳳丹《重刻王魯齋詩疑序》：「朱子所攻駁者《小序》耳，於本經未嘗輕置一議也。先生黜陟《風》《雅》，竄易篇次，非

① 王柏《魯齋王文憲公文集》卷五。
② 錢維城《茶山文鈔》卷八，清乾隆四十一年眉壽堂刻本。

惟排詆漢儒，且幾幾乎欲奪宣聖删定之權而伸其私説。其自信之堅，抑何過哉」，「是書設論新奇，雖不盡歸允當，而本其心所獨得，發爲議論，自成一家，俾世之讀其書者足以開拓心胸，增廣識見，引而伸之，觸類而長之，未始非卓犖觀書之一助也。」①皮錫瑞《論王柏書疑疑古文有見解特不應並疑今文》：「王氏失在並今文而疑之耳，疑古文不得謂其失也。」「王氏知古文之僞，不知今文之真。其並疑今文，在誤以宋儒之義理準古人之義理，以後世之文字繩古人之文字。」「《書疑》多本前人，亦非王氏獨創，特王氏於《尚書》篇篇獻疑，金履祥等從而和之，故其書在當時盛行，而受後世之掊擊最甚。平心而論，疑經改經，宋儒通弊，非止王氏，皆由不信經爲聖人手定。（注：王氏《詩疑》删鄭、衛詩，竄改《雅》《頌》，僭妄太甚，《書疑》猶可節取。）」②王柏以義理治《詩》《書》，索隱太過，不免其弊，後人盡黜之則未當，宜小心考求，平允論之。

金履祥承王柏疑經之緒，以爲秦火之後全經不存，漢儒拘於訓詁，輕於義理，循守師傳，曲説不免。亦自勇於「任道」「求是」。其考訂諸經，用力最多乃在《尚書》，有《尚書注》十二卷、《尚書表注》二卷。《尚書表注序》稱全書不得見，「考論不精，則失其事迹之實；字辭不

① 胡鳳丹《退補齋文存》卷一，清同治十二年退補齋鄂州刻本。
② 皮錫瑞《經學通論》，清光緒間思賢書局刻本。

辨，則失其所以言之意」，「夫古文比今文固多且正，但其出最後，經師私相傳授最久，其間豈無傳述附會」，「後之學者，守漢儒之專門，開元之俗字，長興之板本，果以爲一字不可刊之典乎？幸而天開斯文，周、程、張、朱子相望繼作，雖訓傳未備，而義理大明，聖賢之心傳可窺，帝王之作用易見」①。履祥鈎玄探賾，折衷群説，力求平心易氣，不爲浚深之求，無證臆決，考訂較王柏爲慎。《四庫全書總目》著録《尚書表注》二卷，《提要》云：「大抵攟摭舊説，折衷己意，與蔡沈《集傳》頗有異同。其徵引伏氏、孔氏文字同異，亦確有根原。」胡鳳丹《重刻尚書表注序》云：「故先生之功在注釋，而先生之志在表章。以視抱經硜硜索解於章句之末者，其相去爲何如耶？」陸心源《重刊金仁山先生尚書注序》云：「《尚書》則用功尤深，《表注》一書，爲一生精力所萃。是書即《表注》之權輿，訓釋詳明，頗多創解。」②

按柳貫《行狀》，履祥殁時，所注書僅僅脱稿，未及正定，悉以授門人許謙。許謙遵其遺志，讎校刻板以傳。許謙考訂諸經，用力尤勤者在《詩》《書》，撰《讀書叢説》六卷、《詩集傳名物鈔》八卷，長於正音釋、考證名物度數。讀《春秋三傳》，撰《温故管窺》。讀《三禮》，參互考訂，發明經義。句讀標抹《九經》《儀禮》《三傳》，注明大旨要解、錯簡衍文。吴師道《詩集傳名

① 金履祥《仁山文集》卷三。
② 金履祥《書經注》集前序，《十萬卷樓叢書》本。

物鈔序》云：「君念朱《傳》猶有未備者，旁搜博采，而多引王、金氏，附以己見，要皆精義微旨，前所未發。又以《小序》及鄭氏、歐陽氏《譜》世次多舛，一從朱子補定。正音釋，考名物度數，粲然畢具。其有功前儒，嘉惠後學，羽翼朱《傳》於無窮，豈小補而已哉！」（《吴禮部集》卷十五）《名物鈔》羽翼《詩集傳》，猶金履祥作《論孟集注考證》爲《集注》之疏。王柏重訂《詩經》篇目，《名物鈔》取用之，然未盡鑿採《詩疑》。蓋《名物鈔》於朱子《詩集傳》、王柏《詩疑》各有訂正。要之，折衷群説，能指明師説之不然。《四庫全書總目提要·詩集傳名物鈔》云：「研究諸經，亦多明古義。故是書所考名物音訓，頗有根據，足以補《集傳》之闕遺。惟王柏作《二南相配圖》」，「而謙篤守師説，列之卷中，猶未免門户之見」，「然書中實多採用陸德明《釋文》及孔穎達《正義》，亦未嘗株守一家」。許謙繼履祥作《讀書叢説》，大指類於《名物鈔》，以《書集傳》出於朱子門人蔡沈之手，尤當疏注辨明。《叢説》多有與《書集傳》意見不合者。張樞《讀書叢説序》云：「先生嘗誦金先生之言曰：『在我言之，則爲忠臣，在人言之，則爲殘賊。』要歸於是而已，豈不信哉！」《四庫全書總目提要·讀書叢説》云：「謙獨博核事實，不株守一家，故稱《叢説》」，「然宋末元初説經者多尚虚談，而謙於《詩》考名物，於《書》考典制，猶有先儒篤實之遺，是足貴也。」

（三）史學

歷來論四先生之學，大都明其傳朱子之統，講説性理。至於自王柏以下兼采東萊史學、文獻之學，研經兼通史，宗程朱兼取法於漢儒，則鮮有討論。

浙學興起之初，吕祖謙、陳亮諸子好讀史，朱熹指爲「博雜」，告誡門人讀書以《四書》爲本。何基謹守師説，問學欲求朱子之醇。王柏、金履祥、許謙欲爲一世通儒，出入經史百家，研史與治經相發明，雖與東萊經史不分、漢宋互參、重於文獻有所不同，但也多有相通之處。此一變化，一定程度上體現了王柏等人向浙學的回歸。

王柏標注《通鑑綱目》，著《續國語》四十卷、《擬道學志》二十卷、《江右淵源》五卷、《雜志》二卷、《地理考》二卷等書。金履祥著《通鑑前編》十八卷、《舉要》二卷。《尚書表注》經史互證，探求義理，綜概事跡，考正文字，《通鑑前編》亦取此義。司馬光作《資治通鑑》，周威烈王二十三年之前事未載，劉恕《外紀》紀前事，不本於經，而信百家之説。履祥以爲出《尚書》諸經者爲可考信，出子史雜書者多流俗傳聞、鄙陋之説，因撰《通鑑前編》，一以《尚書》爲主，下及《詩》《禮》《春秋》，旁采舊史諸子，表年繫事，考訂辨誤，斷自唐堯，以下接《資治通鑑》。履祥《通鑑前編序》兼言朱、吕，云：「朱子曰：『古史之體可見也，《書》《春秋》而已。《春秋》編年通紀，以見事之先後；《書》則每事別紀，以具事之始末。』」「今本之以經，翼之以史子傳記，附之以諸家之論。且考其繫年之故，解其辭事，辨其疑誤。如東萊吕氏《大事記》，而不敢盡倣其例。」朱子編《通鑑綱目》，裁剪《通鑑》，考訂嫌於疏淺。東萊邃於史，《大事紀》頗有史裁。如《四庫全書總目提要·大事紀》所云：「當時講學之家，惟祖謙博通史傳，不專言性命。《宋史》以此黜之，降置《儒林傳》中，然所學終有根柢」，「凡《史》《漢》同異，及《通鑑》得失，皆縷析而詳辨之。又於名物象數旁見側出者，並推闡貫通，夾注句下」。履祥頗取法《大事紀》，第不盡倣其例。即經史不分而言，履祥較王柏更近於東萊。《通鑑前編》一書，履祥生前未遑刊定，臨殁屬之許謙。天曆元年《通鑑前編》刻行，鄭允中采録進呈。《元史·金履祥傳》評云：「凡所引書，輒加訓釋，以裁正其義，多儒先所未發。」許謙著《觀史治忽幾微》。黄溍《白雲許先生墓誌銘》云：「倣史家年經國緯之法，起太皥氏，訖宋元祐元年秋九月尚書左僕射司馬光卒，備其世數，總其年歲，原其興亡，著其善惡。蓋以爲光卒，則宋之治不可復興。誠一代理亂之幾，故附於續經而書孔子卒之義，以致其意也。」

王、金、許三家研討經義，兼及治史，以史翼經，與東萊史學有相通處，然相較東萊經史并重、經史不分，仍有所不同。

（四）文學

宋代理學大興，儒者「大要尚道義而下詞章」，昌學古者「崇理致，黜崛奇而主平易，忌艱深而貴敷暢」，又恐沿襲而少變，故「其詞紆餘而曲折」。後來學者「融之以訓詁，發之以論説，專務明乎理，是以其詞詳盡而周密。其於詩也亦然」①。朱、陸、吕爲講學大家，不廢詩文。四先生尊德性、道問學，詩文亦自可觀，各自有集。

總體來説，四先生文章扶翼經義、世教，文以載道，闡明義理，裨益教化，通於世用。詩發攄性靈，陶冶性情，既爲悟道之具，又得天機自然之趣，超然物表，不事雕琢藻績，非激壯之音，亦無寒蹙之態。

王柏《何北山先生行狀》稱何基：「以其餘事言之，先生之文，温潤融暢；先生之詩，從容閒雅，皆自胸中流出，殊無雕琢辛苦之態。雖工於詞章者，反不足以闖其藩籬。」王柏早歲爲文章，縱心古文、詩律，有《長嘯醉語》。及師北山，乃棄所學，餘力所及，文集尚有七十五卷之多，又編《文章指南》十卷、《朝華集》十卷、《紫陽詩類》五卷等集。何基文章「温潤融暢」，詩歌「從容閒雅」，而王柏文章於温雅外，尚多雄偉之辭，詩於沖澹外，復好剛健之調。楊溥《魯齋集序》云：「金華王文憲公，天資高爽，學力精至，以其實見發爲文章，足以明道德。使其見用，足以建事功，而卒老於丘園，惜哉！若其詩歌，又其餘事也。」《四庫全書總目提要·魯齋集》云：「其詩文雖亦豪邁雄肆，然大旨乃一軌于理。」

① 張以寧《甑山存稿序》，《翠屏文集》卷三，明成化間刻本。

金履祥詩文自訂爲四集，又編集《濂洛風雅》七卷。唐良瑞《濂洛風雅序》云：「『詩者，志之所之也。』志有正有偏，有通有蔽，則詩有純有駁，有晦有明。故偏滯之詞，不若中正之發，而放曠悲愁之態，不若和平沖淡之音」，「然皆涵暢道德之中，歆動風雩之意，淡平者有淳厚之趣，而浩壯者有義理自然之勇」，「竊以爲今之詩，非風雅之體，而濂洛淵源諸公之詩，則固風雅之意也。」①履祥詩和平沖澹，不事字句工拙，不倚於奇崛跳踉、發揚蹈厲之辭。文則湛深經史，辭義高古，醇潔精深，非矜句飾字者可比。徐用檢《仁山金先生文集序》云：「愚惟先生之文，析微徹義，自成一家言；律詩取意而不泥律，古風宣而語勁，純如也。」

許謙與履祥相近，詩沖澹自然，文湛深經史，辭意深厚，然亦有變化，即詩歌理氣漸少，文頗有韓、柳、歐、蘇法度。黄溍《白雲許先生墓誌銘》云：「文主於理，詩尤得風人之旨。」《四庫全書總目提要·白雲集》云：「謙初從金履祥遊，講明朱子之學，不甚留意於詞藻，然其詩理趣之中頗含興象。五言古體，尤諧雅音，非《擊壤集》一派惟涉理路者比。文亦醇古，無宋人語録之氣，猶講學家之兼擅文章者也。」

四先生之學傳朱一脈，自王柏以下有變，詩文自王柏以下亦有一小變，至許謙及北山後學更有一大變，能文之士日衆，宋濂、王禕則其尤著者。文爲載道之器，道爲出治之本，文道

---

① 唐良瑞《濂洛風雅》集前序。

不相離，乃許謙及其門人所持重之義。許謙延祐二年《與趙伯器書》云：「道固無所不在，聖人修之以爲教，故後欲聞道者，必求諸經。然經非道也，而道以經存；傳注非經也，而經以傳顯。由傳注以求經，由經以知道，藴而爲德行，發之爲文章事業，皆不倍乎聖人，則所謂行道也。」①皇慶二年（一三一三），元仁宗詔復科舉，至是年始開科取士。許謙發爲此論，非爲科舉。王禕《宋景濂文集序》追溯金華文章源流，稱南渡後，吕祖謙、唐仲友、陳亮「其學術不同，其見於文章，亦各自成其家」，范浚、時少章「皆博極乎經史，爲文温潤縝練，復自成一家之言」，入元以後，柳貫、黄溍精文章，「羽翼乎聖學，而黼黻乎帝猷」，又有四先生傳朱學，理學遂以婺爲盛。因論云：「所貴文章之有補者，非以其明夫理乎？理之明，不由其學術之有素乎」，「然爲其學者，上而性命之微，下而訓詁之細，講説甚悉。其頗見於文章者，亦可以驗其學術之所在矣」②。《送胡先生序》又辯稱吕、唐、陳之學「雖不能苟同，然其爲道皆著於文也，其文皆所以載道也，文義、道學，曷有異乎哉」。金、許以道學名家，胡長孺、柳貫、黄溍、吴師道以文知名，「雖若門户異趨，而本其立言之要，道皆著於文，文皆載乎道，固未始有不同焉者」，「以故八十年間，踵武相望，悉爲世大儒，海内咸所宗師。夫何後生晚進，顧乃因其所不

---

① 許謙《許白雲先生文集》卷四。

② 王禕《王忠文公集》卷五，明嘉靖元年刻本。

同而疑其所爲同，言道學者以窮研訓詁爲極致，言文章者以修飭辭語爲能事，各立標榜，互相排抵，而不究夫統宗會元之歸，於是諸公之志日微，而學術之弊遂有不可勝言者矣」①。

黄百家纂《金華學案》，留意北山一脈前後變化，於宋濂傳後案云：「金華之學，自白雲一輩而下，多流而爲文人。夫文與道不相離，文顯而道薄耳。雖然，道之不亡也，猶幸有斯。」學案前又有案語：「而北山一派，魯齋、仁山、白雲既純然得朱子之學髓，而柳道傳、吴正傳以逮戴叔能、宋潛溪一輩，又得朱子之文瀾，蔚乎盛哉！」有一派學問，有一派文章。此説有其道理，但稱金華之學「多流而爲文人」，歸柳貫、宋濂等人文章爲「朱子之文瀾」，仍未盡然。自王柏以下，北山一脈文章已非僅朱子之文餘波。且北山一脈文道不相離，尚文别有意屬，許謙、王禕言之已明。全祖望承黄百家之説，《宋文憲公畫像記》更論云：「予嘗謂婺中之學，至白雲而所求於道者疑若稍淺，觀其所著，漸流於章句訓詁，未有深造自得之語，視仁山遠遜之，婺中學統之一變也。義烏諸公師之，遂成文章之士，則再變也。至公而漸流於佞佛者流，則三變也。猶幸方文正公爲公高弟，一振而有光於先河，幾幾乎可以復振徽公之緒。惜其以凶終，未見其止，而并不得其傳。」②其説亦未可盡信。金、許傳人多文章之士，亦躬行之士，文章

① 王禕《王忠文公集》卷七。

② 全祖望《鲒埼亭集外編》卷十九，清嘉慶十六年刻本。

明道經世，載出治之本。此乃一時風氣。迨孝孺以金華一脈好文而不免輕於明道，遂糾正其偏。此亦一時風氣。

三、四先生與「浙學之中興」

學術史發展變遷，是一種歷史存在，也是學術批評接受的結果。明人此一述朱，彼一述朱，審視宋元學術多於此下論其合與不合。清初學者著意區分漢、宋，兼采居主。乾嘉而後，宗漢流行，學者多不囿於述朱之説。近四百年來，有關四先生的認識，深受時代學術風尚影響。而清初以後，學者又頗沿《宋元學案》之論，以迄於今。以下略述四先生與浙學中興之關係及其學術史意義。

（一）從《金華學案》到《北山四先生學案》

清康熙間，黄宗羲以周汝登《聖學宗傳》、孫奇逢《理學宗傳》未粹，多所遺闕，撰《明儒學案》，繼而發凡《宋元學案》，子百家纂輯初稿。清道光間何紹基重刊本《宋元學案》卷八十二爲《北山四先生學案》，總目標云：「黄氏原本，全氏修定。」卷端録全祖望案語：「勉齋之傳，得金華而益昌。説者謂北山絶似和靖，魯齋絶似上蔡，而金文安公尤爲明體達用之儒，浙學之中興也。述《北山四先生學案》。」王梓材案：「是卷梨洲本稱《金華學案》，謝山《序録》始稱《北山四先生學案》。」自黄宗羲發凡起例，至何紹基刊百卷本，《宋元學案》成書歷時逾百五十年。書成於衆手，黄百家、楊開沅、顧諟、全祖望、黄璋、黄徵乂、王梓材、馮雲濠等各有補訂。《北山四先生學案》究何人所撰？檢黄璋、徵乂父子校補《宋元學案》稿本，知原出百家之手。稿本第十七册收《金華學案》不分卷，抄寫不避「胤」、「弘」；「玄」字凡三見，兩處不避，一處缺末筆。由是知寫於康熙間，即道光重刊本所標「黄氏原本」。然爲録副，非百家手稿。至於宗羲生前得見此否，則未可知。百家《金華學案》，祖望改題《北山四先生學案》。細作考證，《北山四先生學案》實馮雲濠、王梓材據《金華學案》另一録副本，參酌黄璋、徵乂校補本（黄直垕謄清稿），訂補成稿，而非據全氏修訂本增删而成。馮、王誤以爲所見《金華學案》録副即「梨洲原本」，亦即「謝山原稿」，《北山四先生學案》所標注全氏「修」、「補」大都未確。不過，二人發揮全氏校補《宋元學案》之義，博徵文獻，廣大其流，《北山四先生學案》遂成大觀。

從《金華學案》到《北山四先生學案》，不僅見後世如何認識評價四先生，亦可見學風轉移於學術史撰著之作用。

元末明初，黄溍、杜本、宋濂、王禕、蘇伯衡、鄭楷皆專視四先生爲朱學嫡傳。宋濂學於柳貫，爲金履祥再傳，念吕學之衰，思繼絶學。鄭楷《翰林學士承旨宋公行狀》載：「婺實吕氏倡道之邦，而其學不大傳」，「先生既間因許氏門人而究其説，獨念吕氏之傳且墜，奮然思繼其絶學。」[①]王褘《宋太史傳》傳述此語[②]。在諸子看來，「吕氏之傳且墜」終有未妥。

明人論四先生，大抵以述朱爲中心。章懋有志復興浙學，《楓山語録》稱「吾婺有三巨擔」，其一即「自何、王、金、許没，而道學不講」。戴殿泗《金華三擔録》載其語曰：「自朱子一傳爲黄勉齋，再傳爲何、王、金、許，而東萊吕公則親與朱子相麗澤者也。道學正宗，我金華實得之。」[③]周汝登《聖學宗傳》過於疏略，未登録黄榦、四先生。劉鱗長欲「以浙之先正，呼浙之後人」，編《浙學宗傳》，自楊時至陳龍正得四十一人。宋元十家，朱、陸、吕、何、許、金、王并在列。四先生與宋濂、劉基、方孝孺、吴沉等八人，皆見於《北山四先生學案》。自王守仁以下共十七人，皆陽明一脈。一部《浙學宗傳》，上半部爲東萊、北山之學，下半部爲陽明之學。鱗長《浙學宗傳序》云：「弔寶婺舊墟，撫然嘆曰：『於越東萊先生，與吾里二亭夫子，問道質疑，卒揆於正，教澤所漸，金華四賢，稱朱學世嫡焉，往事非邈也。』掔楫姚江，溯源良知，覺我明道

① 程敏政《明文衡》卷六十二。
② 王褘《王忠文公集》卷二十一。
③ 戴殿泗《風希堂文集》卷四，清道光八年九靈山房刻本。

學，於斯爲盛。」①

黄宗羲、百家《宋元學案》以朱、陸爲綱，論列南宋至元代之學，未及爲東萊立學案。《金華學案》附宗羲、百家案語數則，可見其論四先生及北山之學大概。卷首列百家案語，述作《金華學案》大旨，即以北山一派爲朱學嫡傳，故獨立一案。全祖望於樸學大興之際，傳浙東史學、東萊文獻，創爲《東萊學案》《深寧學案》，重提朱、陸、吕三家並立之説，修訂其他諸案。《北山四先生學案》雖非出於祖望修訂，然全氏《序録》提出一個重要命題，即金履祥「尤爲明體達用之儒，浙學之中興也」。黄璋、徵乂父子未盡解其意，校補《金華學案》，以校讎爲多。馮雲濠、王梓材能味謝山之旨，校補《北山四先生學案》，沿於全氏所言兩點，即「勉齋之傳，得金華而益昌」、「浙學之中興」，廣而大之，遍及南北學者。所顯現四先生一脈，非復金華學者之學，而爲宋末至明初學術之主流。《金華學案》改題《北山四先生學案》，蓋亦寓此意。

以上略述《北山四先生學案》由來。述四先生之學，不當非僅摘某作某説、某作某評而已。惟有明其源流，始可知其大體，考其通變。

① 劉鱗長《浙學宗傳》，明末刻本。

（二）四先生與浙學中興之關係

以今論之，浙學中興有廣義、狹義之别。從狹義言，金履祥學問出入經史，明體達用，沿何、王上承朱、黄，又接麗澤遺緒。此殆全氏發爲此論之意。從廣義言，四先生繼東萊之後，重振東浙之學，北山一脈延亘至明初，蔚爲壯觀，足以標誌浙學中興。東萊、永康、永嘉開啓浙學風氣，朱、陸之學亦傳入，相與滲透，互爲離立，共成浙學源頭。浙學凡歷數變，就大者言，一變而爲北山之學，再變而爲陽明之學，三變而爲梨洲之學，四變而爲樸學浙派。全氏雖不言之，未必不有此看法。此就廣義略説四先生及北山一脈與浙學中興之關係。

其一，自何基爲始，朱學「得金華益昌」。金華本東萊講學之地，麗澤學人遍東南，以金華爲最多。東萊之學衰没，而有何、王崛起，金華成爲朱學興盛之地，此亦朱熹身前所未料及。其時金華傳朱者，尚有朱子門人楊與立，字子權，浦城人，知遂昌，因家於蘭溪，學者稱船山先生。著有《朱子語略》二十卷。又有何基兄何南，號南坡，亦師黄榦。然引朱學昌於金華，何基最爲有力。王柏以下，傳朱爲主，兼法東萊。四先生重新構建浙學一脈理學宗傳。金履祥《北山之高壽北山何先生》：「維何夫子，文公是祖。是師黄父，以振我緒」，「昔在理宗，維道之崇。既表程朱，亦躋吕張。謂爾夫子，纘程朱緒。」①所編《濂洛風雅》亦可見大端。集中收周敦頤、程顥、程頤、張載、邵雍、朱熹、張栻、吕祖謙、何基、王柏、王偘等人詩文。王崇炳《濂洛風雅序》：「《濂洛風雅》者，仁山先生以風雅譜婺學也。吾婺之學，宗文公，祖二程、濂溪。則其所自出也，以龜山爲程門嫡嗣，而吕、謝、游、尹則支；以勉齋爲朱門嫡嗣，而西山、北溪、搗堂則支。由黄而何而王，則世嫡相傳，直接濂洛。程門之詩以共祖收，朱門之詩以同宗收，非是族也，則皆不録，恐亂宗也。」②

其二，因四先生倡朱學，浙學播於江左，流及大江南北。查容《朱近修爲可堂文集序》：「宋南渡後，吕東萊接中原文獻之傳，倡道於婺，何、王、金、許遂爲紫陽之世嫡，慈湖楊氏又爲象山之宗子，而浙之理學始盛矣。」③朱學之傳幾遍大江之南，而金華、台州特盛。趙汝騰、蔡抗、楊棟官金華，嘆麗澤講席久空，延王柏主之。台州上蔡書院落成，台守趙星緯聘王柏主教席。王柏至則首講謝良佐居敬窮理之訓，推轂朱學播傳於台州。高弟子張𤣥僑寓江左，至元中行臺中丞吴曼慶延致江寧學宫講學，中州士大夫欲子弟習朱子《四書》，多遣從遊。金履祥

① 金履祥《仁山集》卷一。
② 王崇炳《濂洛風雅》集前序。
③ 沈粹芬、黄人編《國朝文匯》卷十七，宣統元年上海國學扶輪社石印本。

與門人許謙、柳貫各廣開講席，許謙及門弟子至逾千人。黄溍《白雲許先生墓誌銘》：「屏迹八華山中，學者翕然贏糧笥書而從之。居再歲，以兄子喪而歸，户屨尤多，遠而幽冀齊魯，近而荆揚吴越，皆百舍重趼而至。」

其三，《四書》學之盛，爲浙學中興之基石。東萊談義理，研《論》《孟》，未如朱熹用力勤且專。朱門弟子多撰《四書》之説，以爲羽翼。自何基承黄榦之教，治學以《四書》爲本始，《四書》遂爲北山一脈所擅。四先生撰著前已述之，其學侣、門人、後學纂述亦富有，葉由庚《論語纂遺》、倪公晦《學庸約説》、潘墀《論語語類》、孟夢恂《四書辨疑》、牟楷《四書疑義》、陳紹大《四書辨疑》、范祖幹《大學大庸發微》、葉儀《四書直説》、吕洙《大學辨疑》、吕溥《大學疑問》、戚崇僧《四書儀對》、蔣玄《中庸注》《四書箋惑》等皆是。《四書》學之盛，不惟推動浙學復興，亦成浙學傳承重要内容。

其四，《五經》貫通，兼治諸史，爲浙學復興之助。自王柏以下，北山一脈勤研《五經》，兼治諸史。王柏、汪開之、戚崇僧等人追溯家學，皆源出東萊。黄百家《金華學案》僅戚崇僧小傳言及「貞孝先生紹之孫也，家學出于吕氏」，馮、王校補《北山四先生學案》沿之，復增數則文字，述及北山學者家學源於吕氏：《文憲王魯齋先生柏》小傳下馮雲濠案云：「父瀚，東萊弟子。」《汪先生開之》小傳爲參酌《金華府志》新增，有云：「東萊弟子獨善之孫也。」《修職王成齋先生珹》小傳爲參酌《王忠文公集》新增，有云：「其子瀚受業吕成公之門，其孫文憲公柏傳道于何文定，得于朱子門人黄文肅公。先生于文憲爲諸孫，又在弟子列，未嘗輒去左右。」既述朱子師傳，又述家學出於吕氏，蓋發揮全氏所言「浙學之中興」之意。《五經》及史學撰著，北山一脈著述頗豐。王柏、金履祥、許謙撰述前已述之，其學侶、門人、後學撰著如倪公晦《周易管窺》，倪公武《風雅質疑》，周敬孫《易象占》《尚書補遺》《春秋類例》，黄超然《周易通義》二十卷、《或問》五卷、《發例》三卷、《釋象》五卷，張翌《釋奠儀注》《喪服總數》《四經歸極》《闕里通載》及《孝經口義》一卷，張樞《三傳歸一》三十卷、《刊定三國志》六十五卷、《續後漢書》七十三卷、《林下竊議》一卷、《宋季逸事》，吴師道《春秋胡傳補説》、《易書詩雜説》八卷、《戰國策校注》十卷，孟夢恂《七政疑解》《漢唐會要》，楊剛中《易通微説》，牟楷《九書辯疑》《河洛圖書説》《春秋建正辯》《深衣刊誤》，范祖幹《讀書記》《讀詩記》《羣經指要》，唐懷德《六經問答》，胡翰《春秋集義》，戚崇僧《春秋纂例原旨》三卷、《昭穆圖》一卷、《歷代指掌圖》二卷，馬道貫《尚書疏義》六卷，戴良《春秋經義考》三十二卷、《七十子説》、《鄭氏家範》三卷，楊璲《注詩傳名物類考》，徐原《五經講義》，宋濂、王禕等纂《元史》，宋濂《浦陽人物記》《平漢録》《皇明聖政紀》，王禕《續大事記》七十七卷等皆是。北山一脈經學所擅，乃在《易》《詩》《春秋》，亦與東萊相近。其《五經》學成就與《四書》學相埒，史學次之。

（三）中興浙學之功及學術史貢獻

自四先生崛起，朱學與浙學交融於東浙，陸學復播於四明，朱、陸、吕三家並傳，其間會融、分立不一，肇開浙學新格局。以四先生爲代表的浙學中興，意味著朱學的繁榮及東萊之學的賡續。從浙學流變來看，吕祖謙、陳亮、葉適爲初興，四先生及北山後學爲中興，陽明一脈爲三興，其後更有蕺山、梨洲之四興，樸學浙派之五興。從婺學流變來看，吕祖謙、陳亮、唐仲友稱初興，四先生爲再興，柳貫、黄溍、吴師道、宋濂、王禕、方孝孺諸子爲三興，其後金華之學漸衰。自陽明而後，浙學中心移至紹興，金華學壇不復舊觀。

論四先生與浙學及理學之關係，以下諸説皆可鑒採：黄溍《吴正傳文集序》：「近世言理學者，婺爲最盛。」①方孝孺《文會疏》：「浙水之東七郡，金華乃文獻之淵林」，「自宋南渡，有吕東萊，繼以何、王、金、許，真知實踐，而承正學之傳。復生胡、柳、黄、吴，偉論雄辭，以鳴當代之盛，遂使山海之域，居然鄒魯之風。」②魏驥《重修麗澤書院記》：「四賢之學，其道蓋亦出於東萊派者也」，「竊念書院，昔人雖爲東萊之設，朱、張二先生亦嘗講道其地，人亦蒙其化者，曷

① 黄溍《金華黄先生文集》卷十八。
② 方孝孺《遜志齋集》卷八，明嘉靖四十年張可大刻本。

若於今書院論其道派，以朱、吕、張三先生之位設之居堂之中，而併何、王、金、許四先生之位設居其傍，爲配以享之。」①章鋆《重修崇文書院記》：「吾浙自唐陸宣公蔚爲大儒，至宋吕成公得中原文獻之傳，昌明正學，厥後何、王、金、許，逮明方正學、王陽明、劉蕺山，以及國朝陸清獻，其學者粹然一出於正，千百年來，流風尚在。」②張祖年《婺學志》亦具識見，其説可與《宋元學案》相參看。祖年作《婺學圖》，以范浚、吕祖謙、朱熹、張栻爲四宗，以「麗澤講學」爲婺學開宗。黄榦傳朱、吕、張之學，四先生即朱、吕、張之嫡脈。祖年之譜四先生，視閾較黄百家《金華學案》稍闊大。

四先生學術史貢獻，王禕《元儒林傳》言之詳且確矣，其論曰：「程氏之道，至朱氏而始明；朱氏之道，至金氏、許氏而益尊。用使百年以來，學者有所宗嚮，不爲異説所遷，而道術必出于一，可謂有功於斯道者矣。大抵儒者之功，莫大于爲經。經者，斯道之所載焉者也。有功于經，即其所以有功于斯道也。金氏、許氏之爲經，其爲力至矣，其於斯道謂之有功，非耶？」③商輅《重建正學祠記》亦有見解：「三代以下，正學在《六經》，治道在人心，非有諸儒闡

---

① 魏驥《南齋先生魏文靖公摘稿》卷六，明弘治間刻本。
② 章鋆《望雲館文稿》，清光緒十四年刻本。
③ 王禕《王忠文公集》卷十四。

明之，則天下貿貿焉，又惡知孔孟之書爲正學之根柢，治道之軌範」，「四先生生東萊之鄉，出紫陽之後，觀感興起，探討服行，師友相成，所得多矣」，「夫正學具於《六經》，原於人心者，其體也；見於治道者，其用也。《六經》既明，則人心以正，治道以順，而正學之功，於斯至矣。然則四先生有功於《六經》，即有功於正學；有功於人心，即有功於治道。」①

世人於四先生之貢獻，仍不無異辭，如吕留良《程墨觀略論文》三則其二云：「程子曰：今之學有三，而異端不與焉，一訓詁，一文章，一儒者。余按：今不特儒者絶於天下，即文章、訓詁皆不可名學，獨存者異端耳。昔所謂文章，蘇、王之類也；訓詁，則鄭、孔之類也。今有其人乎？故曰不可名學也。而有自附於訓詁者，則講章是也。儒者正學，自朱子没，勉齋、漢卿僅足自守，不能發皇恢張。再傳盡失其旨，如何、王、金、許之徒，皆潛畔師説，不止吴澄一人也。自是講章之派，日繁月盛，而儒者之學遂亡，惟異端與講章觭互勝負而已。」②陸隴其《松陽鈔存》卷上引吕氏此説，論云：「愚謂吕氏惡禪學，而追咎於何、王、金、許以及明初諸儒，乃《春秋》責備賢者之義，亦拔本塞源之論也。然諸儒之拘牽附會，破碎支離，潛背師説者

① 商輅《商文毅公集》卷十，明萬曆三十年劉體元刻本。
② 吕留良《吕晚村先生文集》卷五，清雍正三年吕氏天蓋樓刻本。

誠有之，而其發明程朱之理以開示來學者，亦不少矣。」①姚椿《何王金許合論》辯說：「至謂四氏之說，或有潛畔其師者，雖陸氏亦有是言。夫毫釐秒忽之間，誠不可以不辨」，「自漢學盛行，競言訓詁，學使者試士，至以四先生之學爲背繆。夫四先生之學，愚誠不敢謂其與孔、孟、程、朱無絲毫之異，然言漢學者，不敢詆孔、孟，而無不詆程、朱。詆程、朱者，詆孔、孟之漸也。夫既以程、朱爲非，則其于四先生也何有？是視向者觝排之微辭，其相去益以遠矣。夫四家言行，各有所至，要皆力務私淑，以維朱子之緒，其居心不可謂不正，而立言不可謂不公。」②又引許謙《與趙伯器書》「由傳注以求經，由經以知道，藴而爲德行，發之爲文章事業」之説③，論云「四氏之學，大約盡於此言」④。所言庶幾允當矣。

① 陸隴其《松陽鈔存》卷上，清刻《陸子全書》本。
② 姚椿《晚學齋文集》卷一，清咸豐二年刻本。
③ 許謙《許白雲先生文集》卷三。
④ 姚椿《晚學齋文集》卷一。

四、四先生著述概況

宋元人著述體例，不當以今之標準來衡論。四先生解經，重於義理，自王柏以下，兼重訓詁考據，講求融會貫通。其解經之法，承朱、吕著述之統，諸如編次勘定、標抹點書、句讀段畫、表箋批注、節録音釋，皆以爲真學問，與經傳注疏之學相通。在王柏等人看來，經書篇目勘定次第、去取分合，意義甚而在撰文立説之上，「標抹點書」亦撰著之一體。故王柏《行狀》盛贊何基「無一書一集，不加標注」①，「無一書一集，不施朱抹，端直切要」②。葉由庚《壙誌》稱説王柏「無一書一集，不加標注」，「一言之題，一點之訂，辭不加費而義以著明」。柳貫《金公行狀》載金履祥「無一書不加點勘，鉛黄朱墨，所以發其凡」。黄溍《墓誌銘》謂許謙句讀《九經》《儀禮》《三傳》，鉛黄朱墨，明其宏綱要旨、錯簡衍文。因此，四先生「標抹點書」，當亦列入著述。四先生著述數量，以王柏最富，何基最少，金履祥、許謙數量大體相當。以下分作考述：

---

① 王柏《何北山先生遺集》卷四附録，《金華叢書》本。

② 王柏《何北山先生遺集》卷四附録。

（一）何基著述

葉由庚《壙誌》稱何基「志在尚行，訒於立言」。《金華叢書》本《何北山先生遺集》卷四録王柏《行狀》稱：「先生平時不著述，惟研究考亭之遺書」，編類《大學發揮》十四卷、《中庸發揮》八卷、《易大傳發揮》二卷、《易啓蒙發揮》二卷、《太極通書西銘發揮》三卷，「有力者皆已板」，又有《近思録發揮》未刊定，《語孟發揮》未脱稿，「《文集》一十卷，裒集未備也」。何基次子何鉉《北山先生文定公家傳》稱：「先生不甚爲文，亦不留稿，今所裒類《文集》，得三十卷。從先生遊者，惟魯齋王聘君剛明造詣，問答之書前後凡百數。」①《文定公壙記》又云：「《文集》三十卷，編未就。」②《宋史》本傳稱《文集》三十卷，吴師道《節録何、王二先生行實寄文史局諸公》則曰：「先生集三十卷，而與王公問辨者十八卷。」③王柏撰《行狀》，不見於明刻本《魯齋集》，亦罕見他集載及。《金華叢書》本作「《文集》一十卷」，其「一」字疑爲「三」字之誤。檢萬曆《金華府志》卷十六《人物》之《何基傳》，摘録王柏《行狀》，作「《文集》三十卷」。康熙《金華

---

① 《東陽何氏宗譜》卷二，清咸豐己未重修本。
② 《東陽何氏宗譜》卷二，清咸豐己未重修本。
③ 吴師道《吴禮部文集》卷二十。

縣志》卷七《雜志類》著録《北山集》三十卷，亦可證之。

何鉉《北山四先生文定公家傳》云：「其他諸經有標題者，皆未就緒，今不復見成書矣。」吴師道《節録何、王二先生行實寄文史局諸公》稱何基：「所標點諸書，存者皆可傳世垂則也。」①以上諸書外，何基尚有「標抹點書」數種：

《儀禮點本》，佚。吴師道《題儀禮點本後》：「北山何先生標點《儀禮》，其本用永嘉張淳所校定者。某從其曾孫景瞻借得之……夫以難讀之書，使按考注疏，切訂文義，以分句讀，非數月之功不可。今蒙先正之成而趣辦于半月之間，可謂易矣。……張淳校本，朱子猶有未滿。今先生間標一二，于字音圈法甚畧，或發一二字而餘不及，蓋使人必其自求之耳。今悉仍其舊，而不敢有所增也。」②

《四書點本》，存佚未詳。吴師道《請傳習許益之先生點書公文》：「何氏所點《四書》，今温州有板本。」又，《題程敬叔讀書工程後》：「北山師勉齋，魯齋師北山，其學則勉齋學也。二公所標點，不止於《四書》，而《四書》爲顯。」程端禮《程氏家塾讀書分年日程》卷一「自八歲入學之後」條言讀《四書》應至爛熟爲止，仍參看「何北山、王魯齋、張達善句讀、批抹、畫截、表

① 吴師道《吴禮部文集》卷二十。

② 吴師道《吴禮部文集》卷十八。

注、音考」①。

何基標抹其他經傳之書，俟再考證。其著述雖少，不計標抹之書，亦逾六十卷。

（二）王柏著述

王柏考訂羣書，經史子集，靡不涉獵，著述逾八百卷。王三錫《題文憲公集後》：「生平博覽群書，參微抉奥，往往發前人所未發，當時著述八百餘卷。」②馮如京《重刻魯齋遺集序》：「闡《六經》，羽翼聖傳，即天文地理，旁及稗史，靡不精究，著述不下八百餘卷。」③吴師道《節録何、王二先生行實寄文史局諸公》詳記王柏著述：「有《讀易記》《讀書記》《讀詩記》各十卷、《讀春秋記》八卷、《論語衍義》七卷、《太極圖衍義》一卷、《伊洛精義》一卷、《研機圖》一卷、《魯經章句》三十卷、《論語通旨》二十卷、《孟子通旨》七卷、《書附傳》四十卷、《左氏正傳》十卷、《續國語》四十卷、《闡學之書》四卷、《文章續古》三十五卷、《文章復古》七十卷、《濂洛文統》二百卷、《擬道學志》二十卷、《朱子指要》十卷、《詩可言》二十卷、《天文考》一卷、《地理

① 黄宗羲等《宋元學案》卷八十七。
② 王柏《魯齋王文憲公文集》。
③ 王柏《魯齋集》，清順治十一年馮如京刻本。

考》二卷、《墨林考》十六卷、《大爾雅》五卷、《六義字原》二卷、《正始之音》七卷、《帝王曆數》二卷、《江右淵源》五卷、《伊洛指南》八卷、《涵古圖書》一卷、《詩辨說》一卷、《書疑》九卷、《涵古易說》一卷、《大象衍義》一卷、《雜志》二卷、《周子》二卷、《發遣三昧》二十五卷、《文章指南》十卷、《朝華集》十卷、《紫陽詩類》五卷、《文集》七十五卷、《家乘》五十卷。又有親校刊刻諸書，無不精善。比年嫈屢毁，散落已多。」所載諸書通計七百九十四卷，標抹諸經尚未記。

吴師道《敬鄉録》卷十四又云：「北山所著少，而有諸書發揮，傳布已久。魯齋所著甚多，比年燼於火，傳抄者僅存。」德祐二年以後，王柏著述大都散失。至元二十六年至二十七年間，金履祥募得諸稿，攜同門士各以類集，雜著卷帙少者用《朱子大全集》之例各附入，編爲《王文憲公文集》。履祥《魯齋先生文集目後題》：「今存於《長嘯醉語》者，蓋存而未盡去也」，「間因述所考編，以求訂證，謂之《就正編》。迨至端平甲午，學成德進，粹然一出於正。自是以來，一年一集，以自考其所進之淺深，所論之精粗。自甲午至癸卯，凡五卷，謂之《甲午稿》。其後類述倣此，《甲辰稿》二十五卷、《甲寅稿》二十五卷、《甲子稿》二十五卷。其雜著成編者，《論語衍義》七卷、《涵古圖書》一卷、《研幾圖》一卷、《詩辯說》二卷、《書疑》九卷、《涵古易説》一卷、《大象衍義》一卷、《太極衍義》一卷。其餘編集不在此數也。其程課、交際、出處、事爲、著述前後，則見於《日記》。履祥又嘗集公與北山先生來往問答之詞，爲《私淑編》」，「《就正編》

《大象衍義》，北山先生亦俱有答語，與履祥所集《私淑編》，當依《延平師友問答》之例，别爲一書。但《大象》乃公所拈出，謂爲夫子一經，故其《衍義》亦自入集。講義雖嘗刊於天台而未盡，間亦有再講者，今皆入集。」所述《長嘯醉語》《就正編》《日記》《上蔡書院講義》、履祥所輯王柏與何基往來問答之《私淑編》，皆不見於吴師道《節録何、王二先生行實寄文史局諸公》載記。《詩辯説》二卷，即《詩疑》二卷。《讀易記》十卷、《讀書記》十卷、《讀詩記》十卷不傳，今未詳《詩辯説》《書疑》諸書與之内容重複之況。

今人程元敏撰《王柏之生平與學術》，《自序》云：「王氏遺書，爲世人所習知者，不過《書疑》《詩疑》及《魯齋文集》而已。及檢書目，又得《研幾圖》與後人纂輯之《魯齋正學編》。復於《程氏讀書工程》中，見《正始之音》全文。而《詩準》《詩翼》，諸家目録誤題爲何、倪二氏所作者，亦因考之縣志而正其誤，於是總得七書。然去魯齋本傳所言八百卷之數尚遠。因更考其師友與元明人著作，復得魯齋佚詩文數百條。」①第二編《著述考》，按經、史、子、集詳考王柏著述，今録吴師道《節録行實》列目未書、金履祥《魯齋先生文集目後題》所未載及，鑒采程元敏考據，列之如下，并略作補證：

《易疑》，佚。王崇炳雍正七年序金履祥《大學疏義》：「魯齋博學弘文，著書滿車，今所存

① 程元敏《王柏之生平與學術》，華東師範大學出版社，二〇一一年，第五頁。

亦少，而《大學定本》《詩疑》《禮疑》《易疑》等編，曾於四明鄭南溪家見之。」①《繫辭注》二卷，佚。《授經圖》卷四《諸儒著述》附歷代《三易》傳注，云：「《繫辭注》二卷，王柏。」然程元敏謂「殊可疑」。

《禹貢圖説》一卷，佚。見《聚樂堂藝文目録》《萬卷堂書目》《金華經籍志》《經義考》。

《詩考》，佚。康熙《金華縣志》著録。

《禮疑》，佚。王崇炳嘗於鄭性家見之。

《紫陽春秋發揮》四十卷，殘。見葉由庚《壙誌》引王柏題《春秋發揮》。

《春秋左傳注》二十卷，佚。《授經圖》卷十六《諸儒著述》附歷代《春秋》傳注著録。然程元敏謂「洵可疑」。

《大學疑》，殘。《晁氏寶文堂分類書目》著録。

《大學定本》，佚。王崇炳嘗於鄭性家見之。

《訂古中庸》二卷，佚。《經義考》著録。

《標抹點校四書集注》，佚。宋定國等《國史經籍志》載王柏「手校《四書集注》二十四册，抄本」。吴師道《題程敬叔讀書工程後》：「某頃年在宣城見人談《四書集注》批點本，亟

① 金履祥《大學疏義》，《金華叢書》本。

稱黄勉齋，因語之曰：『此書出吾金華，子知之乎？』其人咈然怒而不復問也。……四明程君敬叔著《讀書工程》以教學者，舉批點《四書》例，正魯齋所定，引列於編首者，而亦誤以爲勉齋，毋乃惑於傳聞而未之察歟？」程端禮《程氏家塾讀書分年日程》卷一言熟讀《四書》，仍參看「何北山、王魯齋、張達善句讀、批抹、畫截、表注、音考」，卷二《批點經書凡例》列《勉齋批點四書例》，即吴師道所言「正魯齋所定」。又，吴師道《請傳習許益之先生點書公文》：「王氏所點《四書》及《通鑑綱目》，傳布四方。」程元敏《著述考》既列此條，又列《批點標注四書》一條：「《批點標注四書》二卷，殘。」《批點標注四書》又見《經義考》《金華經籍志》著録。細察吴師道《題程敬叔讀書工程後》《請傳習許益之先生點書公文》，所標注《四書》，即《四書集注》。

《標抹點校資治通鑑綱目》五十九卷，佚。見葉由庚《壙誌》、吴師道《請傳習許益之先生點書公文》。

《朱子繫年録》，佚。見王柏《朱子繫年録跋》。

《重改庚午循環曆》，殘。見王柏《重改庚午循環曆序》。

《重改石筍清風録》十卷，殘。見王柏《重改石筍清風録序》。

《（魯齋）故友録》一卷，殘。王柏編，見萬曆《金華縣志》存《自序》。

《魯齋清風録》十五卷，殘。見王柏《魯齋清風録序》。

《考蘭》四卷，殘。見王柏《考蘭序》。
《陽秋小編》一卷，佚。見王柏《跋徐彦成考史》。
《天地萬物造化論》一卷，存。王柏撰，明周顒注。
《批注敬齋箴》十章，佚。朱熹箴，王柏批注。金履祥《濂洛風雅》卷一録《敬齋箴》，注云：「王魯齋嘗批注，又講于天台。」
《上蔡書院講義》一卷，殘。金履祥《魯齋先生文集目後題》：「《講義》雖嘗刊於天台而未盡。」吴師道《題程敬叔讀書工程後》篇末注：「魯齋亦有《類聚朱子讀書法》一段，在《上蔡書院講義》中。」
《天官考》十卷，佚。《世善堂書目》著録。
《雅藏録》，佚。見王柏《跋寬居帖》。
《朱子詩選》，佚。見王柏《朱子詩選跋》。
《朱子文選》，佚。見宋濂《題北山先生尺牘後》。
《雅歌集》，殘。見王柏《雅歌序》。
《五先生文粹》一卷，佚。《聚樂堂藝文目録》《萬卷堂書目》《千頃堂書目》著録。
《勉齋北溪文粹》，殘。王柏編，何基增定。見王柏《跋勉齋北溪文粹》。
《詩準》四卷、《詩翼》四卷，存。《四庫全書總目提要》：「舊本題宋何無適、倪希程同撰」，

「疑爲明人所僞托。觀其《峋嶁山碑》全用楊慎釋文，而《大戴禮・几銘》並用鍾惺《詩歸》之誤本，其作僞之迹顯然也。」程元敏考辨以爲臺圖藏明郝梁刻《詩準》四卷、《詩翼》四卷，爲王柏所編集，四庫館臣所見之本乃僞作①。又考何欽字無適，咸淳五年夏卒。倪普字君澤，改字希程，婺州人，淳祐十年進士，歷官刑部尚書、簽書樞密院事。今按：《詩準》《詩翼》，宋本尚存國圖。哈佛燕京圖書館藏明朱紱等編《名家詩法彙編》十卷，萬曆五年刻本（四册），卷九爲《詩準》，卷十爲《詩翼》，卷端皆題：「宋金華王柏選輯，明潛川徐珪校正，潛川談䘵編次。」末附王柏淳祐三年《序》、楊成成化十六年《序》、嘉靖二年邵鋭《序》。王柏《序》：「友人何無適、倪希程前後相與編類，取之廣，擇之精，而又放黜唐律，法度益嚴。予因合之，前曰《詩準》，後曰《詩翼》。」是書殆王柏次定之力爲多，《詩準》《詩翼》當題何欽、倪普編類，王柏次定。

程元敏輯考《上蔡師説》《魯齋詩話》等，嫌於牽强，其他大都詳覈，多所發明。

（三）金履祥著述

金履祥著述，按徐袍《宋仁山金先生年譜》：寶祐二年，作《讀論語管見》；咸淳六年，自弱冠以後至是歲雜詩文三册，彙爲《昨非存稿》；德祐元年，自咸淳七年至是歲雜詩文二册，

---

① 程元敏《王柏之生平與學術》上册，第四二八頁。

自題《仁山新稿》；至元十七年，撰成《資治通鑑前編》，凡十八卷，《舉要》二卷；至元二十八年，自德祐二年至是年雜詩文二册，自題《仁山亂稿》；至元二十九年，是歲以後雜詩文題《仁山噫稿》；元貞二年，編次《濂洛風雅》成；大德六年，《大學指義》成。又有《大學疏義》，早年所作；《尚書表注》《尚書注》《論語集注考證》《孟子集注考證》，不知成於何年；編王柏與何基往來問答之詞爲《私淑編》。

以上通計之，凡十四種。標抹批注又有數種：

《樂記標注》，佚。柳貫《金公行狀》：履祥疑前儒《樂記》十一篇之説，反復玩繹，「則見所謂十一篇者，節目明整，了然可考，而《正義》所分，猶爲未盡，於是一加段畫，而旨義顯白，無復可疑」①。

《中庸標注》，佚。吴師道《讀四書叢説序》：「仁山於《大學》《論》《孟》有《考證》，《中庸》有《標抹》。」②章贇《仁山金文安公傳畧》：「若《大學疏義》《中庸標注》《論孟考證》，我成祖皆載入《大全》，固已萬世不磨矣。」③吴師道《題程敬叔讀書工程後》「金氏《尚書表注》《四書疏義考

① 柳貫《柳待制文集》卷二十。
② 吴師道《吴禮部文集》卷十一。
③ 金履祥《仁山先生金文安公文集》卷五，清雍正九年東藕堂刻本。

何、王。」

證》」注云：「金止有《大學疏義》《論孟考證》。」

《四書集注點本》，佚。吴師道《請傳習許益之先生點書公文》：「金氏、張氏所點，皆祖述何、王。」

《禮記批注》，存。江西省圖書館藏宋本《鄭注禮記》二十卷，顧廣圻《跋》：「此撫州公使庫刻本《禮記》，是南宋淳熙四年官書，於今日爲最古矣。」書中批注千餘條，黄靈庚先生考證謂履祥批注。今按：《禮記》卷四《王制第五》「凡四海之内，九州」以下數章，眉批：「履祥按：方百里，惟以田計。青、兖、徐、豫，山少田多，故疆界若狹。冀與雍，田少山多，故疆界其闊。」可與履祥《答趙知縣百里千乘説》相參證。履祥有《中庸標注》《大學指義》《大學疏義》《樂記標注》，其中《中庸》《大學》無批注，《樂記》僅間有夾批注明數字之音，則不可解。

《夏小正注》，存。國圖藏明刻本楊慎集解《夏小正解》一卷，卷端題：「戴氏德傳，王氏應麟集校，金氏履祥輯。」國圖藏清乾隆十年黄叔琳刻本《夏小正》一卷，卷端題：「戴德傳，金履祥注，濟陽張爾岐稷若輯定，北平黄叔琳崑圃增訂，海虞顧鎮備九參校。」二本所載履祥注，皆録自《通鑑前編》。

《仁山文集》，存。履祥詩文先後自訂爲四稿，集久散落。明正德間，董遵收拾散佚，刻爲《仁山先生文集》五卷，卷一至卷四爲履祥自作詩文，卷五爲附録。正德刻本不存，今傳明萬曆二十七年金應騶等校刻本、明抄本、舊抄本等，雖有三卷、四卷、五卷之異，然皆祖于正德本，僅有篇目多寡、附録增删之異。

（四）許謙著述

許謙著述，按黄溍《白雲先生墓誌銘》：《讀四書叢説》二十卷；《詩集傳名物鈔》八卷；《讀書叢説》六卷；《温故管窺》若干卷；《治忽幾微》若干卷。又有《三傳義例》《讀書記》「皆稿立而未完」；門人編《日聞雜記》「未及詮次」；有《自省編》，「晝之所爲，夜必書之，迨疾革，始絶筆」。載及書名者，以上凡九種。朱彝尊《經義考》卷一百九十四著録《春秋温故管闚》，云：「未見。陸元輔曰：先生於《春秋》有《温故管闚》，又著《三傳義例》。《義例》未成。」①錢大昕《元史藝文志》卷一著録《春秋温故管闚》《春秋三傳義疏》。《義疏》，當即《義例》。以上九種外，黄溍《墓誌銘》載及而未言書名，及所未載及者，又有十餘種：

《假借論》一卷，佚。焦竑《國史經籍志》卷二著録「許謙《假借論》一卷」②。《焦氏筆乘》卷六載及「許謙《假借論》」③。并見《千頃堂書目》《元史藝文志》著録。

① 朱彝尊《經義考》卷一百九十四，清乾隆二十年盧見曾續刻本。
② 焦竑《國史經籍志》卷二，明刻本。
③ 焦竑《焦氏筆乘》卷六，明萬曆三十四年謝與棟刻本。

《詩集傳音釋》二十卷，存。《經義考》卷一百十一著録《羅氏復詩集傳音釋》二十卷，存。云：「按：曹氏静惕堂有藏本，乃合白雲許氏《名物鈔》而音釋之。」①《鐵琴銅劍樓目録》卷三著録元刊本《詩集傳音釋》二十卷：「題東陽許謙名物鈔音釋，後學羅復纂輯。黄氏《千頃堂書目》始著於録，流傳頗少。《凡例》後有墨圖記云：『至正辛卯孟夏，雙桂書堂重刊。』猶元時舊帙也。其書全載集傳，俱雙行夾注，音釋即次集傳末，墨圍『音釋』二字以别之」，「蓋以《名物鈔》爲主，更采他説以附益之，與《凡例》所云正合。然此但摘録許書音釋，而其考訂名物則不具載，且音釋亦間有不録者。」②

《絳守居園池記注》一卷，存。《四庫全書總目提要》：「唐樊宗師撰，元趙仁舉、吴師道、許謙注」，「皇慶癸丑，吴師道病其疏漏，爲補二十二處，正六十處。延祐庚申，許謙仍以爲未盡，又補正四十一條。至順三年，師道因謙之本，又重加刊定，復爲之跋。二十年屢經竄易，尚未得爲定稿，蓋其字句皆不師古，不可訓詁考證，不過據其文義推測，鉤貫以求通。」

《四書集注點本》，佚。吴師道《請傳習許益之先生點書公文》：「乃金氏高弟，重點《四書章句集注》。」

---

① 朱彝尊《經義考》卷一百十一。

② 瞿鏞《鐵琴銅劍樓目録》卷三，清光緒間常熟瞿氏家塾刻本。

《儀禮經注點校》，佚。吴師道《儀禮經注點校記異後題》：「許君益之點抹是書，按據注疏，參以朱子所定，將使讀者不患其難。」①黄溍《白雲許先生墓誌銘》：「於《三禮》，則參伍考訂，求聖人制作之意，以翼成朱子之説」，「又嘗句讀《九經》《儀禮》《三傳》，而於其宏綱要旨，錯簡衍文，悉别以鉛黄朱墨，意有所明，則表見之。其後友人吴君師道得吕成公點校《儀禮》，視先生所定，不同者十有三條而已，其與先儒意見吻合如此。」

《九經點校》，佚。見上引黄溍《白雲許先生墓誌銘》。吴師道《請傳習許益之先生點書公文》稱許謙「重點《四書章句集注》，及以廖氏《九經》校本再加校點。他如《儀禮》、《春秋》《公》《穀》二『傳』並注，《易程氏傳》、朱氏《本義》，《詩朱氏傳》，《書蔡氏傳》，朱子《家禮》，皆有點本，分别句讀，訂定字音，考正謬訛，標釋段畫，辭不費而義明。用功積年，後出愈精，學士大夫咸所推服」。宋末廖瑩中刊《九經》，即《周易》《尚書》《毛詩》《禮記》《周禮》《左傳》《論語》《孝經》《孟子》，有《孝經》，無《儀禮》，有《論語》《孟子》，無《公羊傳》《穀梁傳》。故黄溍《墓誌銘》並舉《九經》《儀禮》《三傳》。許謙校點，除句讀外，尚訂定字音，考正訛謬，標釋段畫。

《三傳點校》，佚。見上引黄溍《白雲許先生墓誌銘》、吴師道《請傳習許益之先生點書公

① 吴師道《吴禮部文集》卷十五。

文》。許謙《春秋温故管闚》《春秋三傳義疏》并佚，與《三傳點校》殆各沿其例爲書。

《書蔡氏傳點校》，佚。許謙《回南臺都事鄭鵬南浼點書傳書》：「近辱蕭侯傳示教命，俾點《書傳》。舊不曾傳點善本前輩，方欲辭謝，又恐有幸盛意，遂以己意謾分句讀」，「圈之假借字樣，舊頗曾考求，往往與衆不合，今以異於衆者，具別紙上呈。標上舊題爲《蔡氏書傳》。謹按：古來傳注，必先題經名，然後曰某人注」，「乞命善書者易題曰《書蔡氏傳》，庶幾於義而安。」①又一書云：「某比辱指使點正《書傳》，不揣蕪陋，弗克辭謝，輒分句讀，汙染文籍。」②鄭雲翼字鵬南，延祐二年官南臺都事，延祐六年遷廣東道肅政廉訪使，泰定元年陞兵部尚書。許謙應雲翼之請點校蔡沈《書集傳》，吴師道《請傳習許益之先生點書公文》亦言及是書，今未見傳。

《易程氏傳點校》，佚。見上引吴師道《請傳習許益之先生點書公文》。其不名《程氏易傳》，《回南臺都事鄭鵬南浼點書傳書》已言之。

《易朱氏本義點校》，佚。見上引吴師道《請傳習許益之先生點書公文》。《易朱氏本義》，即《周易本義》。其不名《朱氏易本義》，《回南臺都事鄭鵬南浼點書傳書》已明之。

---

① 許謙《許白雲先生文集》卷三。

② 許謙《許白雲先生文集》卷四。

《詩朱氏傳點校》，佚。見上引吴師道《請傳習許益之先生點書公文》。《詩朱氏傳》，即《詩集傳》。其不名《朱氏詩傳》，《回南臺都事鄭鵬南浼點書傳書》已明之。

《家禮點校》，佚。見上引吴師道《請傳習許益之先生點書公文》。

《典禮》，佚。許鴻烈《八華山志》卷中《金仁山、許白雲立謚咨文》：「若《三傳義疏》《典禮》《讀書記》，皆未脱稿者也。」末署「元至正七年八月初九日」①。此又見於清宣統三年重修本《桐陽金華宗譜》卷一，題作《爲金、許二先生請謚咨文始末》。黄溍《墓誌銘》僅言「有《三傳義例》《讀書記》，皆稿立而未完」。《典禮》，疑爲《三傳典禮》。許謙熟於古今典禮政事，黄溍《墓誌銘》：「搢紳先生至於是邦，必即其家存問焉。或訪以典禮政事，先生觀其會通而爲之折衷，聞者無不厭服。」今難得其詳，俟再考證。

《八華講義》，佚。許謙《八華講義》：「講問辨析，有分寸之知，敢不傾竭爲諸君言？苟所不知，不敢穿鑿爲諸君誑。」②許謙講學八華山中，四方來學。《八華山志》卷中《道統志》收許謙題《八華講義》及所撰《八華學規》《童稚學規》《答門人問》。《八華講義》蓋爲講義之題，非止一篇題作，未刻行，久佚。明正德間陳綱重刻《許白雲先生文集》，改《八華講義》作《金華講義》。

① 許鴻烈《八華山志》卷中，民國戊寅重修本。

② 許謙《許白雲先生文集》卷四。

《歷代統系圖》，佚。戚崇僧《白雲歷代指掌圖説》：「白雲先生《歷代統系圖》，自帝堯元載甲辰，迄至元十三年丙子，總三千六百三十三年，取義已精，愚約爲《指掌》，以便觀玩。」末署「至正乙酉，金華戚崇僧述」①。崇僧爲許謙高弟子，字仲咸，金華人。著有《春秋纂例原指》三卷、《四書儀對》二卷、《歷代指掌圖》二卷等書。雍正《浙江通志》著録《歷代指掌圖》二卷，注云：「金華戚崇僧著，見黄溍《戚君墓誌》。」②《歷代指掌圖》二卷，今佚。按崇僧《序》，其書乃據許謙《歷代統系圖》「約爲《指掌》」。季振宜《季滄葦書目》著録「抄本《歷代統系圖》，一本」③，未詳即許謙之書否。

《許氏詩譜鈔》，存。吴騫《元東陽許氏詩譜鈔跋》：「元東陽許文懿公嘗以鄭、歐之譜世次容有未當，别纂《詩譜》，繫於《詩集傳名物鈔》」，「特所序諸國傳世曆年甚悉，有足資討覈者。爰爲輯訂，附於《詩譜補亡》之後。」④許謙不滿於鄭玄《詩譜》、歐陽修《詩譜》，以爲世次有所未當，别纂《詩譜》，附《詩集傳名物鈔》各卷之末，未單行。吴騫輯訂《詩譜補亡》，從《名物

---

① 《蓉麓戚氏宗譜》卷二，民國十九年庚午重修本。
② 雍正《浙江通志》卷二百四十三，清文淵閣《四庫全書》本。
③ 季振宜《季滄葦書目》，清嘉慶十年黄氏士禮居刻本。
④ 吴騫《愚谷文存》卷四，清嘉慶十二年刻本。

鈔》採録《許氏詩譜》一書，有拜經樓刻本。

《白雲集》，存。黄溍《白雲許先生墓誌銘》：「其藏於家者，有詩文若干卷。」不言集名。按《八華山志》，東陽許三畏字光大，自幼師事許謙，許謙歿，「乃萃其遺稿，手鈔家藏，待後以傳，賴以不墜」。明人李伸幼時得許謙殘編於祖妣王氏家，皆許氏手稿，明正統間編次《白雲集》四卷。成化二年，張瑄得金華陳相之助，刻行於世。正德間，金華陳綱重刻之，改題《白雲存稿》。

五、關於《全書》整理的幾點説明

四先生自王柏以下貫通經史，考訂羣書，著述弘富。據各類文獻著録可知，王柏著作逾八百卷，金履祥、許謙著作亦多。何基篤守師説，其書題作「發揮」者即有七種，《文集》三十卷裒集未備。惜四先生著述大都散佚，今存不足三十種，多爲精華。如何基著作，胡鳳丹編《何北山先生遺集》四卷，凡詩一卷、文一卷、《解釋朱子齋居感興詩》一卷、附録一卷，篇章寥寥。然四先生解經沿朱、吕之統，若考訂篇目、編類勘定、標抹點校、句讀段畫、批注音釋等，皆爲所重，以爲真學問，可羽翼經傳，有補聖賢之學。此次編纂四先生傳世著述，囊括四部，廣作蒐討，復作甄選，批注、次定之書，亦在收録範圍，冀得四先生著作大全。

前此已述「北山四先生」之目其來有自，故兹編四先生著述名曰《北山四先生全書》（以下簡稱《全書》）。《全書》分爲「何基卷」「王柏卷」「金履祥卷」「許謙卷」凡四編，別附《北山四先生全書外編》（以下簡稱《外編》）一册。收録内容如下：

何基卷：《何北山先生遺集》四卷。

王柏卷：《書疑》九卷；《詩疑》二卷；《研幾圖》一卷；《天地萬物造化論》一卷；《魯齋王文憲公文集》二十卷。

金履祥卷：《尚書注》十二卷；《尚書表注》二卷；《禮記批注》二十卷；《宋金仁山先生大學疏義》一卷；《論語集注考證》十卷；《孟子集注考證》七卷；《通鑑前編》十八卷、《舉要》二卷；《仁山先生文集》三卷；《濂洛風雅》七卷。

許謙卷：《讀書叢説》六卷；《讀四書叢説》八卷；《詩集傳名物鈔》八卷；附《詩集傳名物鈔音釋纂輯》二十卷；《許白雲先生文集》四卷；《絳守居園池記注》一卷。

《全書》并收四先生批注、編類之書，惜所得已尠，僅金履祥編《濂洛風雅》、許謙等人《絳守居園池記注》一卷而已。何基《解釋朱子齋居感興詩二十首》，胡鳳丹已編入《何北山先生遺集》。王柏《正始之音》不分卷，收入《魯齋王文憲公文集》附録。楊慎輯解《夏小正解》一卷、吴騫編訂《許氏詩譜鈔》一卷，分從《資治通鑑前編》《詩集傳名物鈔》中輯録，且有文字改易，雖單行於世，《全書》不重複收録。羅復纂輯《詩集傳音釋》二十卷，亦與《名物鈔》重複，且有改易，然今存《名物鈔》最早傳本爲明抄二種，《詩集傳音釋》存元正至雙桂書堂刊本，可相參證，故附收之。

又有四先生詩文佚篇、講學語録、零句斷章，散見他書。《全書》則廣考方志史料、經史典籍、宗譜家乘、别集總集，勾稽佚篇，以詩文爲主，録爲補遺，附於各集之後。《全書》補遺增至二百餘篇。大略《何北山先生遺集》增《補遺》二卷，凡詩文、語録各一卷，更補附録三卷。《魯齋王文憲公文集》增《補遺》、附録各一卷。《仁山先生文集》增《補遺》二卷、附録四卷。《許白雲先生文集》增《補遺》二卷、附《八華山志》一種、附録五卷。至於王柏、金履祥、許謙語録、雜著，可輯爲條目者尚有不少，因考校非短時可畢功，姑俟將來。

另外，整理者各竭其力，輯録年譜、碑傳志銘、序跋題贈等爲附録，凡一家之資料，分附各卷後，而四先生合評之資料則另編爲《外編》一册，綴於《全書》之末。

本次整理之特點，大體有以下四點：

一是内容全備，首次結集。本書所收四先生著述，盡量蒐羅完備，拾遺補缺，并附研究資料之集成。四先生著作已出整理本數種，《全宋詩》《全宋文》《全元詩》《全元文》各沿體例，收録四先生詩文。《全書》之整理或酌情鑒採前賢時哲已有成果，廣泛蒐討有價值校本，以成新編；或别覓良善底本、校本，新作董理；或未有整理本，首次進行校勘標點。至於蒐輯補遺、編類附録，用力頗勤。故《全書》編校之事可謂首創，求全、求備、求精，雖未臻其目標，然自有新意，覽者可察之。

二是底本、校本良善。在當前條件下，搜集購訪底本、參校本已較過去爲易，然亦非没有難度。先是用時幾近半年進行調查研究，甄選整理底本、參校本。如許謙《讀四書叢説》，今傳八卷本，有元刻本、清刻本及抄本多種。國圖藏元刻本八卷，《讀論語叢説》三卷原缺，常熟瞿氏以所得德清徐氏藏元刻本配之，遂爲合璧本。國圖藏清嘉慶間何元錫影抄元本與《宛委别藏》本《讀論語叢説》三卷，并據德清徐氏舊藏本影寫。臺北故宫博物院藏元刻本八卷殘帙，又藏舊抄本八卷，據元刻本寫録，顯非據於德清徐氏舊藏元本。浙圖藏明藍格抄本八卷，有清佚名校注。國圖藏瞿氏鐵琴銅劍樓影元抄本，據合璧本影抄。此外，又有國圖藏嘉慶間何元錫刻本、《經苑》本、《金華叢書》本。今訪得諸本，詳作考訂，乃以元刻八卷合璧本爲底本，參校殘元本五卷、舊抄本八卷、明藍格抄本八卷等本。

三是勾稽拾遺。以四先生著述多散佚，遍檢方志、宗譜、總集等，勾稽佚作，用力仍多在詩文，所得逾二百篇。如《魯齋集》輯佚詩六十六首、詞一闋、文十七篇。《仁山集》輯佚作四十三篇、附存疑六篇，約當本集三之一。《白雲集》輯佚文三十四篇(含殘篇二篇)、佚詩十四首及許謙之子許亨文二篇，約當本集四之一。

四是立足考據。在研究的基礎上進行校點整理，有關考證涉及版本源流、篇目真僞、文獻輯佚等方面。如《仁山文集》，傳世明抄本、舊抄本庶幾見正德本原貌，而抄寫多誤字，萬曆刻本經履祥裔孫校勘，訛誤爲少，勝於後來春暉堂、東藕堂及退補齋諸刻。東藕堂刻本有補苴之功，惜文字臆改居多，徒增歧説，非別有善本據依。《金華叢書》本、《四庫全書》本少有校讎之功，復多擅改之弊，實無足觀。故此次整理，以萬曆刻本爲底本，僅參校明抄本、舊抄本、春暉堂刻本、東藕堂刻本。又如輯佚，翻覽宗譜數千種，所得篇目亦豐。然據宗譜勾稽，可信度下方志一等。宗譜良莠不齊，時見攀附僞托之作，且編集校印多不精，故異姓之譜常見一人同篇，同宗之譜時見一篇分署多人。或一望而知假托，或詳考而始明真僞，採輯遂不得不慎。附録資料亦然，篇目真僞亦需考辨。如《芋園叢書》本《金氏尚書注》集前《金氏尚書注自序》末署「寶祐乙卯重陽日，蘭溪吉父金仁山書」，實宋人方岳之筆，見於《秋崖集》卷四十《滕和叔尚書大意序》，朱彝尊《經義考》作「方岳序」，不誤。《碧琳琅館叢書》本《金氏尚書注》集前亦録此僞作。《芋園叢書》本《金氏尚書注》又有王柏《金氏尚書注序》，并是僞托。《碧琳琅館叢書》本《金氏尚書注》又有《金氏尚書注跋》一篇，末署「歲在丁巳仲春望日，桐陽叔子金履祥書於桐山書軒」，實方時發之筆。署柳貫《書經周書注敘》及佚名《金氏尚書注跋》，皆係僞托。今人蔡根祥、許育龍等已證《芋園叢書》本、《碧琳琅館叢書》本《金氏尚書注》繫僞作。今鑒取相關成果，詳作考辨，盡量避免僞作羼入。

《全書》整理之議，始於二〇一四年。先是浙江師範大學與金華市政協合作編纂《吕祖謙全集》，歷時八年，成十六册，二〇〇八年由浙江古籍出版社印行。繼與金華市委宣傳部合作編纂《重修金華叢書》，歷時七年，彙輯二百册，二〇一三至二〇一四年由上海古籍出版社印行。其時我們以復興浙學爲己任,提倡從基礎文獻梳理與學術史建構兩方面對浙學展開研究,以爲四先生有功浙學匪小,整理四先生之書亟爲當前所需,遂於《重修金華叢書》首發式上,倡議整理《北山四先生全書》。經多方呼籲,金華市委宣傳部於二〇一七年聯合浙師大啓動《全書》編纂,委托我們負責組織團隊,開展整理工作。陳開勇、王錕、慈波、崔小敬、宋清秀教授,孫曉磊、鮑有爲、方媛、李鳳立、金曉剛博士先後參與進來。二〇二〇年,《全書》入選「浙江文化研究工程」重大項目。前後歷時四年,今夏終於完稿。各書整理者名氏已標册端,此不一一介紹。黄靈庚、李聖華擬定體例,通讀全稿,并各自承擔校勘任務。

《全書》整理出版,無疑是浙學研究史上一件盛事。我們參與其中,投入心力,可謂人生之幸事。在此衷心感謝金華市委宣傳部副部長曹一勤女士,浙師大副校長鍾依均教授,上海古籍出版社高克勤社長、奚彤雲編審、劉賽副編審給予大力支持,一編室黄亞卓、楊晶蕾編輯等人悉心校讀全稿,多所訂正,使得《全書》得以減少訛誤,在此一併表示謝意。

由於整理者學識水平所限,《全書》整理定會存在不妥及錯誤之處,祈盼讀者不吝指正。

黄靈庚　李聖華

二〇二一年九月二十日

凡例

一、《全書》所收四先生著述，在廣徵版本基礎上，考訂其源流、異同、得失、優劣，從而裁定底本與校本。金律刻《率祖堂叢書》本、胡鳳丹編《金華叢書》本及文淵閣《四庫全書》本（簡稱「庫本」），皆因擅自改易而慎爲取用。大體庫本在棄用之列；若其他版本難稱良善，始取《率祖堂叢書》本、《金華叢書》本用作底本，或作校補之用。

二、《全書》校勘、輯佚以及各書附録編集，皆留意考證，力求黜僞存真。因補遺之文托名僞作不乏見，且多得自宗譜家乘，慮其編纂校印良莠不齊，故採輯謹慎，以免濫入。

三、《全書》整理成於衆手，分册出版，整理者名氏標於册端。各册均由整理者撰寫前言或點校説明，以述明本册整理情況。底本卷端或標編次、校刊名氏，今均省去，於書前點校説明略載述之。

四、《全書》校勘大體遵循以下規則：一般底本不誤，他本誤者，不出校記。底本文字顯有譌誤，如訛、脱、衍、倒等，宜作改易，撰寫校記。偶有文字漫漶殘損者，用他本校補；無可補者，用缺字符□標識，并出校記。諱字回改，古人刻抄習見己、已、巳不分之類，徑用其正字。異體字、通假字、古今字，均不出校。虚字非關涉文意者，亦不出校。校記不徒列異文，間列考據，庶明其是非、高下。

書疑

［宋］王柏 撰
李鳳立 整理

整理説明

浙江師範大學人文學院　李鳳立

王柏（一一九七—一二七四），字會之，一字仲會，嘗慕諸葛亮爲人，自號長嘯，年逾三十「始知家學授受之原，慨然捐去俗學以求道」，讀《論語》至「居處恭，執事敬」，更號「魯齋」。與何基、金履祥、許謙並稱爲北山四先生，又稱「金華四先生」。《宋元學案》卷八二評價金華學派被譽爲朱學嫡傳，「是數紫陽之嫡子，端在金華也」。曾受聘于縣南罣思山季原堂、麗澤書院、上蔡書院，後講學于家塾。度宗咸淳十年（一二七四）逝世，享年七十八歲。一年後，宋恭帝顯德祐元年（一二七五）特贈承事郎，太常以「廣博德能，行善可紀」贈謚「憲」，元世祖至元二十六年（一二八九）門人金履祥等加「文」，私謚爲「文憲」，清世宗雍正二年（一七二四），從祀孔廟，列東廡先儒。

王柏一生著述豐富，程元敏《王柏之生平與學術·著述考》載其著有：《讀易記》十卷、《涵古易説》一卷、《涵古圖書》、《易疑》、《大象衍義》、《繫辭注》、《讀書記》、《書疑》、《禹貢圖説》、《讀詩記》、《詩考》、《詩疑》、《禮疑》、《讀春秋記》、《左氏正傳》、《（周）書附傳》、《紫陽春秋發揮》、《春秋左氏傳注》、《大學疑》、《大學定本》、《（訂）古中庸》、《論語通旨》、《論語衍義》、《魯經章句》、《孟子通旨》、《批點標注四書》、《標抹點校四書集注》、《金華四先生四書正學淵源》、《大爾雅》、《六義字原》、《正始之音》、《帝王曆數》、《標抹點校資治通鑑綱目》、《朱子繫年録》、《續國語》、《江左淵源》、《重改庚午循環曆》、《重改石笥清風録》、《甲子稿》、《魯齋王文憲公文集》等九十餘種，可謂「勇于變古而勤于著述，若魯齋者，七百年來一人而已」。

宋代疑經思潮興起，「自慶曆後，諸儒發明經旨，非前人所及」。王柏以爲群經之中，《書》聱牙艱澀，且「伏生之口授，科斗之變更」，有口傳意讀之訛，錯簡脱簡甚多，故作《書疑》九卷。一則疑《尚書大序》爲後人僞作；二則更定《尚書》經文，作考異八篇：《堯典考異》《三謨考異》《武成考異》《洪範考異》《多方考異》《多士考異》《立政考異》《説命考疑（異）》；三則考訂《尚書》各篇章關係，如合《皋陶謨》《益稷》爲一篇；四則考證成篇時間，如以《武成》中「戊午」「群后」四字，與《泰誓》中「戊午」「群后」相應，「疑是武王嗣位第十有三年春元日，發《泰誓》上篇，播告諸侯」；五則重解經義，如釋《冏命》，以爲「《周禮》止有大僕而無正也，不過穆王欲尊寵伯冏，創加一正，異其職，假其詞以寵之爾。此穆王之所以爲穆王，而周之所以衰也。顧讀者以其詞之盛，而不暇察其病耳」。

自序稱是書凡五十八篇，核其目録，正五十八篇，然今所傳各本皆爲五十七篇。正文各篇，或未標篇題，或與目録有異，兩相對照，闕卷五《洪範圖》。程元敏先生認爲今《研幾圖》第十六至三十二圖：《洪範傳目圖》《維皇建極圖》《皇不建極圖》《五行圖》《事證圖》《洪範經圖》

《皇極經圖》《洪範並義圖》《洪範對義圖》《三德圖》《皇極敷言敷錫圖》《福極圖》《卜紀圖》《八政圖》《四謀圖》《三聖授受圖》《人心道心圖》，原爲《書疑·洪範圖》，爲後人摘出。

《書疑》原有宋本，今未見。清洪頤煊《讀書叢録》載：「魯齋《書疑》九卷，前有寶祐丁巳王柏自序。……此本尚是宋刊黑口本，每葉廿二行，行廿一字。」

今存《書疑》有三個版本：

一、《通志堂經解》本九卷：花口，單魚尾，四周單邊，半葉十一行，行二十字。題清納蘭成德輯，康熙間初刊，同治十二年粤東書局重刊。

二、清抄本：半葉十行，行二十字，附元王充耘《讀書管見》一卷。

三、《金華叢書》本：白口，單魚尾，四周雙欄，半葉九行，行二十字，清同治、光緒年間，胡鳳丹據通志堂本重刊。

各本《書疑》前無自序，卷五無《洪範圖》，僅存其目。

本次點校，以《通志堂經解》本爲底本，以清抄本、《金華叢書》本爲參校本。凡俗體字，皆徑改易爲通行字體，亦不出校；凡底本之訛、衍，則據校本改易；凡底本之闕，則據校本補入；凡底本之倒，則據校本乙之；凡底本、校本均可通者，出異文校。不當之處，祈方家批評指正。

書疑目録

書疑原目

王魯齋《書疑》序

《書疑》九卷，宋金華王文憲公柏所著。《書》自伏、孔二家傳出，于是有今文古文之别，由唐以前未有疑之者，有宋諸儒始疑古文後出，非盡孔壁之舊，然于今文固未有擬議也。其并今文而疑之，則自公始。公高明絶識，于群經穿穴鑽研，不狃于訓詁之舊。故雖以二千年相傳口授壁藏之書，漢唐諸儒所服習者，猶有缺佚脱誤之疑。至謂《大誥》「寧王遺我大寶龜」，「西土有大艱，人亦不靖」之語，無異于唐德宗奉天之難，委之于定數，聖如姬公，寧肯爲此語？《洛誥》復辟之事，謂成王幼，周公代王爲政，成王長，周公歸政于王。蘇氏所謂歸政，初無害義，何所嫌而避此名乎？其不苟爲同如此。元吴禮部師道言，公初見何北山，北山謙抑，不敢以弟子視之。公宏論英辯，質疑往復，一事或十數過。公之爲此書也，豈有得于北山與？是書之最善者，如訂正皇極之經傳，謂《論語》「咨爾舜」二十二言，《孟子》「勞、來、匡、直」數語，宜補《堯典》缺文；《禹貢》叙一事之終始，《堯典》叙一代之終始，《禹貢》當繼《堯典》之後，居三《謨》之前；皆卓然偉論，即以補伏、孔所未逮可也。康熙丁巳，納蘭成德容若序。

《宋史》本傳

王柏，字會之，婺州〔一〕金華人，大父崇政殿説書師愈，從楊時受《易》《論語》，既又從朱熹、張栻、吕祖謙游。父瀚，朝奉郎，主管建昌軍仙都觀，兄弟皆及熹、祖謙之門。柏少慕諸葛亮爲人，自號長嘯。年踰三十，始知家學之原，捐去俗學，勇于求道。與其友汪開之著《論語通旨》，至「居處恭，執事敬」，惕然歎曰：「長嘯非聖門持敬之道。」亟更以魯齋。從熹門人游，或語以何基嘗從黄榦得熹之傳，即往從之，授以立志居敬之旨，且作《魯齋箴》勉之。質實堅苦，有疑必從基質之。于《論語》《大學》《中庸》《孟子》《通鑑綱目》標注點校，尤爲精密。作《敬齋箴圖》。夙興見廟，治家嚴飭。當暑閉閤静坐，子弟白事，非衣冠不見也。少孤，事其伯兄甚恭，季弟早喪，撫其孤，又割田予之。收合宗族，周恤扶持之。開之没，家貧，爲之斂且葬焉。來學者衆，其教必先之以《大學》。蔡抗、楊棟相繼守婺，趙景緯守台，聘爲麗澤、上蔡兩書院師，鄉之耆德皆執弟子禮。理宗崩，率諸生製服臨于郡。柏之言曰：「伏羲則《河圖》以書八卦，文王推八卦以合《河圖》者，先天後天之宗祖也。《河圖》是逐位奇偶之交，後天是統體奇偶之交。惟四生數不動，以四成數而下上之，上偶下奇，莫匪自然。」又曰：「大禹得《洛書》而列九疇，箕子得《九疇》而傳《洪範》。範圍之數，不期而暗合。《洪範》者，經傳之宗祖乎？『初一曰五行』以下六十五字，爲《洪範》，『五皇極』以下六十四字爲《皇極經》，此帝王相傳之大訓，非箕子之言也。」又曰：「今《詩》三百五篇，豈盡定于夫子之手？所删之詩，容或有存于閭巷浮薄之口，漢儒取于補亡。」乃定二《南》，各十有〔二〕一篇，兩兩相配。退《何彼穠矣》《甘棠》，歸之《王風》，削去《野有死麕》，黜鄭衛淫奔之詩。又作《春秋發揮》。又曰：「《大學》『致知格物』章未嘗亡。」還「知止」章于「聽訟」之上。謂「《中庸》古有二篇，『誠明』可爲綱，不可爲目。」定《中庸》「誠明」各十一章。其卓識獨見多此類也。其卒，整衣冠端坐，揮婦人勿近。國子祭酒楊文仲請于朝，謚曰「文憲」。所著有《讀易記》《涵古易説》《大象衍義》《涵古圖書》《讀書記》《書疑》《詩辨説》《讀春秋記》《論語衍義》《太極衍義》《伊洛精義》《研幾圖》《魯〔三〕經章句》《論語通旨》《孟子通旨》《書附傳》《左氏正傳》《續國語》《闡〔四〕學之書》《文章復古》《文章續古》《濂洛文統》《擬道學〔五〕志》《朱子指要》《詩可言》《天文考》《地理考》《墨林考》《大爾雅》《六義字原》《正始之音》《帝王曆數》《江左〔六〕淵源》《伊洛指南》〔七〕《雜志》《周子》《發遣三昧》《文章指南》《朝華集》《紫陽詩類》《家乘》《文集》。

【校記】

〔一〕「州」，原作「川」，據《金華叢書》本、《宋史·地理志》改。

〔二〕「有」，原作「百」，據《金華叢書》本、《宋史》改。

〔三〕「魯」，原作「書」，據《宋史》改。
〔四〕「闔」，原作「鬪」，據《宋史》改。
〔五〕「學」字原脱，據王柏《魯齋集》阮元聲《序》、《附録》葉由庚《王柏壙誌》補。
〔六〕「左」，原作「右」，據王柏《魯齋集》阮元聲《序》、《附録》葉由庚《王柏壙誌》改。
〔七〕「指南」，原作「精義」，據王柏《魯齋集》阮元聲《序》、附録葉由庚《王柏壙誌》改。

序〔一〕

聖人之經，最古者莫如《書》，而最難讀者，亦莫如《書》。以二帝三王治天下之大經大法，孰有加于《書》者？奈何伏生之口授，科斗之變更，孰能保其無誤？此《書》之所以難讀也。朱子于諸經，莫不探其淵源，發其簡奧，疏瀹其湮塞而貫通之，縷析其錯揉而紬繹之，無復遺恨。獨于《春秋》不敢著一字，《書》止解典謨三篇而已，後又有《金縢》《召誥》《洛誥》説及《考定武成》凡四篇。予嘗多幸，得觀典謨手畢，密行細字，東圈西補，蓋非一日之所更定。其用力精勤如此，學者猶恨不及見其全書，孰知《書》之果不可得而全解也？朱子嘗謂眉山蘇氏《書説》善得其文勢，或謂失之簡，曰如是亦可矣。謂金陵王氏獨不解《洛誥》，猶能于此而不穿鑿，亦稱之也。又嘗問東萊先生于《書》有不可解者否，曰亦無可缺，後二年復見，乃曰誠如所喻，是亦難説者。至于朱子教門人，則俾之先讀其易曉，而姑後其聱訛，此固不得已之詞。甚矣，《書》之難讀也。今九峰蔡氏祖述朱子之遺規，斟酌群言而斷以義理，洗滌支離而一于簡潔。如今文、古文之當考固已甚明矣，大序、小序之可疑今已甚於。〔二〕帝王之詞與史氏之詞參錯乎其中，今亦可辨。有害理傷道者，又辭而闢之。有考訂平易者，亦引而進之。如天文地理之精覈，歲月先後之審定，用工勤苦，久已成編，後學可謂大幸。然疑義缺文之難，朱子曰未詳、曰脱簡者，固自若也。分章絶句之難，朱子不肯句讀者，亦未能盡通也。況讀書至拙如予者，豈能遽豁然于中哉！諸儒之所能解，予固幸因得而通之，予之所不能通，雖諸儒極融化之妙，支綴傅會，屈曲將迎，然亦終未能盡明也。在昔先儒，篤厚信古，以爲觀書不可以脱簡疑經，如此則經盡可疑，先王之經無復存者。後生爲學，所當確守先儒之訓，何敢疑先王經也！不幸秦火既焰，後世不得見先王之全經也。惟其不全，固不可得而不疑。所疑者，非疑先王之經也，疑伏生口傳之經也。讀書者往往困〔三〕于訓詁，而不暇思經文之大體。間有疑者，又深避改經之嫌，寧曲説以求通，而不敢輕議以求是。夫聖人之書，萬世之大訓也，與日月並明，與天地始終，不惟不當疑，亦本無可疑，後學非喪心，孰敢號于衆曰吾欲改聖人之經？然伏生女子之口傳，孰不知其訛舛？聖人之經不可改，伏氏之言亦不可正乎？糾其繆而刊其贅，訂其雜而合其離，或庶幾乎得復聖人之舊，此有識者之不容自已。漢唐諸儒，智不足而守有餘，泥古護短，堅不可開。逮至本朝二三大儒，方敢折衷以理，間有删改，譏議喧豗，猶數十年而後定。今訓注多已詳明而猶可略也，惟錯簡繁多，極問玩索。若稍加轉移以復大體，不動斤斧以鑿元氣，不可强通者乃〔四〕缺之，是亦先儒凡例之所評〔五〕也。元體苟正，則訓詁不待費詞，可以益簡而益明矣。愚不自揆，因成《書疑》九卷，凡五十篇，正文考異八篇，藏之家塾，以備探討。嗚呼！歐陽公曰：經非一世之書也，傳之繆非一日之失也，刊正補輯非一人之能也。使學者各極其所見，而明者擇焉，以俟聖人之復生也，予深有感于斯言云。

【校記】

〔一〕此序原版各本均無，據明英宗正統八年三臺劉氏校刊本《魯齋集》補。

〔二〕此處疑有脱誤，《經義考》卷八十四所録於「今已甚」下注「原闕」，無「於」字。

〔三〕「困」，底本作「因」，據順治十一年馮如京本《魯齋集》改。

〔四〕「乃」，《續金華叢書》、四庫本作「仍」。

〔五〕「評」，四庫本作「詳」。

書疑卷第一

書大序

予嘗讀《古文尚書序》，謂伏生老不能正言，使其女傳言以教晁錯。齊人語多與潁川異，錯所不知者十二三，略以意屬讀而已。由是觀之，《書》之爲《書》，至于聱牙艱澀而不可曉者，我知之矣。漢初，《書》已三變：秦火，一變也；傳言之訛，再變也；以意屬讀，三變也。《書》之爲《書》，元氣微矣。及孔壁之藏既出，又增多伏生二十五篇，宜學者之所甚喜而甚幸，固當尊尚而表章之，篤信而訓詁之，又何敢復致疑于其間？今讀《大序》，鋪張廢興之由，粲然備具，及熟復玩味，則不能不疑。所可疑者，大略有三。其一曰：三墳之書言大道，五典之書言常道。此說程子嘗疑之，已得其要。所謂三墳、五典、八索、九丘者，古人固有此書，歷代相傳，至夫子時已删而去之，則其不足取以爲後世法可知矣。序者欲誇人以所不知，遂敢放言而斷之曰：此言大道，此言常道也。使其果有聖人經世治民之道，登載于簡籍之中，正夫子之所願幸，必爲之發揮紀述，傳之方來，必不芟夷退黜，使湮没于後世。夫子既去之矣，序者乃敢妄加言道之詞，則是夫子不當去而去之。若曰大道，固自可常行者也，又曰常道，則亦豈不大哉？大與常，何自而分别也？如其言，則墳之道不可常，典之道未至于大，豈不悖哉？夫天下之論，至夫子而定；帝王之書，自《堯典》而始。上古風氣質朴，隨時致治，史官未必得纂記之要，故夫子定《書》，所以斷自唐虞者，以其立政有綱，制事有法，可以爲萬世帝王之軌範也；唐虞之下，且有存有亡，有脱有誤。唐虞之上，千百年之書，孰得其全而傳之？孰得其要而繹之？予嘗爲之説曰：凡帝王之事，不出于聖人之經者，皆妄也，學者不當信而惑之，反引以證聖人之經也。其二曰：孔壁之書，皆科斗文字。予嘗求科斗之書體，茫昧恍惚，不知其法。後世所傳夏商鬴、鬲、盤、匜之類，舉無所謂科斗之形。或謂科斗者，顓帝之時書也。序者之言不過欲耀孔壁所藏之古耳，而不計其説之自相反覆而不可通也。謂科斗始于顓帝者，亦不過因序者之言，實以世代之遠而傅會之。且曰科斗書廢已久，時人無能知者，又不知何以參伍點畫，考驗偏傍，而更爲隸古哉？于是遂遁其詞曰：以所聞伏生之書考論文義，定其可知者。則是古文之書初無補于今文，反賴今文而成書，本欲尊古文，而不知實陋古文也。其原起于「皆科斗文字」一句，展轉乖謬，不能自脱。予欲獨求伏生《尚書》，已不可得，觀《史記》所載，雅俚雜糅，雖多太史公妄加點竄，而伏生本語亦不爲少。以今日見行之書考之，賴古文以訂定其口傳之謬者，十不止于二三，而序者反欲假重伏生，爲變科斗之計，不知爲孔壁羞亦甚矣。其三曰：增多伏生之書二十五篇。其所增之篇固伏生之所無也，然伏生之所有，恐孔壁亦未必盡存。若以有無互相較數，竊意所增者未必果二十五篇也。何以言之？伏生之書最艱澀而不可解者，惟《盤庚》三篇，與《周書·大誥》以下十篇而已，今古文乃亦有之。古文之所以異于伏生者，以其所載之平易也。今亦從而艱澀之如此，則是原本已如此之艱澀，而實非伏生之訛也。後世儒先曰缺文、曰脱簡、曰此不可曉，皆過矣。朱子嘗謂伏生偏記其所難，而安國專得其所易。蓋疑詞也。以愚觀之，伏生于此十三篇之外未嘗不平易，安國于此十三篇之中未嘗不艱澀也。若論其實，伏生之耄，口傳之訛，自不能免。竊恐此十三篇之艱澀，孔壁未必有也，是故無所參正，而艱澀自若。安國但欲增多伏生之數，掩今文而盡有之，反有以累古文也。夫自宣王之時，史籀之書法通行于天下。始皇時，李斯小篆方盛。屋壁之藏爲夫子之故書邪，必篆籀也。爲秦政之新書邪，必小篆也。豈有不夏不商、不籀不斯，而獨傳顓帝之書法？本欲流傳，適所以堙廢，孔氏子孫必不如是之疎也。且孔氏之遺書，如《周易十翼》《論語》《大學》《中庸》之屬，皆流傳至今，初不聞有科斗之字于他書，而獨記載于《書·大序》，其張皇妄誕，欺惑後世無疑。假曰科斗之法與史籀並行于世，豈有二三千年之遺法尚存于秦？自秦至漢未百年，而其體致遽無識之者。序者徒欲誇張藏書之甚古，不意千百年之後亦有疑者。朱子雖取此序于《書傳》之首，謂其言本末之頗詳，且取其歸小序自爲一篇，而不殽雜于經文之上，亦未嘗不言其非西京文字，固已洞矚其僞矣，且俾讀者宜考焉。此予之所以益疑也。

二典三謨

堯之德至矣廣矣，固難于形容矣。上稽曆象，下授民時，舉天下之大而遜之于舜，其德固無以加于此矣。以《舜典》紀載如此之詳，而《堯典》反簡略若未斷章，何二典之不同如此？

命羲和、降二女，事之所關者固大，以在位七十載之久，其他豈無可書者？夫子亦以其登載之約，而有「巍巍」「蕩蕩」，「民無能名」之嘆。愚竊謂史官本爲虞作典，推及堯耳。蓋舜之功即堯之功，故繫之曰《堯典》，稱之曰「放勳」，不亦宜乎？其命羲和也，固堯之大政，舜又因堯之成績，察于璿璣玉衡而加詳焉。丹朱嚚訟之言，所以開揚仄陋之幾；驩兜、共工之吁，方命圮族之咈，此四罪之張本也，合爲一篇，豈不首尾相涵，血脉相貫，氣象亦且渾全？不見堯之簡，不覺舜之多，此亦作經之體也。然亦何以證之？舜之命契也，曰「敬敷五教，在寬」，語意未盡，疑有缺文。幸孟子亦嘗舉此章，又有數語曰「勞之來之，匡之直之，輔之翼之，使自得之，又從而振德之」，孟子既曰命契之詞，朱子于《集注》亦曰「命契之詞」，乃于《尚書》「命契」之下，舉孟子之言，而繫之曰「亦此意也」。此則不能無疑。且孟子非泛引之云，既提其名謂之「放勳曰」，繫于命契五教之下，則是出于《堯典》矣。又曰：「《堯典》曰：『二十有八載，放勳乃殂落。』」今却皆載于《舜典》，有以證戰國之時，孟子所讀《堯典》未嘗分也，亦明矣。孔壁之分，尚可曰以册書舒卷之長，不得已而分之，無他義也。自蕭齊姚方興，亂以二十八字于「愼徽五典」之上，然後典分爲二，而勢不得而合矣。且「玄德」二字，六經無此語也，此莊老之言，而晋之所崇尚，愚知其決非本語也，黜之無疑。

又

虞氏之史官，其有道之君子歟？何其識之精，而詞之密也？何其叙事之法度森嚴也？何其體用備而本末先後之不紊也？其頌堯也，首以「放勳」兩字總之，後世遂疑爲堯之號。夫子曰：「大哉堯之爲君也，巍巍乎，唯天爲大，唯堯則之。蕩蕩乎，民無能名焉。巍巍乎，其有成功也。」此即是放勳之注脚。其第一章以四德爲放勳之本，而欽之一字，又是德之本。第二章是放勳之序，《大學》一篇，其原出于此，「明德」「新民」「至善」，皆在其中。只此二章，其體用本末先後已極分明，此後方載實事。其命羲和也，首三句已盡一事之體用，分命四官，整整有條，再提羲和，授以閏法而責敬授人時之效，此自有一章之綱目。此下即繼授舜一節，先之以朱之不可負荷，次之以三凶之不可任使，然後述四岳之辭，而使之求于仄陋而得舜，又繼以歷試，而又遜位，此所謂推原其始之法也。其頌舜也，只是「慎徽五典」一句，終于「烈風雷雨弗迷」，其德已隱然具于歷試之内，與頌堯者無一字同。受終之下，詳陳其事，首以在璿璣玉衡，以補羲和之未備，見人君之職，莫先于奉天時，而裁成輔相之道在是。而後次以祭告之禮，次之以召四岳、群后之禮，又次以巡守四朝之事，又次以封山濬川，而後及典刑四罪。中間以二十八載更端，以限攝位、即位之兩節，然後具紀咨四岳、命九官之詞，總提以二十有二人，止結以告戒之一語，而以黜陟之法終焉，又總以舜歷事之歲月云。條理粲然，制度綱維，極其詳密，命之以典，真萬世帝王之法則也。自是而降，更未有一篇似之。雖然，其中猶有缺文也，猶有錯簡也。昔堯之試舜也如此之詳，而遜位之際，止一二語而已，此非小事也，以天下與人，而略無叮嚀告戒之意，何也？愚讀《論語》終篇，乃見堯曰：「咨！爾舜！天之曆數在爾躬，允執厥中。四海困窮，天禄永終。」《書》中脱此二十有四字，而命夔之下，又有十二字，此所謂錯簡也。愚不揣，僭欲合二典之舊章，補以孔孟之逸語，黜錯簡，削僞妄，以全聖人之書，輒述于後。

堯典虞書

粤若稽古，帝堯曰放勳，欽明文思安安，允恭克讓，光被四表，格于上下。○克明俊德，以親九族。九族既睦，平章百姓。百姓昭明，協和萬邦。黎民於變時雍。○乃命羲和，欽若昊天，歷象日月星辰，敬授人時。分命羲仲，宅嵎夷，曰暘谷。寅賓出日，平秩東作。日中星鳥，以殷仲春。厥民析，鳥獸孳尾。申命羲叔，宅南交有缺文。平秩南訛，敬致。日永星火，以正仲夏。厥民因，鳥獸希革，分命和仲，宅西，曰昧谷。寅餞納日，平秩西成。宵中星虛，以殷仲秋。厥民夷，鳥獸毛毨。申命和叔，宅朔方，曰幽都。平在朔易。日短星昴，以正仲冬。厥民隩，鳥獸氄毛。帝曰：「咨！汝羲暨和。期三百有六旬有六日，以閏月定四時成歲。允釐百工，庶績咸熙。」○帝曰：「疇咨若時登庸？」放齊曰：「胤子朱啓明。」帝曰：「吁！嚚訟，可乎？」○帝曰：「疇咨若予采？」驩兜曰：「都！共工方鳩僝功。」帝曰：「吁！静言庸違，象恭滔天。」○帝曰：「咨！四岳，湯湯洪水方割，蕩蕩懷山襄陵，浩浩滔天。下民其咨，有能俾乂？」僉曰：「於！鯀哉。」帝曰：「吁！咈哉，方命圮族。」岳曰：「异哉，試可乃已。」帝曰：「往欽哉！」九載績用弗成。○帝曰：「咨！四岳。朕在位七十載，汝能庸命巽朕位？」岳曰：「否德忝帝位。」曰：「明明揚側陋。」師錫帝曰：「有鰥在下，曰虞舜。」帝曰：「俞！予聞，如何？」岳曰：「瞽子，父頑，母嚚，象傲，克諧以孝，烝烝乂，不格姦。」帝曰：「我其試哉。」女于時，觀厥刑于二女。釐降二女于嬀汭，嬪于虞。帝曰：「欽哉！」

慎徽五典，五典克從，納于百揆納字，疑是宅字，百揆時叙。賓于四門，四門穆穆。納于大麓，烈風雷雨弗迷。○帝曰：「格！汝舜。詢事考言，乃言底可績，三載。汝陟帝位。」舜讓于德，弗嗣。帝曰：「咨！汝舜！天之歷數在爾躬，允執厥中。四海困窮，天禄永終以夫子言補。」正月上日，受終于文祖。在璿璣玉衡，以齊七政。肆類于上帝，禋于六宗，望于山川，徧于群神。輯五瑞。既月乃日，覲四岳群牧，班瑞于群后。歲二月，東巡守，至于岱宗，柴。望秩于山川，肆覲東后，協時月正日，同律度量衡。修五禮、五玉、三帛、二生、一死贄。如五器，卒乃復。五月南巡守，至于南岳，如岱禮。八月西巡守，至于西岳，如初。十有一月朔巡守，至于北岳，如西禮。歸，格于藝祖，用特。五載一巡守。群后四朝，敷奏以言，明試以功，車服以庸。肇十有二州，封十有二山，濬川。象以典刑，流宥五刑，鞭作官刑，扑作教刑，金作贖刑。眚災肆赦，怙終賊刑。欽哉，欽哉，惟刑之恤哉！流共工于幽州，放驩兜于崇山，竄三苗于三危，殛鯀于羽山，四罪而天下咸服。○二十有八載，帝乃殂落。百姓如喪考妣，三載，四海遏密八音。月正元日，舜格于文祖，詢于四岳，闢四門，明四目，達四聰。「咨，十有二牧！」曰：「食哉！惟時柔遠能邇；惇德允元，而難壬人，蠻夷率服。」舜曰：「咨！四岳。有能奮庸熙帝之載，使宅百揆，亮采惠疇？」僉曰：「伯禹作司空。」帝曰：「俞！咨禹，汝平水土，惟時懋哉！」禹拜稽首，讓于稷、契暨臯陶。帝曰：「俞！汝往哉！」帝曰：「棄，黎民阻饑，汝后稷，播時百穀。」帝曰：「契，百姓不親，五品不遜，汝作司徒，敬敷五教，在寬。勞之來之，匡之直之，輔之翼之，使自得之，又從而振德之以《孟子》言補。」帝曰：「臯陶，蠻夷猾夏，寇賊姦宄，汝作士，五刑有服，五服三就，五流有宅，五宅三居，惟明克允。」帝曰：「疇若予工？」僉曰：「垂哉！」帝曰：「俞！咨垂。汝共工。」垂拜稽首，讓于殳斨暨伯與。帝曰：「俞！往哉！汝諧。」帝曰：「疇若予上下草木鳥獸？」僉曰：「益哉！」帝曰：「俞！咨益，汝作朕虞。」益拜稽首，讓于朱虎、熊羆。帝曰：「俞！往哉！汝諧。」帝曰：「咨！四岳。有能典朕三禮？」僉曰：「伯夷。」帝曰：「俞！咨伯。汝作秩宗，夙夜惟寅，直哉惟清。」伯拜稽首，讓于夔、龍。帝曰：「俞！往，欽哉！」帝曰：「夔！命汝典樂，教胄子，直而温，寬而栗，剛而無虐，簡而無傲。詩言志，歌永言，聲依永，律和聲。八音克諧，無相奪倫，神人以和。」帝曰：「龍！朕堲讒説殄行，震驚朕師。命汝作納言，夙夜出納朕命，惟允。」帝曰：「咨！汝二十有二人，欽哉，惟時亮天功。」三載考績，三考，黜陟幽明，庶績咸熙。分北三苗。舜生三十徵庸，三十在位，五十載陟方乃死。

右《堯典》一篇，二帝之治盡于此，何以多爲？蓋其中綱内有目，目内有綱，其事則萬世經綸之法，其辭則萬世文章之祖也。然亦不能不疑者，如四岳之爲人，其賢可知矣，堯初欲以位讓之，舜每有大政，必詢叩之，其位尊德厚如此，而卒無姓名聞于後世，此可疑者一也。舜之朝，賢而受任，至二十有二人，可謂盛矣，後世有所謂八元八凱者，卒不見于用，或以其位卑年少，未之紀述，尚可言也。若堯之朝，相與吁咈者，四岳之外，放齊而已，共工、驩兜、鯀而已，則堯七十載之天下，他何人與之共治邪？略不聞一姓名于四人之外，又何其希闊寂寥如此之甚乎？此可疑者二也。又有注文之可疑者，「宅南交」之間，疑有缺文焉。説者指交趾之地，愚恐未然。交趾在舜時爲要荒之外，而洞庭、彭蠡之間，三苗方負固不服，則何以萬里建官于獸蹄鳥跡之中乎？且欲以南交爲嵎夷之對，則宅西之下亦當有缺文，説者欲補之「曰明都」，與幽都對，恐史氏未必然。愚竊意本文是「宅南，曰交都」。午位，蓋陰陽之交也。交都與幽都對，宅南與宅西對，嵎夷與朔方對，此史臣互文也。此所疑者三也。贊舜之詞曰「納于百揆」，又曰「納于大麓」，大麓可謂之納，百揆不可言納也。後舜有「使宅百揆」之文，必亦一宅字，而傳誤爲納也。又恐「納于大麓」，而後「賓于四門」，「宅于百揆」，其序當然，此所疑者四也。夫天體之圓，二十八宿隨天之運，其流行無端，循環無始，非如地之形，方而静也。何以分截，而以某星爲東方、西方、南方之星也？堯之命止以昏見一星，以定四時，其法尚疎也，曰虛、曰昴、曰火尚可，曰二十八宿之星，而星之躔度淺深，亦未爲甚準。曰「星鳥」者，已非二十八宿之星也，午之辰，名曰鶉鳥，則所指者尤闊。當其占候之初，于既昏之時，仰觀天象，昭然環列，獨指一星以爲四序之證，固亦已爲審矣。然而後出者益巧，既定于昏，又測于旦，久之又推以度數，可謂精矣。而天象曆法之差自若也，況創法之初乎？至舜之時，遂察斗柄之所指，比堯之法尤爲簡易而詳明，故史臣喜而書之曰：「在璿璣玉衡，以齊七政。」説者疑璿璣玉衡之名非斗也，此周髀、宣夜、渾天儀象之制也。古人自名斗爲璿璣玉衡，此固未可知，若果爲渾天儀之類，制度精巧如此之至，而史臣不應不略提其綱，而但以「在璿璣玉衡」五字而止之，愚之所疑者，此爲五也。其他如陟方、亮采之類，訓詁之不可通者，直缺之。

書疑卷第二

《堯典》之後當次《禹貢》，《禹貢》之書，文勢開闔，法度森嚴，一句之中各有紀律，一篇之内，綱領粲然。《堯典》是叙舜一代之始終，《禹貢》是叙禹一事之始終。禹之位司空，宅百揆，皆在告厥成功之後。二謨又當次之。典、貢，叙事體也；二謨，叙言體也。此四篇者，實訓誥誓命之祖也。百篇之義，皆從此出。百篇雖亡而四篇獨存，不害其爲全書；四篇或亡而百篇存，無益也。《禹謨》者，因禹陳謨，併叙遜位一節，後及伐苗，中間雖有益、皋陶之言，而主意是禹，故總曰《禹謨》。《皋陶謨》者，中間亦有禹之昌言，而始終皋陶也，故總曰《皋陶謨》。二謨各自首尾，不相沿襲。如伐苗事先後交互，而不相害也。禹，一禹也，于貢止曰「禹」，于謨加一「大」字，無義也，今去之。貢與二謨，皆《夏書》。古人亦有稱爲《夏書》者，今從之。

禹貢夏書

禹謨夏書

臯陶謨復聯《益稷》爲一篇　夏書

愚讀《臯陶謨》《益稷》二篇而疑其有錯簡也，蘇氏固嘗疑其首數語有缺文焉，而未及討索。其爲錯簡，「粤若稽古臯陶」之下，曰「允迪厥德，謨明弼諧」八字，亦史臣贊臯陶之語也，與《堯典》之例一而有詳略之不同，與《禹謨》「文命敷于四海，祗承于帝」，實無以異。其下曰：「慎厥身，修思永。惇叙九族，庶明厲翼，邇可遠在兹。」此方爲臯陶之言。禹曰：「俞！如何？」臯陶曰「都」云云，方爲昌言。昌之云者，有敷衍盛茂之意，不應只此四句，而禹遽拜昌言。于「敬哉有土」之下，却欠一答，「禹拜昌言曰俞」，當移在此明矣。《臯陶謨》之終，蔡氏從蘇氏、王氏、張氏説，改「曰」爲「日」，以臯陶之言「予未有知」

爲絶句。「思日贊贊襄哉」，政與禹曰「帝，予何言？予思日孜孜」句法一樣，且相接也。此下則有錯簡。帝曰：「來，禹！汝亦昌言。」而禹但述治水之勞，已非不矜不伐之素，而皋陶遽曰「師汝昌言」。禹未曾昌言，而皋陶何師之有？與「禹拜昌言」之失一也。其先皋陶昌言，之後禹始拜之，帝亦因禹拜昌言之後，始命「禹，汝亦昌言」，禹既昌言後，而皋陶方曰「師汝昌言」，前後次第當然也。自「洪水」以下數語，亦是錯簡，當在「荒度土功」之下，「弼成五服」之上，而皋陶「師汝昌言」，當在「象刑惟明」之上，然後血脉貫通，渾然天成。舜之賡歌亦與昌言聯續。後世乃以「夔曰」三段間之，而賡歌一段尤無著落。自禹昌言之初，即有「惟幾惟康，其弼直」一段，舜深然之，即有「臣哉鄰哉」，反覆其詞以贊之。作此歌之意，已萌于此。其下復推言君臣相與之義。禹又卒言無忌，皋陶既曰「師汝昌言」，帝再提禹之意，叙述于歌之先，皋陶又再賡其歌，而禹獨不敢任爲己功也。賡歌畢而韶樂作，故以「夔曰」終之。此史臣叙事之微意，首尾一貫，精密如此，惜伏生□與之斷續也，今輒正于後。

粤若稽古，皋陶曰：「允迪厥德，謨明弼諧。」曰：「慎厥身，修思永。惇叙九族，庶明勵翼，邇可遠在兹。」禹曰：「俞！如何？」皋陶曰：「都！在知人，在安民。」禹曰：「吁！咸若時，惟帝其難之。知人則哲，能官人；安民則惠，黎民懷之。能哲而惠，何憂乎驩兜？何遷乎有苗？何畏乎巧言令色孔壬？」皋陶曰：「都！亦行有九德。亦言其人有德。乃言曰：載采采。」禹曰：「何？」皋陶曰：「寬而栗，柔而立，愿而恭，亂而敬，擾而毅，直而温，簡而廉，剛而塞，彊而義。彰厥有常，吉哉！日宣三德，夙夜浚明有家。日嚴祇敬六德，亮采有邦。翕受敷施，九德咸事。俊乂在官，百僚師師，百工惟時，撫于五辰，庶績其凝。無教逸欲有邦，兢兢業業，一日二日萬幾。無曠庶官，天工人其代之。天叙有典，勑我五典五惇哉！天秩有禮，自我五禮有庸哉！同寅協恭和衷哉！天命有德，五服五章哉！天討有罪，五刑五用哉！政事懋哉！懋哉！天聰明，自我民聰明；天明畏，自我民明威。達于上下，敬哉有土。」禹拜昌言曰：「俞！」皋陶曰：「朕言惠可底行？」禹曰：「俞！乃言底可績。」皋陶曰：「予未有知，思日贊贊襄哉！」帝曰：「來！禹，汝亦昌言。」禹拜曰：「都！帝，予何言？予思日孜孜。」皋陶曰：「吁！如何？」禹曰：「都！帝，慎乃在位。」帝曰：「俞！」禹曰：「安汝止，惟幾惟康。其弼直，惟動丕應。徯志以昭受上帝，天其申命用休。」帝曰：「吁！臣哉鄰哉，鄰哉臣哉。」禹曰：「俞！」帝曰：「臣作朕股肱耳目。予欲左右有民，汝翼。予欲宣力四方，汝爲。予欲觀古人之象，日、月、星、辰、山、龍、華蟲作會，宗彝、藻、火、粉米、黼、黻絺繡，以五采彰施于五色作服，汝明。予欲聞六律、五聲、八音，在治忽，以出納五言，汝聽。予違，汝弼。汝無面從，退有後言。欽四鄰。庶頑讒説，若不在時，侯以明之。撻以記之，書用識哉，欲並生哉。工以納言，時而颺之。格則承之庸之，否則威之。」禹曰：「俞哉！帝，光天之下，至于海隅蒼生，萬邦黎獻，共惟帝臣。惟帝時舉，敷納以言，明庶以功，車服以庸，誰敢不讓，敢不敬應？帝不時，敷同日奏，罔功。」「無若丹朱傲，惟慢遊是好，傲虐是作。罔晝夜頟頟，罔水行舟。朋淫于家，用殄厥世，予創若時。」「娶于塗山，辛壬癸甲。啓呱呱而泣，予弗子，惟荒度土功。洪水滔天，浩浩懷山襄陵，下民昏墊。予乘四載，隨山刊木，暨益奏庶鮮食。予決九川距四海，濬畎澮距川；暨稷播，奏庶艱食。鮮食，懋遷有無化居。烝民乃粒，萬邦作乂。弼成五服，至于五千，州十有二師，外薄四海，咸建五長。各迪有功，苗頑弗即工。帝其念哉。」臯陶曰：「俞！師汝昌言。」帝曰：「迪朕德，時乃功惟叙。臯陶方祗厥叙，方施象刑惟明。」帝庸作歌曰：「勑天之命，惟時惟幾。」乃歌曰：「股肱喜哉，元首起哉，百工熙哉！」臯陶拜手稽首颺言曰：「念哉！率作興事，愼乃憲，欽哉！屢省乃成，欽哉！」乃賡載歌曰：「元首明哉，股肱良哉，庶事康哉！」又歌曰：「元首叢脞哉，股肱惰哉，萬事墮哉！」帝拜曰：「俞，往，欽哉！」夔曰：「戛擊鳴球，搏拊琴瑟，以咏。」祖考來格，虞賓在位，群后德讓。下管鼗鼓，合止柷敔。笙鏞以間，鳥獸蹌蹌；《簫韶》九成，鳳凰來儀。夔曰：「於！予擊石拊石，百獸率舞，庶尹允諧。」

甘誓夏書

五子之歌夏書

胤征夏書

《夏書》凡六篇，前三篇夏之所以興也，後三篇夏所以亡之漸也。帝德下衰，誓會始于禹，一傳而啓去禹未遠，而有扈氏已不奉正朔，至于大戰于甘；再傳而太康，則以遊畋而失國，《五子之歌》亦可悲也。唐虞之下，忽有此氣象，何哉？元會既轉，世運漸漓，此書之變體也。仲康自立于權臣執國命之時，僅能壯軍旅、征羲和，小翦其羽翼，終不得返國，少加于羿，至相而羿弑矣。少康艱難中興，不失舊物，其功亦盛，而無一句一字見于《書》。禹之後，四百年間乃無一嘉言善政之可紀，何以爲國？豈非史氏之疎漏也？止有二《誓》、《五歌》。至桀之亡，可以見履霜堅冰至，其所由來者漸矣。若《胤征》之誓，「火炎崐岡」一章，此則萬世討畔之大法也。

湯誓 商書

序者曰：「伊尹相湯，伐桀，升自陑，遂與桀戰于鳴條之野，作《湯誓》。」今讀其書，初非鳴條臨戰之誓，乃亳邑興師之誓也，可謂大疎謬者矣。既而思之，湯之所以治其國者，德政素孚，號令素明，賞罰素信，安得一時糾率師徒，而反有怨言者？雖曰安于湯之寬仁，而不知桀之暴虐，然上之使下，下之奉命，何爲有憚征惡役者于湯之國乎？今乃勞其曉諭，斷以必往，示以大賚，懼以孥戮，若勉强以驅之者，以此衆戰，豈不殆哉？蓋成湯肇修人紀，于君臣上下之分素嚴，于逆順從違之理素著。湯之所以事桀也，進以聖輔，共惟臣職，平時無纖芥之嫌，此衆庶之所素知也。忽一旦興兵而欲伐之，聞見駭愕，心驚膽喪，相與聚言，以吾君之聖明而有干名犯義之舉，以吾君之衆庶而爲捨順從逆之事，此所以群疑填臆，而駕言以不恤我穡事也。彼豈知有吊民伐罪之大義，有應天順人之大權者哉？及其誓言既決，衆心釋然，不待鳴條對陣之再誓，而左右恭命，卒能勝夏者，政以其初非有憚勞惡役之本心、不恤穡事之實怨故也。

仲虺之誥 商書

成湯嘗播于衆，以元聖稱伊尹矣。愚考其大用，誠聖人也，既有大德量，又有大識見，故能數用權而略無沮禦扞格之患。五就桀而桀不忌，五就湯而湯不疑，知桀之終不悛也，創此大義，主此大謀，相成湯伐而放之，而天下不驚，筭無遺策，如探諸囊取物之易也，豈不謂之聖人乎？湯之慚德，蓋非湯之素心也。若仲虺者，想接聞伊尹之大議，密與伐桀之大謀，習其本末，不以爲疑，其亦亞聖之大賢也歟？是故湯之慚德，虺大誥以慰之；湯之盤銘，虺倡論以開之。告之以懋昭大德，此帝堯克明俊德之緒餘也；告之以建中于民，此《洪範》皇極之祖宗也。其曰以義制事，以禮制心，欲其由乎中以御乎外，制于外以安乎中，非亞聖大賢能之乎？謂之誥者，有上告下之體，有下告上之詞，即大禹、皋陶之昌言，爲後世諫疏之原也。蓋《書》有六體，典、謨、訓、誥、誓、命也。《堯典》《禹貢》，此史官敘事之文也；《大禹》《皋陶謨》，此君臣問答之言也。播告天下謂之誥，告戒幼主謂之訓，軍中之號令謂之誓，大臣之封爵謂之命。此篇不可名之曰謨、訓，因進昌言以曉諭天下，故變體而謂之誥，所以爲後世諫疏之原也。吴氏疑「簡賢附勢」以下不相續，愚謂此段當在「布命于下」之後，「帝用不臧」之前，則勢聯矣。

湯誥商書

此篇之書，起頭立論極淵奧，中間氣魄弘大，後面工夫細密，可謂得唐虞之心傳者也。危微精一之傳，萬世帝王之寶典。湯則曰：「惟皇上帝，降衷于下民。若有恒性，克綏厥猷惟后。」此即天命之性，書中性字始于此。「克綏厥猷惟后」者，此君師之任，品節其氣質之性者也。帝舜司徒之職、典樂之官，所以拳拳于此者，爲不如此不足以勝是任、稱是責也。後世人主據崇高富貴之勢，徒能以官爵奔走天下，豈知有天命之常職哉？只此數語，已足以奄有萬方。想當時諸侯，異乎所聞，莫不變換耳目，洗滌腸胃，脱慆淫之末習，以復其本然之天矣。其數夏王之罪，不過是「滅德作威，以敷虐于爾萬方百姓」一句，言若輕而實重，罪若簡而實弘。「滅德作威」，便是逆其常性，「敷虐于爾萬方」，便是不克綏猷，失爲君之職，莫此爲甚。與衆請命，「輯寧爾邦家」，便是自任綏猷之責。其曰「予未知獲戾于上下，慄慄危懼」，有許多警戒之意，此心洞洞屬屬，對越天地，此是綏猷之本。「凡我造邦」以下，是勉其各綏此猷。「萬方有罪，在予一人」，是自任其不克綏猷之咎。詞義之精密，無以踰此，非聖人不能道也。成湯只此一書傳于後世，豈特爲治道之最，所以得舜禹之心傳者，實在于此。

伊訓 商書

太甲 三篇　商書

咸有一德 商書

湯學于伊尹，伊尹之相湯，其格言大訓宜不少矣，一字不傳于後世。至湯崩後，始有五篇之書，皆老臣教戒嗣王之辭，俱謂之「訓」可也。然五篇之體不同，《伊訓》、《太甲》下、《咸有一德》，皆伊尹作意造詞，以訓于王；《太甲》上、中篇，乃史官叙事，因載二訓語者也。伊尹舉「三風十愆」之戒，申之以天命不常之理，其訓亦可謂嚴矣。至于《太甲》上篇，先言我左右汝祖，有此天下，君相之間，須各保終始，所以鞭辟者尤切。曰「惟尹躬先見于西邑夏，自周有終，相亦惟終」，緣「周」字之義，費先儒詞説，終不明白。不應伊尹前後許多言語如此分曉，獨于此下一艱深字，愚意只是一箇「君」字，籀體與「周」字相似，傳者之差誤也。「西邑夏」是對「其後嗣」，「王」字對「君」字，「罔克罔終」對「有終惟終」，極爲整齊坦明。次言湯以我開導汝，汝不可顛越其命，自取覆亡，所以再三叮嚀告戒，可謂至矣。太甲猶不改行，營桐之役有不得已者，此君臣之再變也。幸太甲之悔過，伊尹得奉而歸，商得全終始，其喜可知。《太甲》三篇只主在一箇初終字。太甲悔過之言，亦只説一箇初終。第二篇伊尹喜其悔過之言，又勉其只法乃祖，不可有一時怠豫之心，是乃所以爲謹終之道。第三篇猶慮其終之難保，謂今王方續，有此善端，猶不可以不守之以敬。「敬」字與「豫怠」相反，既敬，方敢告之以進德之序，終之以謹思力行。伊尹將告老，然後告以「一德」之用，一箇「一」字，變换斡旋，反覆推衍，精妙無窮，此百王之大法，聖人之功用備矣。前後五篇，只是一片文章。《典》《謨》之後，四百餘年，方有此段精微之論。湯以元聖稱伊尹，伊尹亦以哲人自任，其實德光輝，力量重厚，朝廷服之而不敢議，天下信之而不敢疑。故經此君臣之再變，而無纖瑕之可指。嗣王亦竟以是而率德，爲商令主。伊尹之用權，不可學也，孟子曰「有伊尹之志則可」，孟子亦不敢以此自任也，况他人乎？

書疑卷第三

盤庚商書

土氣有厚薄，風俗有盛衰。冀之爲都，天下之形勢也，山河險阻，沃壤迫隘，民淳俗儉，足以自固。後世人民文物，漸至繁阜，風氣日耗，遂自北而南，勢使之然也。夫契始封于商，八遷而后都亳，湯以七十里而有天下，此興王根本之地，後世子孫不可輕去者也。是時濱河之郡，近古帝都，地壤土豐，民稠物饒，人之所共趨。亳在中土之東南，去河爲遠，湯始大而未盛，子孫無遠慮，往往輕徙，曰囂、曰相、曰耿、曰邢，皆際河之境。常人之心知利而不知患，雖數有水禍，時圮時壞而不悔者，政以厚利奪其避患之心也。盤庚，賢君也，不忍民之沉陷淪没，治亳殷而歸于先王創業之都，非爲己利也，爲民避害也。故其言告戒諄勤，而無一毫怒民之意。然小民亦何敢逆君命，而憚遠遷哉？皆世家大室嗜利忘患，動以浮言蠱惑百姓恐懼盤庚。故盤庚知之，喻百姓之言少，而辨論反復于世家舊臣者爲詳，其喻民曰：「爾謂朕曷震動萬民以遷？」「今我民用蕩析離居，罔有定極」，「汝萬民乃不生生」，「予迓續乃命于天，予豈汝威，用奉畜汝衆」。藹然温厚之意淪浹心髓，民之浮言烏得不息？民之胥怨烏得不消？民之生生烏得不裕？自是高宗、祖甲相繼百年，殷邦嘉靖。蘇氏猶以此少之，謂先王處此，必不致于民怨，責之亦甚矣。其後祖乙復遷河北，國内衰弊，至紂而亡。是以知盤庚之遠慮絶識，豈不賢乎？但盤庚之言所欠者理明辭達，而盤庚之書加以殽亂脱簡，此所以未易傳釋也。

説命上 商書

《説命》三篇，最爲明白，而猶有可疑者。以其書中有「命之曰」三字，故謂之《説命》，自無可疑，但前輩以爲猶《蔡仲之命》、《微子之命》，後世命官制辭，其原蓋出于此，則非也。蓋命有二體，有命官制辭之命，有面命口授之命，如《堯典》之「命羲和」，此制詞之命；如舜之命九官，此口授之命；如堯之命舜，舜之命禹，雖無命字，亦此體也。若傅説之命，非制詞之命，乃口授之命也。高宗之求傅説，其亦異乎君臣之遇合也。高宗之不言，一敬貫徹内外，用工深矣。至群臣咸諫而猶不言，退而若有所得，始以書誥群臣，只細味其「恭默思道」四字，足以見其講學之精，求治之切，自任之重，此心純一不二，與天無間，感應之機有必然者，是其不言之中，乃治國平天下之大功也。蓋「恭默思道」之時，無迹之可尋，無法之可授，商家一箇天下，密運于方寸之間，一誠既孚，傅説已在左右。

此誥一出，想群臣聳然，屏息以俟命，于是果得于版築之間，爰立作相，豁然無疑。當其求説之切，望説之深，一形于言，即自其心流出，傾倒無餘，皆「恭默思道」之所發見，此豈他人所能揣摩潤色之乎？而況説有復于王之語，承于其下，此其爲答問之詞明矣。

説命中 商書

昔舜之興也，先之以群臣之言，次之以歷試之事，古今之常法也。高宗之用説也，神交氣合，一見如故，任之而不疑，非古今之常法也。然則爲高宗也難，爲傅説也易。高宗不知有傅説，形于夢寐而後求；傅説知有高宗，故一徵求而即起。高宗「恭默思道」于不言之表，傅説「奉若天道」于版築之中，此則同一機也。傅巖之野人，見其一匹夫也，而高宗學問之淺深，行事之得失，先王之成憲，後王之損益，一代治道之規模，皆已定于胸中久矣。高宗不之求，亦終老于巖穴之間，孰得而測之？及既見高宗也，無一語不切，想當時老師宿儒，在位碩德重望皆竦然，自以爲不及也。今觀其中篇，是説既受命領職之後所進言，此非問答之比，其詞當有端緒，與高宗所求相應，決不泛然雜舉，散而無統也。其間疑有錯簡焉，蘇氏亦嘗謂説之言「散而不一」，然一語一藥，以爲古之立言者，反以其龐雜而益奇之，此愚之所以不容不疑也。今妄以意聯輯，未必非當時之本語，雖無所證，不敢質言之，似與高宗所求者不相遠。自「明王奉若天道」止「亂民」，此言立君之本。自「惟天聰明」止「惟民從乂」，此言爲君之本。凡進言之端當如此，從原頭說來，兩段是總言爲君之道。自「惟口起羞」止「省厥躬」，宜屬「惟事事，乃其有備，有備無患」，又屬「慮善以動，動惟厥時」，此段是答其納誨輔德之言，專以一審字戒之。「無啓寵納侮，無恥過作非」，宜聯「有其善，喪厥善；矜其能，喪厥功」，又聯「黷于祭祀」四句，次及「王惟戒茲，允茲克明，乃罔不休」，此段答其「瞑眩」之求。已上皆是高宗身上事。「惟治亂在庶官」止「惟其賢」，次聯後篇「惟說式克欽承」止「列于庶位」，而後及于「惟厥攸居，政事惟醇」，此段是答「惟曁乃僚，罔不同心，以匡乃辟」之意，此是說職分事。然後接「王曰旨哉」至篇終。未知其果得當時之序否？伊尹之訓太甲，于「一」字上轉換極有工夫；傅說之告高宗，于「惟」字上尤不苟。「一」字是實字，「惟」字是虛字。中篇凡二十一箇「惟」字，字字著落精妥，此可謂古之立言者之法也，今考定中篇本文于後。

惟說命總百官，乃進于王曰：「嗚呼！明王奉若天道，建邦設都，樹后王君公，承以大夫師長，不惟逸豫，惟以亂民此一節立君之本。惟天聰明，惟聖時憲，惟臣欽若，惟民從乂此一節爲君之本。惟口起羞，惟甲冑起戎，惟衣裳缺一審字之類在笥，惟干戈省厥躬。惟事事，乃其有備，有備無患。慮善以動，動惟厥時此是戒一箇審字。無啓寵納侮，無恥過作非。有其善，喪厥善；矜其能，喪厥功。黷于祭祀，時謂弗欽。禮煩則亂，事神則難。王惟戒茲，允茲克明。乃罔不休此一節是瞑眩之藥，皆高宗身上病。惟治亂在庶官。官不及私昵，惟其能；爵罔及惡德，惟其賢。惟説式克欽承，旁招俊乂，列于庶位。惟厥攸居，政事惟醇。」此一節答「惟暨乃僚」之意。王曰：「旨哉，説！乃言惟服。乃不良于言，予罔聞于行。」説拜稽首，曰：「非知之艱，行之惟艱。王忱不艱，允協于先王成德；惟説不言有厥咎。」

説命下 商書

下篇所叙，乃高宗從容閒暇，君臣疇酢，交相切磋，交相責望，氣象粹然，此三代之盛時也，二帝之都俞也。此篇論學凡三節，第一節高宗先言問學之原、廢學之因，開心見誠，無一毫滯吝之意，今汝當有以成吾之志，吾其能行汝之言。第二節是説對以人主之所以學，蓋欲立事也，學不見于事，是懸虚之學耳。以己未知效前人之已知，以己未能效前人之已能，是謂「師古」，是先之以爲學之實也。高宗所謂「爾交修予」，是求之之精也。説則曰「遜志」，此細密之工也；曰「時敏」，此無間斷之意也。其來其積，皆自細密不間斷中得之。大率工夫細密者則有勞擾沈滯之病，而進不能敏；勇往奮厲者則有麤率遺棄之失，而志不能遜。「遜志」「時敏」四字，所以爲「交修」之良方，實萬世爲學之鉗鎚也。此是答「罔顯」之病、「交修」之言。第三節説「斆」字，是方説受教之人，不應遽及教人事。

夫受人之教,得其指示正途,開説工程,大略得其一半,若不自去探討尋究,如何得盡其精微曲折之詳?必孜孜惟日不足,始終主一于此,而不敢有期必自足之心,則其進也不知其所以然,而忽入于聖賢之域,或自覺其進,則止于此而已矣,此答其舊學之廢。鑒于先王,此又關鎖其師古之訓尤親密者也。豈特帝王之學爲然?雖經生學士之工夫,亦何以加于此哉!高宗欲傅説鑒于「先正保衡」,傅説欲高宗鑒于「先王成憲」,君臣遇合之歡,彼此相期之實,虞廷之後,幾寂寥無聞。前乎伊尹、成湯,不詳其記録之傳;後乎周公、成王,不幸有流言之間。紹續前猷,粲然方册,舍高宗、傅説,吾將誰與?嗚呼,盛哉!

高宗肜日 商書

高宗「恭默思道」,公天下之心也,故帝賚以良弼;高宗祈天永命,私一己之心也,故雉雊于廟鼎。同此一心也,所感有公私,則其應也亦異。祈天永命之請,何以知其然也?以祖己之言推而知之。祖己所謂「先格王」者,首開以天命之正。死生壽夭,定于受命之初,而無可求之理。若臣子之于君父,則有禱祈之事。一念之誠,發于忠孝,非發于君父。發于忠孝者,亦公心也,若出于自求,是不受命也。《説命》三篇固佳矣,于源頭猶有所未講，成湯之所謂「降衷」「建中」者，缺然不聞，説之諫雖有「黷于祭祀」，乃所以爲「弗欽」，終未若祖己之言淵粹也。首曰「天監下民，典厥義」，其辭甚嚴。終曰「王司敬民」，其辭甚婉，而祈天永年在其中矣。又曰「罔非天胤」，「無豐于昵」，其辭甚直，足以破其惑而復于禮。高宗之世，但知甘盤、傅説之賢，而少有稱祖己者，何哉？

西伯戡黎

祖己之後，又有祖伊，夫世家之多賢，足以見先王涵養之澤。湯征葛、西伯戡黎，皆剥牀及膚之勢，不待智者而後知。當時周家王業已成，商紂徒以一日天命之尚留，忠臣義士猶冀其一念之或悛，警戒恐懼，未嘗敢廢，此秉彝之至情也。其曰「不有康食，不虞天性，不迪率典」，所以望受者猶厚也。紂恃天命，而不知天命之靡常。雖以利口禦人，而幸值其未怒，故言峻事迫而未至于殺。若比干之諫，或值其怒歟？或其言之甚于此歟？天命之絶未絶，正繫于比干之殺未殺也。若祖伊者，凛乎其幸免也。

微子

賢者之去就出處，不可苟也，以三仁之賢猶相與審處其制事之宜。微子憂宗國之心，焦勞危迫，形于言，如此之至也，而猶不敢輕萌棄去之念。祖伊謂其「淫戲」，微子謂其「沈酗」，不過是酒色二字而已。遂至于卿士相師法，容庇有罪，此最爲喪亡之本。哀痛之言，有惻其隱，千古讀之，有餘悲也。箕子決策，指其當去，爲商家宗祀計；則箕子自策，我既不可去，亦無爲人僕之理。所以謀己謀人，兩盡于數言之中。比干之自處，已見于不言之表，事不必同，同歸于仁，成湯之德澤深長如此。

書疑卷第四

泰誓周書

湯武皆以征伐而得天下，其並稱也久矣。識者謂湯之詞裕，武之詞迫，湯之數桀也恭，武之數紂也傲，學者不能無遺憾。此善觀書者也。愚謂湯武之事有大不同者，湯以七十里興，其事桀也甚忠；進伊尹于桀，凡五就之，其用心也甚仁。伊尹，大聖也，「既醜有夏」，創此大義，相湯伐之，蓋非湯之本心也。是以既放桀而方慙色。舉兵之初，亳衆疑之，當時諸侯莫有助之，罪人已黜，始大誥于四方，所以其詞裕，其禮恭。先儒謂湯既歸亳，諸侯率職來朝而告之，此不然也。自禹之後，疑述職之典已廢，玩其告意曰：「誕告萬方，曰：『嗟！爾萬方有衆。』」只是與天下更始，告之以受命之由，俾之各守爾典而已。武王之事則不然，周家積累之久，至文王有天下三分之二，其實則已王矣。文王小心翼翼，謹守名義，以服事殷，此所以爲至德。至武王，則承祖父之餘慶，藉友邦之歸心，氣燄既張，體貌且盛，改元紀年，視紂猶諸侯，然不期王而自王矣。後世曲爲覆護，支離纏繞，反生荊棘。若「十有一年」之號，「于征伐商」之語，「王若曰」之稱，與夫「杖黃鉞」「巡六師」等詞,借曰史臣追述也。如「受命文考,類于上帝」,曰「弼予一人」,曰「奉予一人,恭行天罰」,曰「惟我文考若日月之照臨,光于四方,顯于西土」,曰「惟我有周誕受多方」,曰「我文考克成厥勳,誕膺天命,以撫方夏,大邦畏其力,小邦懷其德」,曰「周王發」,曰「昭我周王」,此皆三篇之原辭也。大概以王自處久矣,後世覆護,徒爲心術之害。惟蘇氏之言直截曰:「周之王不王,不係紂之存亡也。」此説得之。故其辭迫,其禮傲,勢使之然。此所以與湯異,不得而並稱也。

又

《泰誓》上篇,非誓也,實誥也,如今之檄文。方召諸侯,約以大會于孟津,史臣之叙當曰:惟十有一年春,誥我友邦冢君,大會于孟津。妄意原叙未必然,往往中篇之叙錯簡在此,未應有「明聽誓」三字。蓋終篇只是告之以同伐商,未聞有誓語也。此篇大略與《湯誥》相似,但湯告于已勝夏之後,周則告于將伐商之初,此爲異耳。惟其既勝夏,則曰「各守爾典,以承天休」;惟其方伐商,則曰「以爾有衆,底天之罰」,又曰「爾尚弼予一人,永清四海」。此篇當名曰《周誥》,不當名曰《泰誓》也。其辭曰「惟天地萬物父母」,「元后作民父母」,此是一大議論,即横渠《西銘》中理一分殊之祖。後面止有「殘害于爾萬姓」

一句，失爲民父母之心，其他更不稱此語，非如《湯誥》縝密也。如「大勳未集」一句，此是武王餒處，説得欠明白，後人極費詞解。蓋是時天固以征伐之威命文王矣，而文王未肯集大勳，所以爲盛德，及武王又十餘年，與爾友邦冢君，觀商之政改與不改，受既不悛，只得舉此大事。意蓋如此。後世誤以觀政爲觀兵，又生出一段事端，皆是欠細玩意脈，爲穿鑿傅會之過。此下舉紂之惡，亦不出于祖伊、微子之言，自不爲不實，而其體終不脱于「迫而傲」也。

又

《泰誓》中篇，是諸侯之師應期而畢會，當曰「嗟！我友邦冢君及我御事庶士，明聽誓」，不當曰「西土有衆」。凡言「西土」，止是稱本國之人，與後面「西土君子」一般。此篇既是誓諸侯之師，豈獨西土之諸國？三篇之叙，互有錯簡故也。惟其合諸侯之師，心未必齊，德未必一，利害既輕，未必戒懼，故誓有「罔或無畏，寧執非敵」之語，終之以「一德一心，立定厥功」也。此是「次于河朔」之誓，當曰《河誓》，不當名《泰誓》也。下篇是河誓之明日誓本國之師，當曰《明誓》，亦不當題爲《泰誓》也。此篇之誓所以異于前者，蓋有「古人有言」一段云：「獨夫受洪惟作威，乃汝世讎。」謂我國與諸侯不同，繼湯之功與諸侯共伐者，天下之大義也，我國兼有世讎者，當洗文王羑里之辱也。是故作其果毅之氣，嚴其賞罰之令。辭固已窮矣，又再言文考之德，且慮未必勝紂爲文考羞。雖武王臨事而懼，反復述情，如家人父子言。前章其令嚴，此章其情親。令嚴則不敢不用命，情親則自然宜用命。聖人之運用縝密當如此。

牧誓周書

此篇是正與受對壘之時，諸侯之師與本國之衆，悉陳于郊，于是軍容肅整，號令精明，其詞簡而要，其法恕而嚴，教其坐作進退，不過乎六步七步；教其攻殺擊刺，不過乎六伐七伐。既作其勇奮，又戒其殺降。三稱「勗哉夫子」，其辭郁然；總之以「爾所不勗，其于爾躬有戮」，其辭凛然，此亦誓師之常法也。于是可以觀王者之兵矣。大概牧野之役，諸侯之師皆期而來會者，惟庸、蜀、羌、髳、微、盧、彭、濮，皆不期而來會者也。彼諸侯何爲而來？蓋其素受西伯之令者，既受播告之書，奔趨惟恐後。彼八國者何爲而亦來？蓋其素被文王之化者，雖無播告之書，有聞而必來。周之不期者，皆小國也，其兵革不足以係勝負，其事力不足以供師旅，是以不欲勤其會，周家之仁也。聞風而自奮者，八國之義也。後世欲夸張而侈大之，遂于八字下又加一百字，謂孟津之師，不期而會者八百國，其言可謂妄矣。

武成周書

《武成》者，此武事告成之書也。史官叙伐商之本末，存一代之典章，因録武王二詞于内。後世得其錯簡，遂致諸儒先之疑，皆欲比而輯之，故程子、劉氏、王氏各與改正次序，其後朱子又加參考，比諸家固已整然有條。而「大邑周」之下，非可結之語，劉氏、蔡氏，皆疑有缺文焉，是蓋猶有未滿人意者。如「厥四月哉生明」至「大告武成」，即繼于「征伐商」之下，其爲錯簡，曉然易見，若只移此段于「萬姓悦服」之下、「列爵惟五」之上，却是簡易渾成，不露斤斧。或謂告山川之詞雜于告群后之中，未爲安妥，猶以爲疑。若因見群后，告以征伐之意，併舉其告山川之言，固亦無害于義。細玩「予承厥志」與「底商之罪」意自聯屬，若如程子、朱子剔出，告山川之詞于前，告群后之詞于後，固爲明潔，但告群后之語，必欲見于歸豐之後，此則未能無疑。蓋二先生之意，以爲諸侯來見，新君受命正始，當在歸豐之後，禮固然也。但始朝受命，此舜禹時禮也，意太康之後則已失之，湯之初興亦不聞有此禮，止「誕告萬方」而已。况武王在孟津之時，群后以師畢會，固已受命來朝，不待歸豐而後行此禮。二先生未察《泰誓》上篇是期會之辭，非誓師之語，中篇只作誓諸侯之師看，而未察「群后以」三字，故受命之禮必欲舉行于歸豐之後。又覺「厥四月」無庚戌、丁未，又推中間閏月，群后之辭既居後，則「大邑周」之下非結語，遂又疑有缺文，以至展轉費力。愚嘗考《武成》中「戊午」「群后」四字，正與《泰誓》中「戊午」「群后」相應。此史臣以爲紀事之實，可以參考處，間亦因推究征商大略次第，疑是武王嗣位第十有三年春元日，發《泰誓》上篇，播告諸侯；次日曰「旁死魄」，武王啓行；十六日曰「既生魄」，群后受命來朝，遠近先後之不齊；至二十八日爲戊午，群后之師始畢至；次日又自誓本國之師；癸亥，陳于商郊；甲子，會于牧野，併誓；至四月，始歸豐；至丁未、庚戌，告武成。然後史臣總此本末，爲此篇，大略如此。又緣史臣于《武成》「戊午」之下易《泰誓》中篇「王次于河朔」五字，爲「師渡孟津」。以事言之，渡孟津即次河朔，若無可疑，但欲省文而字異，而不知却有起疑之迹，後人遂以孟津至朝歌近四百里，五日而至商郊，非師行之常法。殊不知師徒既衆，其渡也非一日，亦非一處。曰孟津，則名拘而狹；曰河朔，則地闊而無定名；曰次，則有從容不迫之意。詞語之不可輕易也如此。今再考《武成》于後。

惟一月壬辰，旁死魄。越翼日癸巳，王朝步自周，于征伐商。厎商之罪，告于皇天后土，所過名山大川，曰：「惟有道曾孫周王發，將有大正于商。今商王受無道，暴殄天物，害虐烝民。爲天下逋逃主，萃淵藪。予小子既獲仁人，敢祇承上帝，以遏亂略。華夏蠻貊，罔不率俾。惟爾有神，尚克相予以濟兆民，無作神羞。」既生魄，庶邦冢君暨百工，受命于周。王若曰：「嗚呼，群后！惟先王建邦啓土，公劉克篤前烈。至于太王，肇基王迹，王季其勤王家。我文考文王，克成厥勳，誕膺天命，以撫方夏。大邦畏其力，小邦懷其德。惟九年，大統未集，予小子其承厥志。恭天成命，肆予東征，綏厥士女。惟其士女，篚厥玄黄，昭我周王。天休震動，用附我大邑周。」既戊午，王次于河朔以《泰誓》修。癸亥，陳于商郊，俟天休命。甲子昧爽，受率其旅若林，會于牧野。罔有敵于我師，前徒倒戈，攻于後以北，血流漂杵。一戎衣，而天下大定。乃反商政，政由舊。釋箕子囚，封比干墓，式商容閭。散鹿臺之財，發鉅橋之粟，大賚于四海，而萬姓悦服。厥四月哉生明，王來自商，至于豐。乃偃武修文，歸馬于華山之陽，放牛于桃林之野，示天下弗服。丁未，祀于周廟，邦甸、侯衛駿奔走，執豆、籩。越三日庚戌，柴望，大告武成。列爵惟五，分土惟三。建官惟賢，位事惟能。重民五教，惟食喪祭。惇信明義，崇德報功。垂拱而天下治。

書疑卷第五

洪範

此書王者繼天立極之大典也，其綱目爲最明，其義理爲最密，其功用所關者爲最廣，其歸宿樞機爲最精，朱子謂此是人君爲治之心法也，又曰「順五行，敬五事，所以修其身也。厚八政，協五紀，所以齊其政也」，此皇極所以立也；「權之以三德，審之以卜筮，驗其休咎于天，考其禍福于人」，此皇極所以行也。其微詞奥義，又見于《皇極辨》，可謂詳矣。愚竊嘗玩味皇極之章，疑其有錯簡焉。自「五、皇極：皇建其有極」二句之下，宜即接「無偏無陂」，前三韻語，所以「會其有極」也，後三韻語，所以「歸其有極」也。曰會曰歸，所以爲建極之功也。前後四「極」字，包六韻語，文勢既極縝密，字義備于形容，使人悠揚吟咏，意思尤覺深長，此宜爲皇極之經。先儒亦有謂此乃帝王相傳之訓，非箕子之言，是也。自「曰」以下，指上文爲皇極之敷言，始爲箕子語，此當爲皇極傳。上曰「敷言」，告其君也，下曰「敷言」，告其民也。再曰「天子作民父母」，此指皇極之位而言，合接「惟辟作福」至「僭忒」，言此分之不可干也。舊綴于「三德」之下，其義紊戾，後四疇實含兩端。若皇之極建，則民之訓行，六之德能以剛柔克矣，七之卜筮從而吉矣，八之庶徵時而休矣，九之五福亦備矣。若皇之極不建，民之訓不行，則六之德偏矣，七之卜筮逆而凶矣，八之庶徵恒而咎矣，九之六極至矣。自「斂時五福」之下止「其作汝用咎」，宜爲福極之末章。此非皇極之正訓，而冠于六韻語之上，使讀者反不知其本末，豈不誤哉？人君固秉敷斂之權，其曰「斂時五福」，蓋指第九疇而言。斂者，皇也。時者，是也，此也，非指皇極也，指五福也。且其叮嚀反覆，諄諄告戒，又歸宿于「攸好德」之一語，此所以爲福極之判。愚不自揆，妄疑本文未必如此，然亦莫知其果無悖于理否也？近見洪氏亦有是言，始信其非獨愚之疑也。至于「王省惟歲」而下，自蘇氏、葉氏、張氏、洪氏，皆謂當在「五紀」之下，其説若可通。愚則疑其易不易、成不成等語，實庶證也。上以作于人而應驗于天者言之，下以運于天，而體驗于人者言之，以此「歲」「月」「日」合「雨」「暘」「燠」「寒」「風」而爲八中，以一「時」字貫之，其義甚明，雖有諸説，不敢從也。

惟十有三祀，王訪于箕子。王乃言曰：「嗚呼，箕子！惟天陰騭下民，相協厥居，我不知其彝倫攸叙。」箕子乃言曰：「我聞在昔，鯀陻洪水，汩陳其五行，帝乃震怒，不畀洪範九疇，彝倫攸斁，鯀則殛死，禹乃嗣興；天乃錫禹洪範九疇，彝倫攸叙。」

右序武王箕子問答。

初一曰五行，次二曰敬用五事，次三曰農用八政，次四曰協用五紀，次五曰建用皇極，次六曰乂用三德，次七曰明用稽疑，次八曰念用庶徵，次九曰嚮用五福、威用六極。

右《洪範經》，六十有五字。

一、五行：一曰水，二曰火，三曰木，四曰金，五曰土。水曰潤下，火曰炎上，木曰曲直，金曰從革，土爰稼穡。潤下作鹹，炎上作苦，曲直作酸，從革作辛，稼穡作甘。

右《五行傳》。

二、五事：一曰貌，二曰言，三曰視，四曰聽，五曰思。貌曰恭，言曰從，視曰明，聽曰聰，思曰睿。恭作肅，從作乂，明作哲，聰作謀，睿作聖。

右《五事傳》。

三、八政：一曰食，二曰貨，三曰祀，四曰司空，五曰司徒，六曰司寇，七曰賓，八曰師。

右《八政傳》恐有缺文。

四、五紀：一曰歲，二曰月，三曰日，四曰星辰，五曰歷數。

右《五紀傳》。

五、皇極：皇建其有極。無偏無陂，遵王之義；無有作好，遵王之道；無有作惡，遵王之路；無偏無黨，王道蕩蕩；無黨無偏，王道平平；無反無側，王道正直。會其有極，歸其有極。

右《皇極經》六十有四字。即舜禹執中之義，而《詩》之祖也。

曰：皇極之敷言，是彝是訓，于帝其訓。○凡厥庶民，極之敷言，是訓是行，以近天子之光。○曰天子作民父母，以爲天下王。惟辟作福，惟辟作威，惟辟玉食；臣無有作福作威玉食，臣之有作福作威玉食，其害于而家，凶于而國。人用側頗僻，民用僭忒。

右《皇極傳》。

六、三德：一曰正直，二曰剛克，三曰柔克，平康正直。彊弗友剛克，燮友柔克。沈潛剛克，高明柔克。

右《三德傳》。

七、稽疑：擇建立卜筮人，乃命卜筮：曰雨，曰霽，曰蒙，曰驛，曰克，曰貞，曰晦，凡七。卜五，占用二，衍忒。○立時人作卜筮，三人占，則從二人之言。汝則有大疑，謀及乃心，謀及卿士，謀及庶人，謀及卜筮。○汝則從，龜從，筮從，卿士從，庶民從，是之謂大同。身其康彊，子孫其逢吉。○汝則從，龜從，筮從，卿士逆，庶民逆，吉。○卿士從，龜從，筮從，汝則逆，庶民逆，吉。○庶民從，龜從，筮從，汝則逆，卿士逆，吉。○汝則從，龜從，筮逆，卿士逆，庶民逆，作內吉，作外凶。○龜、筮共違于人，用靜吉，用作凶。

右《稽疑傳》。

八、庶徵：曰雨、曰暘、曰燠、曰寒、曰風。曰時五者來備，各以其敘，庶草蕃廡。一極備，凶；一極無，凶。○曰休徵：曰肅，時雨若；曰乂，時暘若；曰哲，時燠若；曰謀，時寒若；

曰聖，時風若。○曰咎徵：曰狂，恒雨若；曰僭，恒暘若；曰豫，恒燠若；曰急，恒寒若；曰蒙，恒風若。○曰王省惟歲，卿士惟月，師尹惟日。歲月、日時無易，百穀用成，乂用明，俊民用章，家用平康。○日、月、歲時既易，百穀用不成，乂用昏不明，俊民用微，家用不寧。○庶民惟星，星有好風，星有好雨。日月之行，則有冬有夏。月之從星，則以風雨。

右《庶徵傳》。

九、五福：一曰壽，二曰富，三曰康寧，四曰攸好德，五曰考終命。○六極：一曰凶短折，二曰疾，三曰憂，四曰貧，五曰惡，六曰弱。○斂時五福，用敷錫厥庶民。惟時厥庶民于汝極，錫汝保極。凡厥庶民，無有淫朋，人無有比德，惟皇作極。凡厥庶民，有猷有爲有守，汝則念之。不協于極，不罹于咎，皇則受之。而康而色，曰：「予攸好德。」汝則錫之福，時人斯其惟皇之極，無虐煢獨，而畏高明。人之有能有爲，使羞其行，而邦其昌。凡厥正人，既富方穀。汝弗能使有好于而家，時人斯其辜。于其無好德，汝雖錫之福，其作汝用咎。

右《福極傳》。

愚嘗讀《漢書·五行志》，未嘗不掩卷而嘆曰：固哉！漢儒之説經也，必以爲某事得則某證必休，某事失則某證必咎，穿鑿傅會，援據支離，使造化之機果如是，不幾于淺乎？愚竊謂《洪範》之經六十有五字，謹嚴精密，所以爲聖人之格言，五行獨不言用，蓋不言事，非五行之用也。五行者，天地陰陽之氣也，人稟五行之氣以成形，五行之靈發于五事，而人生動静之用也。人孰無是用而能敬其用者，鮮矣。夫敬者，涵動静，徹表裏，貫始終，爲一心之存亡。此心敬則卓然爲一身之主，而四支百骸，皆有所聽命而供其役，此聖道之大原，修身之大本也。故經曰「敬用五事」，蓋敬則五德之體凝然，五德之用粲然；不敬則五德之體昏矣，五德之用亂矣。「敬」之一字，實此心之主宰、皇極之樞要歟？而漢儒乃易「敬」字爲「羞」字，注曰：「羞者，進也。」理晦而言疎，功荒而用舛，以聖人謹嚴精密之格言，易而爲迂闊無用之虚字，是可陋也。逮孔壁古文出，而「敬」字始明。甚矣！伏生之耄，女子之訛，而諸儒之不察也。夫皇極不言數，猶五行之不言用，即其位之數無所往而非五也。人君稟五行之精，全五事之德，爲萬化根本，四方八面環嚮而皆取法焉。八政雖八而五，亦寓食、貨、祀、賓、師，五政也，三其司以異其詞，所以存八。以歷數而紀歲、月、日、星，以五統乎四也。六雖三德，而剛柔各克二，亦五也。七稽疑者，卜存五，而筮存七也。庶徵者，休咎各五，參以歲、月、日，則八矣。五福固五也，六極實四也，錯綜而言，所以存九。憂、疾者康寧之反，惡、弱者好德之反，貧爲富之反。曰短、折、凶，折則壽與考終之反也。此八疇者，皆本于皇極。皇極之建不建，由五事之敬不敬也。五事之中而思者，所以主此敬也，亦猶五行之土也，水火之所寄，金木之所資，居中而應，四方一體，而載萬類。是故心者，言動之所發，耳目之所制，静而具衆理，動而應萬事。此心不得其正，發而爲視聽言動，焉能各盡其則？視聽言動既違其則，見之于萬事，又豈得各盡其理哉？皇極者，固天下之所取正也。而此心者，又皇極之所以正也。然則五數者，統體一皇極也。五數之中數者，又皇極之大極也。故曰：「敬」之一字，實此心之主宰，皇極之樞要歟？漢儒不是之察，而易之以「羞」字，可勝嘆哉！即此一字觀之，而盤誥之難通者，可盡信而曲爲之説乎？

又

班固用劉向之説，推五事之配，以貌屬木，言屬金，視屬火，聽屬水，思屬土。是以曰恭、曰肅、曰狂，皆歸之木，而爲雨徵；曰從、曰乂、曰僭，皆歸之金，而爲暘徵；曰明、曰哲、曰豫，皆歸之火，而爲燠徵；曰聰、曰謀、曰急，皆歸之水，而爲寒徵；曰睿、曰聖、曰蒙，皆歸之土，而爲風徵。以皇不建極，添一咎曰眊，添一罰曰恒陰。此于五行分配已爲疎謬，而又分福極亦歸之五行，以「好德」與「惡」爲木之應，以「康寧」與「憂」爲金之應，以「壽」與「疾」爲火之應，以「富」與「貧」爲水之應，以「考終命」與「凶」「短」「折」爲土之應，而六極餘一「弱」字，不知其所配焉，而爲極不建之應。此尤可陋也。

本朝老蘇氏遂以恭、從、明、聰、睿爲皇極之建，而雨、暘、燠、寒、風之皆時，由是而有五福；以狂、僭、豫、急、蒙爲皇極之不建，而雨、暘、燠、寒、風之皆恒，由是而有六極。其剖析亦稍明，自可一洗漢儒之陋。然木、金、火、水、土之配，尚襲舊説，奈何？于是長蘇氏、少蘇氏用醫家之論，以貌爲木，言爲金，視爲火，聽爲水，思爲土。此固一説也，然遂以雨爲土徵，暘爲金徵，風爲火徵，可乎？諸説紛紛，訖無確然一定之論。惟朱子只以「五行」之序配「五事」之序，而「庶徵」之序亦然，是知貌爲水之生，而雨之爲水也明矣；言爲火之發，而暘之爲火也亦明；視爲木之精，而燠之爲木也亦合；聽爲金之靈，而寒之爲金也有據；思猶風之無所不之，亦猶土之無不資也，其理有自然之應，而未嘗穿鑿。蓋分而言之，事各有本，德各有屬，氣各有類，應各有徵；合而言之，一事修則五事皆修，一氣和則五氣俱和。今夫一念之差，則視之而不見，聽之而不聞，語言無章，舉動失措，是五事俱失，豈有五徵俱見于一時乎？惟五事不敬，則皇極不建，所以驗之于天時者，當雨而不雨，當暘而不暘，當燠、當寒、當風率皆反是，如是而已。愚故曰：固哉漢儒之説經也。善乎朱子之言，吾心正而天地之心亦正，吾氣和而天地之氣亦和。必如是而可以言造化之機、感應之妙。非知之至者，孰能識此？

又

《皇極》之經九句，五行不言用者，蓋九疇無非五行之用也，餘八疇皆言用，而用之上一字極其精，非聖人孰能語此。五事之敬，已見于前。八政之用言「農」者，蓋非農以爲食之原，則八疇俱廢矣，故謂此八政皆農之用也。五紀之用協者，日月之行各有躔次，二十九日有奇爲一會，會之舍曰辰。辰，天壤也。又有星度以測之，十二會爲一歲，差則歷數紊亂而不足以爲紀，故以協爲五紀之用。皇極者，居中之定理也，其用則在人君建與不建，故以建爲皇極之用。三德者，有剛柔之不齊，必克治俾歸于中，故乂者爲三德之用。古人以卜筮決疑，苟不明乎體，則休咎不驗，故以明爲稽疑之用。庶徵之形，五事之應也，念念于庶徵之有感，即五事之敬，不可須臾忽也，故念者，庶徵之用也。嚮此極者錫以五福，背此極者則有六極之威，曰嚮曰威，互文也。八疇之言用，其義固精；初疇不言用，其義尤精。豈非聖人之格言乎？五事、庶徵之配五行，前固論之矣。八政之司，食、貨、祀、賓、師。經言農用八政，故傳以食爲先土之配也，土爰稼穡，農之事也；貨則金之配也；祀者，報其所由生也，仁之至，木之配也；賓者，禮也，火之配也；師者，衆也，水之配也，地中有水，衆聚之象也。朱子曰：《周官》一書，只是一箇八政。司空者，食貨之職也。司徒，兼宗伯，故祀賓屬之。司寇，兼司馬，故師屬之。天子六卿，周制也。虞廷止有司空、司徒、士，疑夏改士爲司寇，八政舉三卿，夏制也。其義密矣。此疇所該者廣，而詞頗簡，故疑其有缺文也。五紀之下，則如五行之序矣。歲者，冬之終，故配水也；月者，陰陽之麗，故配火也；日生于東，故配木也；星辰有分辨之義，故配金也；歷數通載四紀，故配土也。五、皇極，以敬用五事，爲九疇之主，五行共此極也。六、三德，亦五其用，説見于後。七、稽疑，卜有五體，雨配水，霽配火，蒙配木，克配金，驛配土，克驛交互，説者鑿焉。貞、悔則總以陰陽也，貞陽而悔陰。九疇之壽配水，貞固之象也；富配火，嘉會之象也；康寧配木，長善之象也；好德配金，利用之象也；考終配土，萬物之所歸藏也。《洪範》經精傳密，皆聖賢道統之相傳，危微精一之大用也。

又

人君以一身建極于中，必當有道以化天下氣質之偏，養其中和之性，而後可與共天位、治天職，以同保此極也。不然，則剛流于惡，柔失之弱，人才既壞，誤國害民，天下安有平治之期哉？此三德所以即次皇極也。但「正直」二字，先儒多作兩義説，故與「剛克」「柔克」爲不協。有曰不剛不柔爲正直，而有所未盡也。以沈潛爲地，以高明爲天，則引喻闊遠尤甚。有以正直爲皇極之體，剛柔爲皇極之用。此是以皇極中正直同説，亦有所未盡。有以「不邪曲」訓「正直」。此自是兩字反義，亦甚的確，而非所以言用字也。惟古注自作用字説，曰「能正人之曲直」，而義亦未順。于下句作平安之世，以正直之道治之，則依舊是兩字，與前不相應，愚不敢從。竊意沈潛者，柔善也；高明者，剛善也；强弗友者,剛惡者也;燮友者,柔惡者也;平者,無剛柔之偏重者也;康者,無事乎强燮者也。沈潛則當以高明振起之,高明則當以沈潛涵養之。剛惡者,習于强梗,未易柔服,故必克之以善剛。柔惡者,甘于阿順而剛無所施,故就克之以善柔。而平康者不待于克,但正以直之而已;直之云者,如夫子「敬以直内」之直,孟子「匡之直之」之「直」。此用字也,非定字也,故與克字相對。是知以不必剛克、不必柔克爲正直則可,以不剛不柔爲正直則不可。正直、剛克、柔克,則皇極之用也。曰「平康」、曰「沈潛」、曰「高明」,一類字也,皆人之氣質也。曰「正直」、曰「剛克」、曰「柔克」,一類字也,皆乂用之法也。聖人制世御俗,察陰陽消長之偏,體陰陽開闔之義,以不偏不倚、無過不及之德,建中于民,則抑揚進退,予奪威福之柄,不敢不謹如此。《洪範》中有兩「正直」,亦各從其類也,與「平平」「蕩蕩」爲類,自作體字、定字説;與「克剛」「克柔」爲類,自作用字、動字説。在皇極中則爲體,在三德中則爲用,此並行而不相悖。自先儒以正直與高明、沈潛爲類,説有不可通者,而失聖賢用字之本旨,故不能不疑。

又

壽、富、康寧、好德、考終五者,人生之大福也,是故人君以一身而建此極,故能斂此福于一身，自一身而敷錫于天下庶民，亦保人君之極。還以此福錫之于君，人君建此極于上，庶民保此極于下，于是均有此福也。庶民不得有此福，人君豈能獨斂此福哉？然下之所以保極者，亦豈有他道，不過能好德而已。欲天下之無淫朋、無比德者，惟在于皇之作極也。「庶民」，指百姓而言，曰「人」者，指有位者而言。「有猷」「有爲」「有守」，雖淺深不同，均爲好德者也。自其氣稟有清濁厚薄之不齊，未必盡合乎中，亦必不罹于咎。此等人在人君兼收並蓄，和其顏色，而進之曰：此予所好之德。莫不與之以禄，而同建此極也。「無虐煢獨而畏高明」，此是承上接下，句關前後二段。乃若有位之人，雖才具足以趨事赴功，而未必實有此德，則嘉謀善計未必有也，厲操守節未必能也，輕躁妄作，蠹國害民，不能保也。人君必使之進于實行，有以稱其才，則庶乎邦可昌矣。彼正人者，則有猷、有守者也，必能審出處、安淡泊，決無干進之意，人君必有禄以養之，方爲盡善。非此正人待禄而後爲善，得禄而後善，不得謂之正人矣。此正人者，苟不得遂其所好于家，是人君之罪也。彼有能有爲者，徒恃其才，而好德不聞，君雖禄之，其必爲汝用之害矣。蓋人君斂福、錫福，爲庶民保極之道，故當于五福之下而致詳焉。

書疑卷第六

旅獒周書

武王之德聖矣，一獸之貢微矣。史臣方以通道于九夷、八蠻，誇國家威德之遠，而太保乃拳拳進諫于王，何也？蓋獒之爲獸，非常犬也，能曉解人意，且勇而善搏，畜之何所用哉？不過供玩侮之戲而已。武王固非玩侮人者，既有是物必有時而爲是戲也。太保一篇之意，「慎德」二字爲之主，復告之以「終累大德」。太保識幾明微，愛君之忠，叮嚀反復，可謂至矣。首言貢獻之法「惟服食器用」，則此獒也，非惟正之供。次即以不「狎侮」繼之，以「玩物喪志」終焉。又其次方言非「土性不畜」。所謂「慎德」，實懇懇于前二章者也。使武王勞其使而却其獒，豈足以勞太保之慮乎？推其病之極，必至于生民不保厥居。嗚呼！遠矣。文字不多而道理無限，只在「慎德」二字中間。「志以道寧，言以道接」，二句却稍寬，而先儒敬之，此愚之所未解也。

康誥 周書

後世信小序，以此篇爲成王告康叔之書，又言周公託王命，而言不勝纏繞，至本朝蘇氏方明篇首二十八字爲《洛誥》脱簡。五峰胡先生及吴氏棫，又定爲武王之書，大綱方見倫次。以其《洛誥》之首，遂名曰「誥」，既是武王封康叔于衛之辭，謂之「康叔之命」可也。以首句有「孟侯，朕其弟」，謂之「孟侯之命」亦可也。觀其詞氣鄭重，反復告戒，若武王面命之意，詳玩之，亦史臣受武王諄諄之旨，特爲此叮嚀之言。見康叔者爲武王之所親愛，故曰「未有若汝封之心」，又曰「朕心朕德，惟乃知」，皆嘉之之詞也。又見武王亦慮商民之難化，所以舉所甚親者任此責，想命三叔之時，亦必有勤懇之言如此篇者。明德者，治民之本；慎罰者，治民之要。史臣授此意，故以四字爲一篇之大綱，終篇不出此二事。曰「在兹東土」以上，此命詞之首，常體也。次曰「嗚呼！封，汝念哉！」止「不廢在王命」，當接後一段「已！汝惟小子。未有若汝封之心，朕心朕德，惟乃知」，次及「王曰：嗚呼！小子封，恫瘝乃身，敬哉！」一章，又繼以「已！汝惟小子」至「作新民」，此二章皆是勉其明德事，中間皆是慎罰事，亦頗冗雜欠整次。後一段有「予惟不可不監，告汝德之説于罰之行」，此是總結明德慎罰。又次「王曰『嗚呼！封』」，是結前「敬哉」一章。又次「王曰

『嗚呼！肆汝小子封』」，是結前「汝念哉」一章。末後曰「往哉」，是作命之常式也。此篇于諸誥中極爲明白，尚欠梳理如此，他篇可知。

酒誥　梓材周書

以二篇言可合而爲一，以逐篇言又各可離而爲二，此是爲不可曉。可合者，《梓材》之首，意與《酒誥》同。可離者，《酒誥》有二體，既誥妹邦，又誥康叔，《梓材》末篇，全不相屬也。首語既曰「明大命于妹邦」，後又曰「妹土」，此分明告戒紂之遺民舊俗也。即又繼之「王曰封」者五，此又分明告戒康叔也。先儒以爲其事則主于妹邦，其書則付之康叔，以爲書之變體。愚實未之通也，所可知者，止于戒酒而已。

金縢周書

此書叙事體也，與《武成》同。《武成》是叙伐商一事始末，此篇是東征前後事，歷六七年，始末詳略之中有筆力焉。納册啓書，此《金縢》之首尾也，其叙事不可不詳。其叙「流言」「居東」止五十餘字，簡潔詳明，于曲折抑揚間，事情隱然可判，後來《大誥》等事，盡含蓄于此。《武成》先列四誓，而總叙武事之終。《金縢》是叙東征始終，而後列諸誥，法當然也。其餘小小文義，諸家有未一者，因論「丕子之責」。竊意「責」字如「責望」之「責」，是責望其事我于天，則繼以願代，中間無缺文。意若曰三王有任保護丕子之責于天，則後面能不能事鬼神之語，全無意味矣。如「乃命于帝廷」，却脱「元孫」二字，合復舉「乃元孫」于此。「乃并是吉」者，謂三卜皆吉，此卜者之言，啓籥而參以龜卜之書，乃是證三卜之果吉也。「予小子新命于三王」者，公欲以身代王，王瘳則公當代命也。「惟永終是圖」者，我但爲考終之計，兹所待者三王，必不忘于一人之言以代王也。王瘳而公不死，亦天監公之心，而不從公之代也，在公則當俟命以代而已。「我之弗辟」，只是作入聲讀。周公以公天下爲心，征誅之事，固不得以私恩而姑息，曰公避之而居東，非知公者。二「穆卜」只一義，于敬字爲近，初不牴牾也。

大誥周書

此下諸篇固多脱簡之可疑，一也；告戒之詞貴明白而反聱牙，二也。非特文義之難曉，而大意亦往往瞢然。若隨詞生意，屈而攀緣，添字補凑，强欲求通，前後用工于此多矣。然斷續扞格，終不成文理，不幾于侮聖言者乎？謂宜盡黜訓詁，敬存古意，或略知大意，不必句句字字求之亦可。請試言其大略：《大誥》者，以武庚與三監叛，發此誥于下，所宜責武庚，以汝父之不道，故天命之歸周，我不殺汝而封汝于故都，汝合率德改行，以蓋父愆，以保宗祀，以輔我國家，以恭承天命。今乃乘我國之大喪，欺嗣子之沖幼，而乃蠱惑我三監，離間我骨肉，鼓動淮夷，摇蕩邊鄙，姦宄鴟張，于義不可不討。今前後未嘗及此意，拳拳只説一箇卜字，何其闊于事情而疎于制變也。豈非自太王避狄之後，不曾經此變故，乃欲假蓍龜以鎮壓天下之邪心乎？且又言「寧王遺我大寶龜」，以告我「西土有大艱」，「西土人亦不靖」，此何異于唐德宗遭奉天之難，而委之以先定之數也。聖如周公，經國制事，而肯出是言乎？此皆可疑者。

微子之命周書

每讀此篇，未嘗不廢卷喟然而嘆。昔武王之反商政，首釋箕子之囚、封比干墓、式商容閭，既而復訪道于箕子，得《洪範》之書，此皆所以得君子之心，若散財發粟，不過小人悦服耳。所不可曉者，獨于微子寂然無聞，武王豈忘之哉？既而乃封武庚禄父以奉商祀，周之失未有大于此者。夫湯之衰也，賢聖之君六七作，商之賢子孫未有過于微子者，此天下之所共知也。存商之祀，作賓王家，非微子其誰可與？武王在位八年，吾不知微子者何在。乃于殺武庚禄父之後，而後封之宋，何其晚哉？彼武庚者，熏染紂之惡德，未聞其有改行，烏得有過于微子？封微子則可以祀湯，封武庚則可以祀受。受猶足祀乎？今不封武庚于他邦，而付以紂之故土，當是時，稍自好者，必不爲之左右矣，其所與共遊處朝夕之所謀議，惟酗于酒德之故人爾。不幸武王崩，嗣子沖幼，周公攝政，而管叔在外，姦謀啓而凶計行，自謂可以乘間倡亂，抵掌以復紂之境土矣。武庚之叛，勢所必至，群弟之流言，非武庚孰敢蠱之？武庚之叛，非流言無以發之。群弟非武庚則不能叛，武庚非流言則不敢叛。故曰：周之失，未有甚于此者。蘇氏乃曰：殺其父，封其子。其子非人也則可使，其子果人也則必叛。武庚之叛，不待智者而後知。愚則曰：此説非也。殺其父者，義也；封其子者，仁也。其子非人也，則必叛。使其子之果人也，則必飲痛悔艾，修身改行，以保先祀。苟不顧先王之祀，而輕于叛者，豈復人也哉？若武庚之必叛，果不待智者而後知。或曰：武王封微子于宋也久矣，至武庚誅，乃加封上公，命之以奉商祀。此亦惑于後世歸周銜璧之傳，而謬爲是説也。若微子之始封也，必加上公，必奉湯祀，不當以是禮命武庚而不命微子也。今觀此書，皆始封之詞也，非加封之詞也。曰「律乃有民」，曰「永綏厥位」，豈非懲創武庚之不律不綏，而有此告戒乎？史臣之命，尊矣嚴矣。

又

愚以紙上之陳言，妄疑周家之得失，未足以知聖人之心也。以武王之聖，周、召之賢爲之輔，克商之初，政事精明，人心大慰，何獨于此事處義制禮，有如是之踈乎？後世又以淺陋之見量聖人，以爲不封微子者，忌微子之賢也，此説益大謬矣。又按，《左傳》：楚子克許，許君面縛銜璧，衰絰，輿櫬，以見楚子。楚子問諸逢伯，逢伯曰：「昔武王克商，微子啓如是，武王親釋其縛，受其璧而祓之，焚其櫬，禮而命之。」此説尤爲可疑。昔箕子之答微子，固以微子之義當去。去之云者，去其位而遁其迹也。又以爲微子抱祭器而歸周，此尤非也。若微子不待商之亡而歸周，是先自絶于商也。若微子幸紂之亡，即自辱于周，是自求封也。武王非伐微子也，何爲銜璧請命？是已代紂爲王矣。若微子苟存，亦何患商祀之不存？二事皆非所以爲微子矣。若武王既受微子降，封武庚而十年不齒，薄微子甚矣，何足以爲武王、周、召乎？愚因左氏之言，遂得以參伍旁證，而得武王、微子之心。其曰武王解縛焚櫬，禮而命之者，政武庚禄父也。傳者以微子賢、武王聖，舛訛其事，喜談而樂道之，彼豈識有關天下之大義乎？武庚驚家國之覆滅，知禍患之未艾，乞命武王者，勢也。勢急則祈哀請命，有國則摇牙肆毒，此狡猾小人之常態也。武王知紂已死，其孤以禮來歸，斬焉衰絰之可閔，釋而命之，仁者之心也。聖人以大公至正，行其義之所當爲，豈逆料異日之變而預防之哉？微子既遁，紂死即出，是幸宗國之亡也。況武庚既封，商祀不絶，吾何求哉？此所以十年長往而不來也。微子既不可見，武王亦不得已封庚爾。武庚既誅，商祀再絶，微子于此時而不出，是商祀之果絶也。賢者之出處，聖人之處事，又豈有一毫之未盡者乎？

書疑卷第七

召誥周書

洛誥周書

《洛誥》之篇，三山林氏説之所終，東萊先生説之所始，文公又于《召誥》《洛誥》亦各有説，學者可以釋疑矣，然猶未也。《洛誥》自「周公曰」之下，朱子以爲自此漸不可曉，蓋不知是何時所言，又取葉氏之言，以此篇與《召誥》參看，又取王氏曰此誥有不可知者，當缺文。朱子尚謂有疑，而後學敢謂無疑者，妄人也。愚竊謂諸誥之中，辭語之不可曉者固多矣，而一篇之體統大概亦可見。惟《召誥》《洛誥》破碎龐雜，體統不明，此最未易梳理者也。蓋其中有周公、召公相洛，卜洛之詞焉；有遷殷民，攻位，丕作之詞焉；有營洛之詞焉；有成王來洛之詞焉；有祀文武，記功宗之詞焉；有周公復辟之詞焉；有成王即辟之詞焉；有成王册命周公之詞焉。此所以不可以一事觀也。《召誥》前雖載相洛之事，後止是以成王新政致戒之詞而已，曰：「王乃初服。若生子，罔不在厥初生。」則以「疾敬德」爲王新政第一義，此則頗自明白。若《洛誥》恐當作兩節看，相洛，卜洛，營洛，遷頑民是一節；明禋，烝禮，周公欲成王治洛、復政于王，成王止欲歸周、即辟命周公治洛，此是一節。如册周公之首詞反殿于篇末，而册中之詞反殽雜于前，此皆未易就條理也。第一是復辟之事，程子以來諸儒只欲作答王解，以爲未嘗失位，安得有復。此義誠精矣，然成王固未嘗失位也，蓋成王前此未嘗親政也，成王幼，周公代王爲政，成王長，周公歸政于王，正如「伊尹復政厥辟」之「復」，蘇氏所謂歸政，初何害義，然亦何所嫌而避此名乎？此愚之所以不能無疑也。

多士 周書

多方 周書

蘇氏曰：《大誥》《康誥》《酒誥》《梓材》《召誥》《洛誥》《多士》《多方》八篇，雖所誥不一，大略以殷人不服周而作也。又怪取殷之易，安殷之難，歎商七王之德深，而終歸于周公之功。其言感慨俊偉，而聽者竦然。愚以爲八篇者固艱澀難曉，細而觀之，各有所主，非盡爲安殷而作也，蘇氏之言，其亦有所未盡。商自太甲後，數經衰亂，已四興王業矣。武乙再都河北，而國尤衰弊者，四五十年，至紂乃決其壞而蹙其亡者又三十年，周家之仁聲仁聞，日盛而日隆，商王之惡德虐政，月累而歲積。當是時，三分天下而周有其二，非周取之也，皆棄商而歸周也。紂之都，百姓服田力穡者，亦未嘗不悦服而安業，其頑嚚㕟而易摇者，特遊手之民，平時酗酒暴横，草竊姦宄，逋逃容隱，未嘗伏辜，不習勤勞，不樂安静，呼噪風塵之警，以逞其虎狼之心，加以紂之寵任非人，豪家巨室，不事繩檢者，怨周不簡拔而進用，招誘四方之無賴爲之爪牙，以殘害于百姓，不過借復商之名，以鼓倡群凶，非有英雄豪傑爲之宗主也。若以戰國秦漢處之，不過一坑而已。周家積累有素，不忍輕殺，非力不足以制之，必欲使之革心從化，此其爲變移之難者，乃所以爲忠厚之至。蘇氏謂人心不服周而難安者，未之思也。凡化頑民之書，不過《多士》《多方》兩篇而已，緣中間紛亂脱落，序者不得其要，讀者莫知條理，是故隨文解義，卒不能貫通，愚不敢觀序。止熟讀正文，而知其有脱簡焉。竊謂《多方》當在前，《多士》當在後。《多方》曰：「告爾四國多方惟爾殷侯尹民，我惟大降爾命〔一〕，爾罔不知」，又曰「我惟大降爾四國民命」。《多士》曰：「昔朕來自奄，予大降爾四國民命。」此可以知其先後也。《多方》自首至「乃惟自速辜」，已上皆稱「多方」，至此亦是結語。自「王曰：『嗚呼！猷告爾有方多士。』」此下皆稱「多士」，則知此二段是《多士》，後錯簡在此。《多士》曰：「今爾又曰：『夏迪簡在王庭，有服在百僚。』」《多方》後段曰：「爾乃自時洛邑，尚永力畋爾田，天惟畀矜爾，我有周惟其大介賚爾，迪簡在王庭。尚爾事，有服在大僚。」此又知是一篇前後相應也。《多士》曰：「爾克敬，天惟畀敬爾；爾不克敬，爾不啻不有爾土。予亦致天之罰于爾躬。」《多方》後段曰：「自作不和，爾惟和哉。爾室不睦，爾惟和哉。」故末後結語曰：「不克敬于和，無我怨。」此又知兩段相連，總結于此。《多士》結有「王曰」之下有缺文，正宜聯《多方》「嗚呼猷」一段。「又曰時予，乃或言爾攸居」，當聯《多方》。後「又曰」下結語，庶幾血脈貫通，文勢明白，今輒考定二篇于後。

惟五月丁亥，王來自奄，至于宗周。周公曰：「王若曰：『猷！告爾四國多方，惟爾殷侯尹民，我惟大降爾命，爾罔不知，洪惟圖天之命，弗永寅念于祀。』」

此一節是史官先叙作誥之時，以「周公曰」起之，是周公代王作此誥也。「王若曰」之下，是總一篇之大意，言「殷侯尹民」，此指武庚之遺民也。言爾罪固當誅戮，我已大貸爾命矣。爾不可不知，爾猶大起狂謀，圖度天命，更不爲深長之思，敬保爾宗祀乎？

「惟帝降格于夏，有夏誕厥逸，不肯慼言于民，乃大淫昏，不克終日勸于帝之迪，乃爾攸聞。厥圖帝之命，不克開于民之麗，乃大降罰，崇亂有夏，因甲于内亂，不克靈承于旅，罔丕惟進之恭，洪舒于民。亦惟有夏之民叨懫日欽，劓割夏邑。天惟時求民主，乃大降顯休命于成湯，刑殄有夏。惟天不畀純，乃惟以爾多方之義民，不克永于多享；惟夏之恭多士，大不克明保享于民，乃胥惟虐于民，至于百爲，大不克開。乃惟成湯克以爾多方簡，代夏作民主。愼厥麗，乃勸。厥民刑，用勸。以至于帝乙，罔不明德愼罰，亦克用勸。要囚，殄戮多罪，亦克用勸。開釋無辜，亦克用勸。今至于爾辟，弗克以爾多方享天之命。」

此一節反覆言夏商廢興之由，天命存亡之幾，此「辟」字指紂而言，謂紂元自天命，既不能享，遂至于亡。

「嗚呼！王若曰：『誥告爾多方，非天庸釋有夏，非天庸釋有殷，乃惟有夏圖厥政，不集于享，天降時喪，有邦間之。乃惟爾商後王逸厥逸，圖厥政，不蠲烝，天惟降時喪。天惟求爾多方，大動以威，開厥顧天。惟爾多方，罔堪顧之。惟我周王，靈承于旅，克堪用德，惟典神天，天惟式教我用休，簡畀殷命，尹爾多方。』」

此一段言天非有意去爾夏，去爾商，乃爾夏商自取其亡。當商將亡之時，天亦未嘗不求爾多方有可代商者，爾既無以承天之眷顧者，我周王能善承天心，天既命之以王矣。

惟聖罔念作狂，惟狂克念作聖。天惟五年須暇之子孫，誕作民主，罔可念聽。乃惟爾辟以爾多方，大淫圖天之命，屑有辭。

此二段原雜在前節，先儒疑有缺文，而不知乃是錯簡。言武王雖已受命，商之子孫苟能克念，有得天之道，天亦俾之誕作民主，今待爾五年矣，爾又無可念可聽之德。蓋武王在位五年故也。「今爾辟」，指武庚言，却欲圖天命，輕于發言，何也？

今我曷敢多誥，我惟大降爾四國民命。爾曷不忱裕之于爾多方？爾曷不夾介乂我周王，享天之命？今爾尚宅爾宅，畋爾田，爾曷不惠王熙天之命？爾乃迪屢不静，爾心未愛，爾乃不大宅天命，爾乃屑播天命。爾乃自作不典，圖忱于正。

此一節繳前意，不欲多誥爾，且大貸爾命。三「爾曷不」，勉之也。四「爾乃」，貴之也。

我惟時其教告之，我惟時其戰要囚之，至于再，至于三。乃有不用我降爾命，我乃其大罰殛之。非我有周秉德不康寧，乃惟爾自速辜。

此一節是總結叮嚀告戒之。周公之書，《無逸》之外惟此篇條理分明。

惟三月，周公初于新邑洛，用告商王士。王若曰：「爾殷遺多士，弗吊旻天，大降喪于殷，我有周佑命，將天明威，致王罰，勑殷命終于帝。肆爾多士！非我小國敢弋殷命。惟天不畀允罔固亂，弼我，我其敢求位？惟帝不畀，惟我下民秉爲，惟天明畏。我聞曰：上帝引逸，有夏不適逸；則惟帝降格，嚮于時夏。弗克庸帝，大淫泆有辭。惟時天罔念聞，厥惟廢元命，降致罰；乃命爾先祖成湯革夏，俊民甸四方。自成湯至于帝乙，罔不明德恤祀。亦惟天丕建，保乂有殷，殷王亦罔敢失帝，罔不配天其澤。在今後嗣王，誕罔顯于天，矧曰其有聽念于先王勤家？誕淫厥泆，罔顧于天顯民祇，惟時上帝不保，降若兹大喪。惟天不畀不明厥德，凡四方小大邦喪，罔非有辭于罰。」

此一節先言周之所以代商，次及夏商興廢之故。

王若曰：「爾殷多士，今惟我周王丕靈承帝事，有命曰：『割殷，告勑于帝。』惟我事不貳適，惟爾王家我適。予其曰惟爾洪無度，我不爾動，自乃邑。予亦念天即于殷大戾，肆不正。」

此一節言周之所以受命，以至于爾大罪不敢肆其繩治。

王若曰：「猷！告爾多士，予惟時其遷居西爾，非我一人奉德不康寧，時惟天命，無違。朕不敢有後，無我怨。

此一節言遷商民于洛。

「惟爾知，惟殷先人有册有典，殷革夏命。今爾又曰：『夏迪簡在王庭，有服在百僚。』予一人惟聽用德，肆予敢求爾于天邑商，予惟率肆矜爾。非予罪，時惟天命。」

此一節言爾怨我不用爾多士，我位惟德之用。

王曰：「多士，昔朕來自奄。予大降爾四國民命。我乃明致天罰，移爾遐逖，比事臣我宗多遜。」

此一節言我昔日貸爾命，移爾居之意。

王曰：「告爾殷多士。今予惟不爾殺，予惟時命有申。今朕作大邑于兹洛，予惟四方罔攸賓，亦惟爾多士攸服奔走，臣我多遜。爾乃尚有爾土，爾乃尚寧幹止，爾克敬，天惟畀矜爾；爾不克敬，爾不啻不有爾土，予亦致天之罰于爾躬！今爾惟時宅爾邑，繼爾居，爾厥有幹有年于兹洛，爾小子乃興從爾遷。」

此一節言我不惟不殺爾，又使爾安居此，以親我多遜之美。

王曰：「嗚呼！猷，告爾有方多士暨殷多士，今爾奔走、臣我監五祀。越惟有胥伯小大多正，爾罔不克臬。自作不和，爾惟和哉！爾室不睦，爾惟和哉！爾邑克明，爾惟克勤乃事。爾尚不忌于凶德，亦則以穆穆在乃位，克閲于乃邑謀介。爾乃自時洛邑，尚永力畋爾田，天惟畀矜爾，我有周惟其大介賚爾，迪簡在王庭。尚爾事，有服在大僚。」

此一節是告遷洛多士及尹民之官，爾能和其頑民，我豈不大用爾？

王曰：「嗚呼！多士，爾不克勸忱我命，爾亦則惟不克享，凡民惟曰不享。爾乃惟逸惟頗，大遠王命，則惟爾多方探天之威，我則致天之罰，離逖爾土。」

此一節言爾苟不能信我前命，我則遠遷爾于它去矣。

王曰：「我不惟多誥，我惟祗告爾命。」又曰：「時予，乃或言爾攸居。時惟爾初，不克敬于和，則無我怨。」

此是再三反覆，結前語告戒之大略如此，中間恐亦自有錯簡。

【校記】

〔一〕原衍「四國民」三字，據阮元校刻本《尚書注疏》改。

書疑卷第八

君奭周書

今讀此篇，文意雖多不可曉，大意是周公留召公共政之書也。歷舉湯之興有此六臣，文武之時有此五臣，今日止有吾二人而已。當時雖有芮伯、彤伯、畢公、衛侯、毛公諸臣，要未可與召公班也。周公拳拳于天命之難保，而幼主之不可不開導輔相之意，反覆憂深，求助懇惻，故召公竟無他辭。若考其時，則卒未有定論。今詳「公曰：前人敷乃心，乃悉命汝，作汝民極。」自「曰」以下，述武王托孤之命如此。又有「小子同未在位」之言，又曰「在今予小子旦非克有正，迪惟前人光施于我沖子」，此可謂周公攝政之時矣。其後乃曰「天休滋至，惟我二人弗戡」。又曰「篤棐時二人，我式克至于今日休」？則此等語又非所當言于武王初喪之時，《史記》之論固陋矣。而蘇氏謂周公歸政後，公欲周公告老而歸。而篇中殊無此意，則「小子同未在位」，蘇氏竟不釋。如蘇氏説則此句終無著處。東萊先生祖小序，意謂洛邑成而周公欲告歸，召公亦欲去，周公既爲成王留，而周公亦欲召公留。如此言，則是周公歸政于王矣，是時成王年亦長矣，不可曰「小子同未在位」，此句仍舊未有所歸。但此篇所不可知者，不過留召公之時爾。其言雖艱澀而大意自明，非如《洛誥》頭緒多而不可就理也。然亦有差誤處，如曰「在昔上帝，割申勸寧王之德」，《禮記》乃曰「昔在上帝，周田觀文王之德」，蓋各有得失，當曰「昔在上帝，割周申勸寧王之德」。此處未説到我王。割周者，言羑里之厄也，細玩之可見。

蔡仲之命周書〔一〕

史臣序詞既詳且嚴，自《金縢》有「群叔流言」之語，至此篇始著其事、備其詞，體正而意盡，周公之心坦然明白。「率德改行」一語，而父子得失在焉，周家之刑慶當焉，播之衆而命焉，皆其父子自取，而周公無一毫固必之心。蔡叔未没，以仲爲卿士，蔡叔既没，復封仲于蔡，周公友愛可見矣。曰「蓋前人之愆」，曰「無若爾考」，皆昌言而不隱，一欲盡天下之公議，一欲伸家庭之至情，言之深，所以愛之切也。曰「皇天無親」者，示戒凜凜然，想仲欽泣祇承，而敢以爲榮乎？

立政 周書

第一是先儒欲爲周公避嫌，不肯言歸政，費盡回護，使周公之心事益不明于後世。周公夙有聖德，自文王時，則已與召公分陝而治，既而左右武王，伐商立國。武王崩，成王幼，周公以冢宰正百工，蓋代行天子之政，而未嘗攝天子之位也。成王亦未嘗不一日履天子之位，而亦未嘗一日親天子之政也。成王既冠，周公歸政于王，初無嫌之可避。《立政》首曰：「拜手稽首，告嗣天子王矣。」曰「拜手稽首后矣」，曰「嗚呼孺子王矣」，曰「咸告孺子王矣」，曰「今文子文孫，孺子王矣」，豈謂其昔不爲王，而今始爲王哉？蓋今日始親王者之政而已。自《金縢》之書，成王未嘗不稱王，周公之所播告于四方者，未嘗不曰「王若曰」。成王之王，固自若也；成王之政，則自今始也。親政之初，上自王左右三事，下至百司庶府，外至于都邑之長、諸侯之官，周公莫不率之，北面以聽王之新政。因「告嗣天子」者，蓋昔日嗣位爲天子，今日親王者之政矣。既聽王之新政，不可不皆進戒于王，于是自常伯之下至于阪尹，「乃敢告厥后曰：『拜手稽首后矣。』」然後云云，緣首尾有錯簡，而「虎賁、綴衣」而下，俱列于三事之後，更無繫屬而意義不明，今輒與考定于後。

周公若曰：「拜手稽首，告嗣天子王矣。」用咸戒于王曰：「王左右常伯、常任、準人，綴衣、虎賁，趣馬小尹、左右攜僕、百司庶府，大都小伯、藝人、表臣百司、太史、尹伯，庶常吉士，司徒、司馬、司空、亞旅，夷微盧烝、三亳阪尹。」乃敢告教厥后曰：「拜手稽首后矣。」曰：「宅乃事，宅乃牧，宅乃準，兹惟后矣。謀面，用丕訓德，則乃宅人，兹乃三宅無義民。」周公曰：「嗚呼！休兹知恤，鮮哉！」

此一節周公率群臣，歸政于王，因命群臣進戒，美其言而嘆其憂此者少也。

「古之人迪惟有夏，乃有室大競，籲俊，尊上帝迪，知忱恂于九德之行。桀德，惟乃弗作往任，是惟暴德罔後。亦越成湯陟，丕釐上帝之耿命，乃用三有宅；克即宅，曰三有俊，克即俊。嚴惟丕式，克用三宅三俊，其在商邑，用協于厥邑；其在四方，用丕式見德。嗚呼！其在受德，暋惟羞刑暴德之人，同于厥邦；乃惟庶習逸德之人，同于厥政。帝欽罰之，乃伻我有夏，式商受命，奄甸萬姓。」

此一節言禹、湯、桀、受用人得失治亂之分。

「亦越文王、武王，克知三有宅心，灼見三有俊心，以敬事上帝，立民長伯。立政：任人、準夫、牧作三事。文王惟克厥宅心，乃克立兹常事司牧人，以克俊有德。文王罔攸兼于庶言；庶獄庶慎，惟有司之牧夫是訓用違；庶獄庶慎，文王罔敢知于兹。亦越武王，率惟敉功，不敢替厥義德，率惟謀從容德，以並受此丕丕基。」

此一節言文王、武王知用人之道，立民惟任長伯，立政惟擇三事，皆俊德之人，而不下侵細務。武王循文王之功，用此義德容德，故能受此大基業。

「嗚呼！孺子王矣！繼自今我其立政。立事、準人、牧夫，我其克灼知厥若，丕乃俾亂；相我受民，和我庶獄庶慎。時則勿有間之，自一話一言。我則末惟成德之彦，以乂我受民。嗚呼！予旦已受人之徽言，咸告孺子王矣。繼自今文子文孫，其勿誤于庶獄庶慎，惟正是乂之。」

此一節戒成王于三事，惟念念「成德之彦」以治民，調和「庶獄庶慎」，勿以小人間之，惟正是乂，而不可誤也。

「自古商人亦越我周文王立政，立事、牧夫、準人，則克宅之，克由繹之，兹乃俾乂，國則罔有。立政用憸人，不訓于德，是罔顯在厥世。繼自今立政，其勿以憸人，其惟吉士，用勱相我國家。」

此一節再提湯文用人，安其職，盡其用，勗不可用小人，以結前二段。

「今文子文孫，孺子王矣。其勿誤于庶獄，惟有司之牧夫。司寇蘇公式敬爾由獄，以長我王國。茲式有慎，以列用中罰。其克詰爾戎兵，以陟禹之迹，方行天下，至于海表，罔有不服。以覲文王之耿光，以揚武王之大烈。」

此一節却提夏禹、武王，結後一段專戒庶獄，并詰戎兵。

周公若曰：「太史，嗚呼！繼自今嗣王立政，其惟克用常人。」

言既終，又呼太史記之，爲後世子孫之戒。如此分合，却節奏差明，無龐雜之患，無穿鑿傅會之謬。蓋親政之初，擇賢共天職最爲重事，曰「籲俊尊上帝」，曰「丕釐上帝之耿命」，曰「以敬事上帝」，惟事天之實莫大于此。其所當留意者，又不出于三事，綱領既正，統體相維，可謂得立政之要矣。周公勤勤懇懇，又爲後世慮至矣哉，周公之用心也。但「宅」字，先儒牽于「五流有宅」之「宅」，遂作刑獄説。按《説文》：「宅，所託也。」今作「託」字訓，爲通貫無疑。

無逸周書

《無逸》之篇，却是特作書以訓于王。周公之言未有明白若此篇者，但首語一句忽又奇古，曰「君子所，其無逸」，先儒以「處」訓「所」，朱子曰：某則不敢如此解，恐有缺文。愚則曰：恐是衍字。周公曰：「嗚呼！君子其無逸。」言君子不可逸，若先知稼穡之艱難了，乃逸，則知小人之所依，必能愛民而享國之久也。此篇不可作一段看，前後自是兩段文字。前段是教其知稼穡之艱難，至「酗于酒德」而止。後段是道其智之明而不爲人所惑，至篇終。兩段提兩嗣王結，然又不可截然作兩段看，中間又自有氣脈貫通處。前後凡有「嗚呼」者七，一是總説知不知稼穡之艱難；二是舉商三宗之不逸，及後王之逸，爲享國之效；三是説文王之無逸；四是戒嗣王之不可逸；五特以「我聞曰」更端，言古人之所以相與教告叮嚀者，正恐此智未明，爲浮言所惑也；六是言昔四王之所以迪哲者，亦以先知稼穡之艱難，知小人之情狀，故不惑于浮言。此是氣脈過接處，若不聽人之教告，輕聽人言，則罰無罪、殺無辜，怨叢一身，豈能享國長久哉？成王生于深宮之中，未嘗知稼穡之艱難，未嘗識小人之情狀，所以前日爲流言所惑，今雖感悟，是豈可不常以爲鑒。昔周公止作《鴟鴞》，未嘗及此，今既歸政居東，恐成王復爲浮言所移，故作此七「嗚呼」，于其終止曰：「嗣王其鑒于兹。」不及他語者，其戒深矣。

周官 周書

此成王初政，訓迪百官，見成王之德日新，周公之經制大成，周家文物詞命之正盛也。此書雍容肅厚，有虞廷氣象焉，後世莫能及。或疑此篇與《周禮》不同，蓋《周禮》者，乃周公未成之書，此其總叙也。

君陳 周書

畢公，文王之大臣，周公尹洛之後，當即以畢公代之，而君陳或謂其新進者也，而可超躐老成而當此重任乎？觀其所以命君陳，其體輕，其辭戒，所稱者，只推其孝友之行，是固得爲政之本矣。然爲政亦多端，非可恃此而它無所事，況有商之頑民在焉。新進少年或乘鋭變更，未必不反激其易動難安之勢。竊意君陳既有孝友之順德，或平時親慕周公而師事焉者也，或在周公左右，諳練其本末者也。觀其凡人「見聖」「由聖」之語，知其能親炙周公，而責之以周公之事乎？以依勢倚法之言，無忿疾之訓，知其所以告戒後生也。其曰「至治馨香」四句，是不忘周公精微之論，故舉以訓君陳。蓋周公之制度法令備矣，但欲其曰昭、曰式、曰弘而已。所以「從厥攸好」者，正欲其以孝友之行，爲化民之本，汝若敬主此德，則商民無有不變者也。畢公，前輩也，恐其未必一一肯遵守周公之舊，所以異時命之于商民既安之後，屬其旌表淑慝，蓋是有設施作爲之人，未可繼周公，此所以舍老成而命新進者，或此意也。「嘉謀嘉猷入告」一段，葛氏以爲史臣失詞，誠是也。

顧命周書

康王之誥周書

二書只當合爲一篇，一正其始，一正其終，中間命誥之詞不多，全是紀載國家始終之大典，謂之叙事可也。蘇氏之論以爲三年之喪既成，服而暫釋，非禮也，此言誠足以爲萬世法。周公、召公，天下之聖賢也，以天下之聖賢夾輔王室，所以處事制義，當無毫髮之未盡。周公當武王之崩也，位冢宰，擁幼主，以君臨天下。謂宜鎮定天下，如泰山之安。周公以聖人之心待天下，而不肯爲嫌疑之防，亦以聖人之心待骨肉，而不肯起嫌疑之念，行之以大公至正，洞然而無所顧忌者也。豈料姦宄餘孽，覰俟門隙，蠱惑人心，倡此一大變乎？成王之《顧命》，古所未有，豈非懲創前日身履之變，故出此防危慮患之計乎？召公恢張末命，其設施使内外小大之臣無一髮之可議，所以綏定王室者密矣，而不暇考定禮儀于倉卒之間，而終不免後世之譏評。吁！可畏哉。雖曰處變權宜，未易以常法論，然處變而不失其經，是乃謂之權，以周公、召公處變，猶不免後世之議，權可易用乎？古今善用權者，伊尹一人而已。

【校記】

〔一〕「周書」，原脱，據退補齋本補。

書疑卷第九

畢命 周書

畢公，四朝元老也。命以保釐，禮所當尊，詞所當重。故起初「惟十有二年」至「民罔攸勸」，凡一百十九字，與諸命體製迥不同也。先叙周公之功，而商頑有「式化厥訓」之效，今之所以命畢公，命之以繼周公之治，非直曰代君陳也。今時之所宜者，與昔不同，却在于「旌别淑慝」而已。「臧厥臧」，則餘頑不勞力而自勉，康王豈敢以商民已化爲善，猶曰「邦之安危，惟兹殷士」。周公雖收其放心，今當有以閑之。惟不剛不柔，修之自我，又以此爲之大訓，漸漬而薫蒸之，先有以建其無過不及之性，庶幾可以成周公、君陳之化。畢公既有盛大之德，而又「克勤小物」，其德周矣。以公德義之訓，宜無不服者。然「商俗靡靡，利口惟賢」，若不稽古以訓之，而其强辯横議，未必能遽服也。今當「旌别淑慝」，以作其好善惡惡之良心；古訓格言，以堅其好善惡惡之實志。閑之之道，其不易也如此。康王即位之初，報誥之外，只此一命存于後世。是時商之頑民，世變風移，可以無慮，而康王必推擇此大老鎮之，且謂國家安危之所係，而精神心術之運用，只在一箇「閑」

字上。以一時已放之心，三紀收之而不足，苟不常常防閑之，雖三紀之功，可以一日而失也。旌其淑善，別其惡慝，導之以德義，啓之以古訓，皆所以爲閑之之具也。氣象重厚，規模嚴密。三曰「嗚呼！父師」，其待耆德也，所以盡其敬。終曰「欽若先王成烈」，其尊體貌也，所以異其詞。雖一篇之命，自足以備見康王之爲君，亦可謂善持盈守成者與？

君牙周書

冏命周書

穆王，周之衰世也，而詞命鏗鏘典雅，無異承平之時。此内史之職，猶有豐芑之舊。觀其命君牙也，曰：「弘敷五典，式和民則。爾身克正，罔敢不正，民心罔中，惟爾之中。」先王之格言不過如此。其命伯冏也，「在昔文武」以下，至「萬邦咸休」，尤得體要。聖人以爲後世法，其在于此，然玩味其言，二人殊無德之可稱，而可居其位乎？昔之命康叔，以武王之弟，故不以德言，但拳拳以明德訓之，曰「未其有若汝封之心，朕心朕德，惟乃知」，未嘗無所稱述也。其後雖《蔡仲之命》，猶以「率德改行，克慎厥猷」言之。新進如君陳，亦有「令德孝恭」之嘉。而君牙者，獨言其祖父之嘗有功，是以世臣勳舊命之耳。後世終不聞君牙爲何人，而他亦無事功之可舉也。伯冏之命，終曰「惟予汝辜」，詞色嚴毅，待左右僕臣之體當如是哉。東萊先生以穆王此心不繼，乃以造父爲御，驅馳忘反，導其侈者，果出于僕御，而歎伯冏此時之在不在也。愚敢謂伯冏之命，乃所以爲任造父之端也。僕正雖曰下大夫，而特作命書，與大司徒等，此未必周家之舊典，《周禮》止有大僕而無正也，不過穆王欲尊寵伯冏，創加一正，異其職，假其詞以寵之爾。此穆王之所以爲穆王，而周之所以衰也。顧讀者以其詞之盛，而不暇察其病耳。

吕刑 周書

訓刑始于帝舜，言約而義備，此所以爲至治之世也。訓刑終于穆王，目繁而罰輕，此所以爲衰亂之世也。只「流宥五刑」一句，所該者甚廣，所制者甚詳。叙事者述此一凡例，而後世忽之，而未嘗致思。五刑與流，各自有正麗之罪，又自有從宥之法。宥之云者，寬之也，寬之者亦次第而輕之爾。以大辟之罪亦從而流者，後世之刑也。蓋宫者所以宥大辟也，剕刑所以宥宫也，劓刑所以宥剕也，墨刑所以宥劓也。而流之中亦自有宥之義，竄者宥殛也，放者宥竄也，流者宥放也。殛如今拘鎖之類，竄如今牢城之類，放如編置，流如押出界耳。大辟之刑，決不直以流而宥之矣。舜之刑未嘗不輕，而輕者本于罪之可疑。穆王之刑亦未嘗不輕，而輕者失于罪之不可宥。舜之所以必刑者，期于無刑。穆王之所以必贖者，導其起辟。昔武王之命康叔也，雖主于「明德慎罰」，又自有「不可不殺」之語及「刑茲無赦」之言。成王之命君陳，既曰「三細不宥」，又曰「辟以止辟，乃辟」，未聞五刑之俱贖也。贖刑者，贖鞭扑之刑，大辟之刑如可贖，凡有千鍰之貲者，無所往而不可殺人，天下烏得而不亂哉？後世三章之約，可謂極其簡矣，而殺人者必死。殺人而必死，非特爲死者報也，爲生者戒也。爲死者報，法爲一人立也；爲生者戒，法爲天下立也。忍于一人而忍者小，不忍于天下，乃所以爲好生也。聖人不忍人之心，豈有一毫好殺之意。刑至于不可不殺者，是乃所以爲仁之至、義之盡也。《吕刑》之書，首以爲五刑創于有苗，則是聖人之制刑，反師有苗之虐也。斯言也，豈不大害于義哉？愚謂《吕刑》者，律書也，法吏之辭也，徒能精察乎典獄之姦，而不識聖人制刑之本意。其「審克」之語凡四，哀矜惻怛，猶有三代之遺風。聖人以其世之變、法之變，存之于書，亦以其能精察于典獄之姦，尚可以爲後世聽訟用刑之戒，非以其贖刑之可取也。朱子謂穆王巡遊無度，財匱民勞，至其末年，無以爲計，乃爲此一切權宜之術，以斂民財。斯言足以得穆王之本情者與？

文侯之命周書

厲王之禍，周室幾亡，宣王獨能倔强奮發，復會諸侯于東都，即有如方叔、召虎、尹吉父、仲山父之徒，馳驅左右之力。幽王再壞，至于不能爲國，而平王遂至東遷。東遷雖曰失根本形勢之固，尚可爲中興之資者，以周公、君陳、畢公三后之德化，入于人心者甚深，猶能效死而不去者三百餘年。使東遷之初，稍振風采，則《崧高》扶輿清淑之氣，未必遽息也。澗水東，瀍水西，必有賢明俊乂之士，相呼而起，爲之宣力四方，何至萎薾蕭索之狀如是哉？今觀其命文侯也，不稱曰伯父、叔父，而直以父目之，不敢稱其名而呼其字，不典甚矣。「閔予小子」一段，栖栖乞憐之態，殊可醜也。雖曰不敢驕飾虚詞，而傾倒情實，以見謙卑自牧之意。然君臣有大分也，命令有大體也，豈有隳大分、失大體，而有作興振起之理哉？首述文武之受命，即歸功于先正左右厥辟，按《晋世家》：叔虞者，成王之弟，削桐因戲，而遂封于唐。又安有輔文武之事？斯言實誣矣。惟曰：「汝多修，扞我于艱，若汝，予嘉。」尚存命詞之舊觀。夫子蓋傷之，以爲後世戒，而未見其有事讎之責也。愚嘗謂夫子删《詩》定《書》，實相表裏。文王之風化不見于《書》而見于二《南》，周公制作之具不見于《書》而見于《雅》《頌》。《七月》之詩補《無逸》也，《東山》諸作補《金縢》

也，宣王中興之詩粲然復盛，而《書》中無一字也。東遷之後諸國風次第而起，《雅》《頌》亦至是而亡。故《文侯之命》，《書》之終，而《春秋》之始也。《詩》《書》《春秋》，王通謂之三史，其亦有見于此與？

費誓周書

秦誓周書

二《誓》，《書》之附庸也，聖人何爲而取之？取其不黷武也。誓者，出師殺伐之辭也。徐戎、淮夷之爲魯寇也屢矣，于魯則肘腋之患也，伯禽胡不曰今不取，後世必爲子孫憂乎？讀其書之首，辭極其嚴毅，其終不過修城郭，積糗糧芻茭，爲備禦之計而已。此所以爲諸侯保守境土之法也。方春秋五伯競逐之際，選將厲卒，攻城略地，今日滅某祀，明日縣某國，書伐、書克、書敗，筆相踵也。而不自意悔過之詞，忽發于秦伯之口曰：「我心之憂，日月逾邁，若弗云來。」詞語若從容不迫，而噬臍之悔，深切莫甚于此。聖人烏得不喜，而殿于二帝三王之後，爲諸侯窮兵好伐之戒也哉！

詩疑

[宋]王柏撰
方媛　整理

整理説明

浙江師範大學人文學院　方　媛

王柏之學源於朱熹而在疑古一途上走得更遠，《詩疑》即其《詩》學疑古之代表作。《詩疑》之名，不見於《宋史·經籍志》與王柏本傳、吴師道《行實》。本傳、《行實》皆稱王柏有《詩辨説》二卷。《詩辨説》自序所列「十辨」，即今見《詩疑》内容。《詩疑》之名，或後人依《書疑》而名，不知始於何時，但清初已以此名流傳。

《詩疑》今可見最早版本爲清《通志堂經解》本。納蘭成德序未明言所據版本，但稱「今所傳《詩疑》」，知其底本已用今名。通志堂本之後，又有《藝海珠塵》本、《金華叢書》本，皆以通志堂本爲底本。民國十九年顧頡剛《辨僞叢刊》所收點校本，也以通志堂本爲底本，唯顧氏以爲上卷「次第凌亂」，遂依王伯改定《詩經》之法調整篇次排列。

此次整理，以清《通志堂經解》本爲底本。各本皆同而顯誤者，據《詩經》原文改，出校。書中《詩經》篇名或爲别稱，一仍其舊。

詩疑目録

王魯齋《詩疑》序

金華王文憲公于六經四子之書論説最富。《詩》則有《讀詩紀》十卷、《詩可言》二十卷、《詩辨説》二卷，見吴禮部正傳節録《行實》中。今所傳《詩疑》，則《行實》未載，卷帙不分。繹其辭，殆即《詩辨説》。因公于《書》有《書疑》，遂比而同之也。

古之説《詩》者率本大、小《序》。自晦庵朱子去《序》言《詩》，遂以列國之《風》多指爲男女期會贈答之作。公師事何文定，文定學于黄文肅，文肅受業朱子之門，宜其以《鄭》《衛》諸詩信爲淫奔者所作。且疑三百五篇豈盡夫子之舊，容或有删去之詩存于閭巷之口，漢初諸儒各出所記，以補其缺佚者。又以二《南》各十有一篇，兩兩相配，于是削去《野有死麕》一篇，退《何彼襛矣》《甘棠》于《王風》。其自信之堅，過于朱子，此則漢唐以來群儒莫之敢爲者也。

文定嘗語公矣，「諸經既經朱子訂定，且當謹守，不必又多起疑論。有欲爲後學言者，謹之又謹可也。」昔賢之善誨人蓋如此。

康熙丁巳，納蘭成德容若序。

詩疑卷第一

《行露》首章與二章意全不貫，句法、體格亦異，每竊疑之。後見劉向傳列女，謂「《召南》申人之女許嫁于酆，夫家禮不備而欲娶之，女子不可，訟之于理，遂作二章」，而無前一章也，乃知前章亂入無疑。

衛莊姜之詩凡五。其一，國人于莊姜之始至而美之，《碩人》是也。《碩人》之詩，前三章意已足，後一章體致不類。不然，則以四爲三，猶有序也。第二章形容莊姜之色亦太褻矣。其四詩則莊姜自述也。《緑衣》當在前，蓋莊公初惑于嬖妾，夫人憂之，思古人以自比，處之善矣。《終風》則悼其待己之不以禮，而莊公輕狂暴横之態，儼然可見。《日月》則(缺)全不顧矣，夫人亦未免無少怨也。《燕燕》作于莊公卒後，忠厚之德藹然，夫人至是而賢益著。使嬖妾皆如戴嬀，又豈有《緑衣》之作乎？《緑衣》《燕燕》二詩，熟讀之自可見。

《詩傳》疑《柏舟》之詩亦莊姜作也。愚謂詞意全不類。以兄弟不足依據，而嘆其不能奮飛，此閭巷無知之言也。苟能奮飛，則棄其所天，可乎？莊姜安得出是言哉？至于「寤辟有摽」，則哀而傷矣。此爲他婦人怨夫之詞，非莊姜也明矣。

《凱風》之詩，孝子之心至矣，其爲詞難矣。是詩也，寄意遠而感慨深，婉而不露，微而甚切，可謂能幾諫者也。此孝子自責之詞，《序》曰「美孝子」，何其謬哉！

《雄雉》之詩，此婦人思其夫從役而未歸。第三章從容閑雅、優柔不迫，此正風也。末章愛之切、期之深，理亦甚明，大有學識之人也。「不忮不求」之句，夫子固嘗稱之。雖曰「何足以臧」，此是欲進子路一步，故云耳。學者亦須從此用功可也。

《谷風》之詩，婦人爲夫所棄，委曲叙其悲怨之情，反覆極其事爲之苦，然終無絶之之意，與《柏舟》思奮飛大有間矣。此聖人所以制「三不去」之義，其意深矣。

《簡兮》之詩，序者以爲「衛之賢者仕于伶官」，此固然也。但謂「刺不用賢」，則是他人作此詩。而《詩記》亦謂此賢者非東周所有，自是西周昔日有之。觀其前章形容其「有力如虎，赫如渥赭」，此何足以見其賢？《詩傳》則曰「此賢者玩世，仕于伶官，作此詩，若自譽而實自嘲」，最爲得其情。至末章始托興而思西周之盛王，此其所以爲賢也。非末章不得見其賢矣。

自古出仕者大略有三端：處衰世不擇而仕，近于玩侮不恭，如《簡兮》是也；亦有盡心竭力不計貧窶，歸于天而不怨，如《北門》是也；知禍亂之將作，相呼而遠遁，如《北風》是也。《簡兮》難學也，非自度果有不磷不緇之操，其可苟哉？《北風》《北門》，在人審時量力而爲之，未可輕相詆訾也。

宣姜本爲伋妻，而宣公要之，終譖伋而殺之者，宣姜也。可謂忍人也。未必惡伋也，無乃愧伋也。及生壽而慨然代伋之死，壽亦賢矣。宣姜于是亦有年矣，則又通乎公子頑，不良之甚也。乃生戴公、文公，許穆、宋桓二夫人。不夫而舉四子，無恥尤甚。衛之人倫掃地，烏得不亡？所不可曉者，禀不淑之氣而子女之多賢，此又何也？

《君子偕老》三章，東萊先生曰：「一章責之也，二章問之也，三章惜之也。」其論精矣。愚謂責之、問之，誠是也；末章惜之，豈以色而忘其行邪？

《定之方中》最善賦其事。作室而先種樹爲琴瑟之需，可見其規模深遠。其次方及于農桑，此國家之先務而不可緩者。又其次方言牧馬之盛，則中興之功，次序粲然。其要盡在「秉心塞淵」一句上。

《干旄》之作，以見尚賢樂善，尤爲中興之本。

衛之詩，淫奔者固多，而賢婦人之詩亦不少。前有莊姜四詩，後有《柏舟》《載馳》《竹竿》《河廣》，以至《泉水》《雄雉》，皆發乎情、止乎禮義者之詩也。

《黍離》，周大夫之作，亦善于爲詩者。感慨深而言不迫切，初不言其宗國傾覆之事，反復歌咏之，自見其悽愴追恨之意，出人意表。

《君子于役》，閨思之正也。感時念遠，固人之常情，至情所鍾，聚在「苟無飢渴」一句上。

《中谷有蓷》，雖婦人爲夫所棄，想出于凶年不得已之情，而非有所怨惡也，是以有閔之之心而無恨之之意。其人忠厚如此。范氏説最得講官之體。

《大車》之詩，古人以其大夫能治其私邑而婦人不敢犯義，故以此美其大夫也。然婦人革面而未革心者也,畏子于爲政之時,尚要誓于既死之後,心堅而志愚。此善政之不如善教也,豈不信哉!刑政少弛,則醜行復矣。

《青衿》《静女》之爲淫奔,已曉然矣。《木瓜》《采葛》之爲淫奔,而情款未明。至于《揚之水》亦謂之淫奔,愚則未從。若曰「人有閒其兄弟,而兄弟相戒之詞」,豈不平易明白而有餘味。今曰「男女要約」,則未有以别其爲男女也。

《將仲子》,序者固妄矣。而莆田鄭氏謂此實淫奔之詩,而朱子從之。愚謂其有所未盡也,此乃淫奔改行之詩也。仲雖可懷,獨能畏父母兄弟之言,又能畏人之清議。三章六「無」字,所以拒絶仲子爲甚嚴,與《大車》誓死不相舍者,大有間矣。

鄭、衛之音並稱久矣。愚嘗考三衛詩,凡三十有九篇。如兩《柏舟》,《緑衣》《燕燕》《日月》《終風》《泉水》《載馳》《竹竿》《河廣》,此十詩皆作于宫壼之中,秉義守正,詞氣忠厚,可以繼二《南》之美。次而士大夫,如《簡兮》《北風》《北門》《考槃》《干旄》等作,皆賢者之事。下而民俗,如《雄雉》《伯兮》《擊鼓》《凱風》《谷風》,或得人倫之正,或處人倫之變而不失其正者,皆佳詩也。蓋自衛武公學問精密,孜孜求善,老而不衰,如《抑抑》《賓筵》之作,森嚴淵奥,參之二《雅》中,真可無愧。《淇澳》一詩形容武公之盛德,條理縝密而興寄遐暢,非大賢不能道,此《大學》所以取之以爲至善之本。在位既久,則其流風善政,豈無漸漬于人心者?後世淫奔之詩,如《静女》《桑中》《氓蚩》《有狐》四篇而已。刺詩如《匏有苦葉》《新臺》《牆有茨》《君子偕老》

《鶉之奔奔》《蝃蝀》六篇爾。《鄭》詩二十一篇，而淫奔者十六，其間作于淫女者半之。風俗之不美如此，故聖人尤欲放之。今以鄭、衛之音並稱者，失之矣。

衛國多于變故，後得其正，自立國之初然也。管、蔡之亂，此周家積累極盛之際，乃有此大變。康叔繼之，能和集其民而得歡心。其後公子和襲攻世子共伯而奪其位，是爲武公。共伯之妻堅《柏舟》之誓，而武公改行自脩，治其國五十餘年，謚曰「睿聖」。《抑抑》《賓筵》，伯仲二《雅》；《淇澳》之詩，幾與成王並稱，可謂盛矣。周公伯禽之魯，後世莫之競也。至于宣姜，始終亂人倫之正，乃有子壽之賢；且生文公，中興衛國；而許穆、宋桓二夫人，守節秉義，德邁當世。如瞶、輒之争國，大變也，又有公子郢之堅讓。故其亡也，獨後于諸國。然三衛諸詩，錯亂顛倒，殊無意義。先儒謂「衛國首併邶、鄘，以此爲變」，此因後世之詩，隨文生義，故有是説，烏知聖人删次之意果如是説？愚竊意共姜之《柏舟》當爲變風第一，《淇澳》次之，莊姜諸詩又次之，而《定之方中》《干旄》二詩終之，此《衛風》之先後當然也。其他諸國揉雜，不勝其謬，不可盡舉矣。

《考槃》，詞雖淺而有暇裕自適氣象。《孔叢子》載孔子曰：「于《考槃》見遯世之士無悶于世。」此語足以盡此詩之義，殊不見其未忘君之意。序者既誤，箋者大害于義，雖程子忠厚之言，而朱子亦不得而從也。熟讀詩自見。

《鄭》詩多淫奔，忽有《出其東門》一詩，守義安分，爲得性情之正。序者全不讀詩，乃爲

「閔亂」,又曰「男女相棄,思保其室家」,殊無一毫相似。蓋淫風薰染之中,猶有不爲習俗所移者,見如雲之女不敢起犯義之思,而自安室家之貧陋,尤可見天理之在人心有未嘗忘。此參之二《南》之中可以無愧,序者何所爲,而讀者何不思耶?

《東門之墠》,此男子有所慕而不得見之詞。《序》謂「男女不待禮而相奔」,恐亦未盡然。

齊詩十有一篇,止《雞鳴》一篇爲美詩爾。若《還》與《盧令令》,亦尚武之餘風。《著》之詩,先儒取其可以見當時親迎之禮廢,而不罪此女之氣象輕佻、無肅敬之心,非嘉詩也。《東方未明》之詩,有「折柳樊圃,狂夫瞿瞿」,此二句自嘉,但與上下意不貫,未必本文也。其刺齊襄、魯文姜之行凡五詩,《敝笱》之篇,刺魯人從文姜之淫亂如此之多,《猗嗟》刺莊公則已甚明,無異説矣。

《詩傳》曰:「邶、鄘既入衛,其詩皆爲衛事,猶繫故國之名則不可曉。」愚考其詩,初非邶、鄘詩也。其詩出閭巷,猶可曰「此邶人之詩也」,曰「此鄘人之詩也」。其詩作于宮壼、作于臣人,而曰「此邶風」「此鄘風」,可乎?共姜自誓、莊姜自述,必不作于邶、鄘也明矣。《載馳》作于許也,《泉水》作于異國也。以其思衛,歸于《衛風》猶可也。一在《邶風》,一在《鄘風》也,作此爲何義?與《竹竿》《河廣》義則一也,而後二詩獨存于《衛風》,何以別哉?《泉水》曰「毖彼泉水,亦流于淇」,《竹竿》曰「泉原在左,淇水在右」;《泉水》曰「女子有行,遠父母兄弟」,《竹竿》亦曰「女子有行,遠兄弟父母」;《泉水》曰「駕言出遊,以寫我憂」,《竹竿》亦曰「駕言出遊,以寫我憂」。疑出于一婦人之手，今分爲二國之風，不知何說以釋愚之疑也哉？又如《簡兮》《北風》《北門》，刺宣姜諸詩，《定之方中》等作，皆不可繫之邶、鄘也，豈不著明？于是知分次前後，即《小序》之人同一繆也。

《伐檀》之詩，造語健而興寄遠，但《詩記》《詩傳》各爲一說。《詩記》說于《序》爲近，《詩傳》說于理爲高，但未有以必其詩之果何如也。二說別無他意，只「不耕」「不獵」兩段，一以爲「自謂不可不耕而食，不可不獵而肉也」，一以爲「汝不耕而何以得食，汝不獵而何以得肉」。一以爲自言，一以爲詩人之言。愚竊謂《詩傳》之說固高矣，轉旋頗費詞。今以平易爲主，味「胡瞻爾庭有縣貆」之句，他人指之爲直截。但二說皆指「君子」爲伐檀之人，殊覺不貫。安謂「爲車當以行陸，今在水濱者用違其才也，今乃受用如此之盛，莫是不素餐之君子乎」？蓋譏之也，未能信其必然，姑記其疑。

《陟岵》之詩，見父子兄弟相望之真情，亦善作詩者也。晉之《鴇羽》，《小雅》之《杕杜》皆不及也。

《葛生》，《傳》言：「婦人以其夫征役而不歸，思之而作此詩也。」予觀「所美」二字，則知其非夫婦之正。當時賢婦人稱其夫多曰「君子」，軍士之妻亦有稱「伯兮」者，未有稱其夫曰「予美」。《防有鵲巢》之詩既以「予美」爲所私，則此不得而獨異，是必悼其所私之人也。

《蒹葭》不類《秦風》也。所懷之人，未有以證其正不正也。體致亦雅，未見爲邪思也。

《秦風・黄鳥》乃淺識之人所作。其曰「臨其穴，惴惴其慄」，朱子于此見其逼迫生納于壙之意，然亦大段狼狽了三良。彼三良者，既不能引大義納君于無過，又不能爲國家慮，不以自全爲嫌。不然，則慷慨從君于死爾，何至恐懼如此哉？或曰：「此觀者之惴惴。」味其意，正指三良，後人避此，欲飾其詞爾。

《陳風》十篇，止有《衡門》一詩爲善，其餘多男女會遇之作，亞于《鄭風》矣。大姬好歌舞，其民化之，遂至于此。以武王之聖、大姜之賢、閨門之訓，不宜有是。

《澤陂》之美人，未有以見其正不正。《詩傳》遽比于《月出》，恐亦過矣。

《檜》《曹》二風多好詩。蘇氏謂《檜》詩皆爲鄭作，如《邶》《鄘》之于衛，非也。《鄭風》止《緇衣》爲桓公、武公之詩，本周人作也，不當係之以鄭；餘皆莊公以後之詩，已東遷矣。《檜》則西周時詩，賢人憂周道之衰，百姓怨征賦之重，不如無生。其後桓公滅之。《羔裘》之作，疑其思舊君也。《素冠》尤見賢者傷今思古，庶幾有行三年之喪者，皆《鄭風》所不及。《邶》《鄘》可併于《衛》，《檜》不可併之《鄭》矣。

《下泉》四章，其末章全與上三章不類，乃與《小雅》中《黍苗》相似，疑錯簡也。

《豳風》止《七月》一詩是本詩，它皆非也。周公以立國之本、衣食之原，朝夕誦于王前，可謂萬世教幼主之法。實與《無逸》相表裏，不可偏廢。詩中雜舉時序，若無倫次，其要只是衣、食二事。第一章總言之，次四章言衣，後三章言食，極爲縝密詳備。凡舉時月，皆以夏正言，是知三代雖互建正，而終不能外夏正。夫子「行夏之時」，亦周公之意也。

《詩傳》之釋名義精矣，其釋草木蟲魚也密矣，惟斯螽、莎雞、蟋蟀謂之一物，以隨時變化而異其名，此則未解。此本程子說。其病在詩中以七、八、九月繫于莎雞之下，若一物然。箋者曰：「自『七月』以下皆言蟋蟀。」雖自曉然，竊恐蟋蟀元在「七月」之下，以詩之句法律之當然也，不應獨此數語出奇如此。

《小雅》中凡雜以怨誚之語，可謂不雅。予今歸之《王風》，且得《小雅》粲然整潔。

四月、六月、七月、十月等，作傳者皆爲夏正之月，獨于《正月》一詩乃爲去聲，謂此正陽之月而有繁霜，爲霜降非時，此爲可憂，故曰「此賦也」。若作興説，雖指爲建寅之月，自不害于義，何必委曲其詞以成就一「賦」字？詩人平易若以非時，便作「四月繁霜」有何不可？

諸詩多以篇首字爲題，獨《巧言》于後章提兩字爲題。尋他類例，則知又有《桑中》當曰「采唐」，《權輿》當曰「夏屋」，《雨無極》當添兩句，《大東》當曰「小東」。「小東」二字既在上，又以《小雅》之例比之，亦當曰「小東」，如《小旻》《小弁》《小宛》〔一〕《小明》是也。若以「小東」爲題，則「有饛簋飧」當爲第二章矣。《常武》之詩亦無「常武」二字，但有「王奮厥武」之句，恐如《雨無正》或逸句。又如《酌》，如《賚》，如《般》之頌，並無題字，恐是《大武》詩内之章也。

或謂《巧言》之末章有「彼何人斯」一句，與後篇「彼何人斯」實相連，恐後篇錯雜在前。以句律觀之，非可合也，兩詩恐是一人作耳。如《終風》之末章，亦有「日居月諸」之句，如後篇

《日月》相連。章句不同，而爲莊姜之作故也。

一部《詩》，原頭本于文王一人，上推后稷、公劉以來，下及后妃、大夫妻，以至後王、諸侯，皆以文王受命興周之故。然其詩典重淵奥，正大明白，莫如《大雅》。作于周公之手者凡四篇，曰《文王》《大明》《綿》《皇矣》。四篇之中，又莫如《文王》。初言文王，只如此「亹亹」然，强勉做將去，而令問自至今不已。「亹亹」二字又未足以盡其形容，又添一箇「穆穆」字。其所以能如此深遠者，只是緝熙此一「敬」字而已，此令問之所以不已也。末曰天理無形，但取法于文王，天下自能興起孚信。凡所以稱贊文王者，只一箇「敬」字。天難取法，只法文王，便能孚信。只是此數句已盡。《大明》之詩，言文王小心翼翼以昭事上帝，即前篇緝熙之敬，而天命自然歸之。《皇矣》一篇又説文王不自作聰明，但循此天理而已。《棫樸》《旱麓》《思齊》《靈臺》《下武》《文王有聲》，此六篇非周公作。曰「追琢其章，金玉其相，勉勉我王，綱紀四方」，此《棫樸》詩也。上言文王姿質之美，又能勉勉不已，此所以能綱紀四方也。此篇詩言文王得人之心如此之盛，維持經理天下之功如此之大，只收在一箇「勉勉」上。「勉勉」即「亹亹」也。《旱麓》曰：「瑟彼玉瓚，黄流在中。」言至寶至味薦于宗廟，則必受福，如文王之至德必受命。曰「鳶飛戾天，魚躍于淵」，言鳶之機動于上，魚之機動于下，不知其然而然，如文王之作興人才，上下各得其宜而亦不知其所以然也。二詩鏗鏘淵永，極其形容，終不如周公之實。《思齊》有曰：「雝雝在宫，肅肅在廟，不顯亦臨，無斁亦保。」言其在宫時如此之和，在廟時如此之敬，于至幽隱之地亦若有臨之者，于無所厭之處亦常有所保守，亦庶幾乎「於緝熙敬止」之遺意。緊要又只在幾箇疊字，曰「亹亹」，曰「穆穆」，曰「勉勉」，曰「翼翼」，曰「雝雝」，曰「肅肅」，尤有精神滋味。文王之德，可謂盛矣，極其所以形容者止此，甚矣其難也！

《頌》之體告于神明，尤宜精密嚴約。曰：「維天之命，於穆不已。於乎不顯，文王之德之純。」此言文王之德不雜，與天爲一也。又曰：「濟濟多士，秉文之德。」此言在廟之公侯、百執事之人，莫不雝雝肅肅，以秉執文王之德。上言文王之德之原如此之大，下言文王之化之流如此之盛，此非周公不能至此。

周公敘周之所以興，上極后稷之功德，見于《生民》等作，可謂至矣。于《思文》言后稷配天之實，不過八字，曰「立我烝民，莫匪爾極」。此功此德真足以配天，于祭義所以當配天也。

《板》之末章曰：「敬天之怒，無敢戲豫。敬天之渝，無敢馳驅。昊天曰明，及爾出王。昊天曰旦，及爾遊衍。」張子曰：「天體物而不遺，此言無一物之非天也。此八句反覆再三，而不若『上帝臨女，毋貳爾心』八字之爲約也。」

説《詩》者不費詞而詩意自見，此妙于説《詩》者，當以聖賢爲法。「天生烝民，有物有則，民之秉彝，好是懿德。」夫子曰：「爲此詩者，其知道乎？夫有物必有則，民之秉彝也。故『好是懿德』。」

「迨天之未陰雨，徹彼桑土，綢繆牖户。今女下民，或敢侮予！」夫子曰：「爲此詩者，其知道乎？能治其國家，誰敢侮之？」明道先生善言《詩》，未嘗章解句釋，但優遊玩味，吟哦上下，使人有得處。曰：「瞻彼日月，悠悠我思。道之云遠，曷云能來？」思之切矣。「百爾君子，不知德行。不忮不求，何用不臧。」歸于正也。只兩言而意已盡矣。

朱子曰：「周之初興時，『周原膴膴，堇荼如飴』，苦底物亦甜。及其衰也，『牂羊墳首，三星在罶，人可以食，鮮可以飽』，直恁地蕭索。」張子曰：「誦『爲絺爲綌，服之無斁』之章，則知周之所以興；誦『婦無公事，休其蠶織』之章，則知周之所以衰。」此皆善觀《詩》，于閑慢句語上見國家之盛衰。

宋公《筆記》云：「『蕭蕭馬鳴，悠悠旆旌』，見其整而静也，顔之推愛之。『楊柳依依，雨雪霏霏』，寫物態慰人情也，謝玄愛之。『遠猷辰告』，謝安以爲佳語。」

張横渠云：「讀《詩》于『絺兮綌兮，淒其以風』而有得。」又謂：「晋人每誦『吉甫作頌，穆如清風』，此皆得于《詩》者淺也。《烝民》一詩，全篇精奥，豈只此兩句可誦而已？如《車攻》云：『之子于征，有聞無聲。允矣君子，展也大成。』如《江漢》云：『明明天子，令聞不已。矢其文德，洽此四國。』觀此議論，豈不正大？其句法雄健，豈後人可及？厲王之世亂矣，宣王一出整頓，精彩大異，見之歌詩，便有盛時氣象。只宣王一世，隨手壞了，幾至亡國。一興一亡，如反覆手，可畏哉！」

《谷風》以夫婦相棄，故有「毋逝我梁，毋發我笱。我躬不閲，遑恤我後」之句。《小弁》之怨乃以此四句綴于後，既與前意不貫，而亦非所以戒父也，必漢儒妄以補其亡耳。

《頌》有兩體：有告于神明之頌，有期願福祉之頌。告于神明者，類在《頌》中；期願之頌，帶在《風》《雅》中。《魯頌》四篇，有《風》體，有《小雅》體，有《大雅》體，《頌》之變體也。

《詩》凡三變矣。正《風》、正《雅》，周公時之《詩》也。周公之後，《雅》《頌》龐雜，一變也。夫子自衛反魯，然後樂正，再變也。秦火之後，諸儒各出所記者，三變也。夫子生于魯襄公二十有二年，吴季札觀樂于襄之二十有九年，夫子方八歲，《雅》《頌》正當龐雜之時。《左氏》載季札之辭皆與今《詩》合，止舉《國風》微有先後爾。使夫子未删之《詩》果如季札之所稱，正不必夫子之删，已如今日之《詩》矣。甚矣《左氏》之誣，其誑我哉！自可撫掌一笑于千載之上。

昔東萊吕成公嘗疑《桑中》《溱洧》非桑間濮上之音，以爲夫子既曰「鄭聲淫」而放之矣，豈有删《詩》示後世而反取之乎？晦庵朱文公則曰：「不然，今若以桑中濮上爲雅樂，當以薦何等鬼神、接何等賓客？不知何辭之風、何義理之止乎！」故文公説《詩》，以爲善者興起人之善心，惡者懲創人之逸志。以此法觀後世之詩，實無遺策。何者？蓋其規橅恢廣，心志融釋，不論美惡，無非爲吾受用之益而邪思不萌。以此法觀《詩》可也，觀《書》亦可也，雖觀史亦可也。以此論樂，則恐有所未盡。愚嘗疑今日三百五篇者，豈果爲聖人之三百五篇乎？秦法嚴密，《詩》無獨全之理。竊意夫子已删去之詩，容有存于閭巷浮薄者之口。蓋雅奥難識，淫俚易傳。漢儒病其亡逸，妄取而攙雜，以足三百篇之數，愚不能保其無也。不然，則不奈聖人「放鄭聲」之一語終不可磨滅，且又復言其所以放之之意，曰「鄭聲淫」，又曰「惡鄭聲之亂雅樂也」。愚是以敢謂淫奔之詩，聖人之所必削，決不存于雅樂也審矣。妄意以刺淫亂，如《新臺》《牆有茨》之類凡十篇，猶可以存之懲創人之逸志，若男女自相悦之詞如《桑中》《溱洧》之類，悉削之以遵聖人之至戒，無可疑者。所去者亦不過三十有二篇，使不得滓穢《雅》《頌》、殽亂二《南》，初不害其爲全經也。如此則二先生之疑亦俱釋矣。昔曾南豐謂：「不滅其籍，乃善于放絶者。」以此放絶邪説之疑似者，可也。若淫奔之詩，不待智者而能知其爲惡行也，雖閭閻小夫亦莫不醜之，但欲動情勝、自不能制爾，非有疑似難明，必待存其迹而後知。今夫童子淳質未漓、情欲未開，或于誦習講説之中，反有以導其邪思，非所以爲訓。且學者吟哦其醜惡于脣齒間，尤非雅尚。讀書而不讀淫詩，未爲缺典。况夫子答「爲邦」之問，而此句拳拳殿于四代禮樂之後，恐非小事也。愚敢記其目，以俟有力者請于朝而再放黜之，一洗千古之蕪穢云。

《野有死麕》《召南》　《静女》《邶》　《桑中》《鄘》

《氓》　《有狐》並《衛風》

《丘中有麻》《王》　《將仲子》　《遵大路》

《有女同車》　《山有扶蘇》　《籜兮》

《狡童》　《褰裳》　《東門之墠》
《丰》　《風雨》　《子衿》
《野有蔓草》　《溱洧》《鄭風》　《大車》《王》
《晨風》《秦》　《東方之日》《齊》　《綢繆》
《葛生》《唐》　《東門之池》　《東門之枌》
《東門之楊》　《防有鵲巢》　《月出》
《株林》　《澤陂》並《陳風》

或謂：「三百篇之詩，自漢至今，歷諸大儒，皆不敢議，而子獨欲去之，毋乃誕且僭之甚耶？」曰：「在昔諸儒尊尚《小序》太過，不敢以淫奔之詩視之也，方傅會穿鑿，曲爲之説，求合乎《序》，何敢廢乎！」蓋序者于此三十餘詩，多曰「刺時也」，或曰「刺亂也」，曰「刺周大夫也」「刺莊公」「刺康公」「刺忽」「刺衰」「刺晋亂」「刺好色」「刺學校廢」，亦曰「刺奔也」「止奔也」「惡無禮也」，否則曰「憂讒也」「懼讒也」，或曰「思遇時也」「思見君子也」，未嘗指爲淫詩也。正以爲目曰淫詩，則在所當放故也。自朱子黜《小序》，始求之于詩，而直指之曰：「此爲淫奔之詩。」予嘗反覆玩味，信其爲斷斷不可易之論，律以聖人之法，當放無疑。曰：「然則朱子何不遂放之乎？」曰：「朱子始訂其詞而正其非，其所以不廢者，正南豐所謂『不去其籍，乃所以爲善放絶者也』。今後學既聞朱子之言，真知《小序》之爲謬，真知是詩之爲淫，而猶欲讀之者，豈理也哉！在朱子前，《詩》説未明，自不當放；生朱子後，《詩》説既明，不可不放。與其遵漢儒之謬説，豈若遵聖人之大訓乎！」

【校記】

〔一〕「宛」原作「菀」，據《詩》徑改。

詩疑卷第二

詩辨序

聖人之道，以書而傳，亦以書而晦。夫天高地下，萬物散殊，皆與道爲體。然載道之全者莫如書。既曰以是而傳，又曰以是而晦，何也？在昔上古，教化隆盛，學校修明，聖人之道流行宣著，雖無書可也。惟教化有時而衰，學校有時而廢，道之托于人者，始不得其傳，然後筆于言，存于簡册，以開後之學者，而書之功大矣。及其專門之學興而各主其傳，訓故之義作而各是其説，或膠于淺陋，或鶩于高遠，援据傅會，穿鑿支離，詭受以飾私，駕古以借重，執其詞而害于意者有之，襲其訛而誣其義者有之，遂使聖人之道反晦蝕殘毁，卒不得大明于天下，故曰以書而晦。此無他，識不足以破其妄，力不足以排其非，後世任道者之通病也。紫陽朱夫子出而推伊洛之精蘊，取聖經于晦蝕殘毁之中，專以《四書》爲義理之淵藪，于《易》則分還三聖之舊，于《詩》則掇去《小序》之失。此皆千有餘年之惑，一旦汛掃平蕩，其功過孟氏遠矣。然道之明晦也皆有其漸，蓋非一日之積。集其成者不能無賴于其始，則前賢之功有不可廢；正其大者不能無遺于其小，則後學之責有不可辭。大抵有探討之實者不能無所疑，有是非之見者不容無所辨。苟輕于改而不知存古以闕疑，固學者之可罪；狃于舊而不知按理以復古，豈先儒所望于後之學者？雖後世皆破裂不完之經，而人心有明白不磨之理；縱未能推人心之理以正後世之經，又何忍徇破裂不完之經以壞明白不磨之理乎！

予因讀《詩》而薄有疑，既而思益久而疑益多，不揆淺陋，作《詩十辨》：一曰《〈毛詩〉辨》，二曰《〈風〉〈雅〉辨》，三曰《〈王風〉辨》，四曰《二〈雅〉辨》，五曰《賦〈詩〉辨》，六曰《〈豳風〉辨》，七曰《〈風〉序辨》，八曰《〈魯頌〉辨》，九曰《〈詩〉亡辨》，十曰《經傳辨》。非敢妄疑聖人之經也，直欲辨後世之經而已。

毛詩辨

愚嘗求三百篇之詩矣，固非唐、虞、夏、商之詩也，固非盡出于周公之所定也，亦非盡出于夫子之所删也。周公之舊，《詩》不滿百篇，先儒以爲正《風》、正《雅》是也。夫子之删，固非删周公之所已定，删周公之後龐雜之詩，存者止二百有餘篇，先儒以爲變《風》、變《雅》是也。《頌》雖無正、變之分，而實有正、變之體。周公、夫子合而爲三百篇，而總繫之以周也。然今之所謂三百篇者，果周公、夫子之舊乎？愚不得而知也。昔成、康既没之後，至孔子時，未五百年，雖經幽、厲之暴亂，而賢人君子之隱于下者未絶也，太史、册府之掌藏未亡也，太師、矇瞽之音調未失也，而《雅》《頌》龐雜，已荒周公之舊制。夫子自衛反魯，然後正之。況東遷之後，周室已極衰微，夫子既没而大義已乖，樂工入河入海而聲益廢。功利攘奪、干戈相尋，視禮樂爲無用之器。至于秦政，而天下之勢大亂極壞，始與吾道爲夙怨大讎，遂舉《詩》《書》而焚滅之，名儒生者又從而坑戮之，偶語《詩》《書》者復厲以大禁，其禍慘烈，振古所無。漢定之後，《詩》忽出于魯，出于齊、燕。《國風》《雅》《頌》之序、篇什章句之分，吾安知其果無脱簡殺亂而盡復乎周公、孔子之舊也？

夫《書》授于伏生之口止二十有八篇，參之以孔壁之藏又二十有五篇，然其亡失終不可復見者，猶有四十餘篇。其存者且不勝其錯亂訛舛，爲萬世之深恨。今不知《詩》之爲經，藏于何所，乃如是之秘，傳于何人，乃如是之的，遭焚禁之大禍而三百篇之目宛然如二聖人之舊，無一篇之亡、一章之失。《詩》《書》同禍，而存亡之異邃絶乃如此，吾斯之未能信。

夫天下之書，合千萬人之言如出于一人之口，吾知其傳之之的也；雖數人之言而亦不能不異者，吾知其傳之之訛也。以其傳之之的，固幸其言之無不同；以其傳之之訛，亦幸其言之有所異也。何者？與其彼此俱失而無他左驗，固不若互得互失而可以參考也。是以漢初最善復古，而齊、韓、魯三家之《詩》並列于學官。惟毛萇者最後出，其言不行于天下而獨行于北海。鄭康成，北海之人也，故爲之箋。自是後學者雖不識毛萇而篤信康成，故《毛詩》假康成之重而排迮三家，獨得盛行于世。毛、鄭既孤行，而三家抵牾之迹遂絶，而不得參伍錯綜以訂其是非。凡《詩》家疏、義等學，合十有二種，九十餘家，至本朝又三十餘家，無非推尊毛、鄭，崇尚《小序》。學者惑于同而忘其異，遂信其傳之之果的也。且萇自謂其學傳于子夏。按子夏少夫子四十一歲，至漢已三百年，烏在其爲得于子夏哉？若傳于子夏之門人，則流派相承，具有姓氏，不應晦昧堙没，詭所授受，以誑後世。惟《魯詩》有原，見稱于史，至西晋而已亡。陸璣雖撰毛公相傳之序，上接子夏，而又與《釋文》無一人合，其僞可知。愚是以于《毛詩》尤不能不疑也。

風雅辨

昔者朱子破千載之惑，退黜《小序》，删夷纏繞，作爲《詩傳》。自《詩》之堙没經幾何年，而一旦洗出本義，明白簡直，可謂駿功，無復遺恨。惟《風》《雅》之别，雖有凡例，而推之篇什，猶未坦然，故其答門人之問亦多未一。于是有腔調不同之説，有體製不同之説，有辭氣不同之説。或以地分、以時分、以所作之人而分。諸説皆可參考，惟腔調不傳，其説不可考也。近世儒者乃謂義理之説勝而聲歌之學日微，古人之詩用以歌，非以説義也。不能歌之，但能誦其文而説其義，可乎？究其爲説，主聲而不主義，如此則雖《鄭》《衛》之聲可薦于宗廟矣，《天作》《清廟》可奏于宴豆之間矣，可謂捨本而逐末。凡歌聲，悠揚于喉吻而感動于心思，正以其義焉爾。苟不主義，則歌者以何爲主，聽者有何味？豈足以薰烝變化人之氣質，鼓舞動盪人之志氣哉？善乎朱子之答陳氏體仁也！舉「《詩》言志，歌永言，聲依永，律和聲」，故曰「《詩》出于志，樂乃爲《詩》而作，非《詩》爲樂而作也」。又曰「古樂散亡，無復可考，而欲以聲求詩，則未知古樂之遺聲今皆可以推而得之乎？三百篇皆可協之音律而被之管絃乎？既未必可得，則今之所講得無有畫餅之譏邪？」所謂腔調之説，灼知朱子晚年之所不取也。

至于《楚詞》之《集注》，後《詩傳》二十年，《風》《雅》《頌》之分其説審矣。其言曰：「《風》則閭巷風土、男女情思之詞，《雅》則燕享朝會公卿大夫之作，《頌》則鬼神宗廟祭祀歌舞之樂。」以此例推之，則所謂體製、詞氣，所謂以時、以地、以所作之不同等説，皆有條而不紊矣。

竊謂朱子所條之《凡例》，正以周公所定《風》《雅》《頌》而別之，律以先儒所謂正《風》、正《雅》者無一不合，但于所謂變《風》、變《雅》者有不得而同。後學無以處此，遂横生枝葉以求合《凡例》，而不能按据《凡例》以釐正舛訛，所以辨議起而卒不能定。故爲之言，曰「先儒正其大義而不能不遺其小節以待後之學者」，此也。

王風辨

《詩》何自而始乎？于堯之時，出于老人兒童之口者，四字爲句，二句爲韻，豈嘗學而爲哉？銜口而出，轉喉而聲，皆有自然之音節。虞舜君臣之賡歌，《南風》五絃之韻語，與夫《五子》御母述戒之章，體各不同。歷夏、商以來，謳吟于下者，格調紛紛，雜出而無統。周公于功成治定之後，制作禮樂，推本文王之所以興周者，王化基于衽席而風動于四鄰。取其聲詩義理深長、章句整齊者，定爲一體，適有合于康衢擊壤之章而重之，名之曰「風」。被之管絃，以爲家鄉邦國之用，止二十餘篇而已。及其立爲學官，取爲燕享宗廟朝會之用，亦因以放此章句，總爲一代之樂。及夫子祖述周公之意，删取後世之詩，以合乎《風》《雅》《頌》者，亦不敢參以别體。故周七百年之詩，如出于一人之手，非作之者具此格調也，乃取之者守此格調也。三百篇既同此格調，而又有《風》《雅》《頌》之名者，何也？蓋作之之意不同而用之之節亦異。今先以《風》言之。周未有天下之時，近而宫女，遠而南國，被文王之化，形于辭者，此《風》也。周既有天下之後，分封諸侯，列國之民感國君之化，有美有惡焉，形而爲歌咏者，亦此《風》也。王國之中，感後王之化，亦有美有惡焉，形而爲歌咏者，亦此《風》也。曰《國風》者，周爲商列國之《風》也。曰《王風》者，周王天下以後之《風》也。《風》即此《風》也，風之上所繫有不同耳。凡在下之作概謂之「風」，初不繫周之盛衰也。當周盛時，《風》如二《南》；及其衰也，《風》如《黍離》。何獨平王以後《雅》始降爲《風》乎？《鴟鴞》，周公之詩也，固已降而爲《風》矣，但繫之于《豳》，非也。蓋正《雅》皆公卿大夫之作也，以公卿大夫之作而不可以爲《雅》之用，然後始降而爲《風》焉。後世于此一「降」字義有未明，于是《風》《雅》之部分紛然龐雜矣。

況周自武、成以來，至平王時，且三百五十年。成、康之際，仁義漸摩，薰陶情性，教化盛矣。内而妾媵之微，外而井里之衆，環王畿千里之地，卒無能吐一詞、歌一語，與豐、岐、江、漢之詩律吕相應，寂寥堙没，終無一章之《風》可以備聖人之删存。逮東遷之後，土地且蹙，一旦興起，播之篇咏，遽有十章之《風》，豈理也哉？至于《何彼穠矣》一詩，平王以後之詩也，合次于《王風》明矣，今乃强尊之而名于二《南》。或謂武王之詩，則又强抑之列國之類，進退無據。以此推之，他可知矣。愚敢謂二《雅》之中不合于正《雅》之體用者，皆當歸之《王風》焉。

二雅辨

愚又考《小雅》之正詩，其爲體有二：一曰燕享賓客之樂；二曰勞來行役之樂，朱子所謂「歡忻和悦以盡群下之情」者也。《大雅》之正詩，其體一：曰會朝之樂而已，朱子所謂「恭敬齊莊以發先王之德」者也。據二《雅》之體而證今之詩，以正《小雅》而亂入正《大雅》者有之，而正《雅》亦不得爲全無疵矣。

至于變《雅》之中有變《雅》之正者焉；有變《雅》之變者焉；有章句繁多、詞語嚴密有似《大雅》之體者焉；又有言語鄭重、義理曲折，又皆王公大人之作者，然施之于燕享非所宜，用之于朝會又不可，毋乃出于放臣、逐子、出妻、怨婦樽酒慰勞之所奏者乎？此又變《雅》之再變也者。

或謂：「決古人之疑只有義理、證驗兩事，今求之義理固亦可通，責以證驗絶無可考，不能不反致疑也。」予應之曰：「諸經悉出于煨燼之餘，苟無可驗，而漢儒臆度之説何可馮哉？聖人于杞于宋尚有不足證之嘆，況求之後世乎？有一于此，與其求之于漢儒臆度之説，孰若只求之于正《雅》之中，詞氣體格分晝施用，豈不曉然？其爲證驗莫切于此，尚何外求哉？且夫怡愉疇勸之情與譏刺怨傷之意，其心不同也；稱述先王之盛德大業與感慨後世之昏朝亂政，其言不同也；協之以八音，和之以六律，由是美教化、厚風俗，與夫私心邪念聞之而有所懲警者，其用不同也。發之于人心者既不同，形之于語言者亦且異，施之于事者俱無所合，有是三不同而得以同謂之《雅》，可乎？雖聖人規模寬廣，而條目不應紊亂如此。愚故謂變《雅》之不合于正《雅》者，悉歸之《王風》，其説審矣。」

賦詩辨

作詩，所以言志也；賦詩，亦以觀志也。觀其志不若觀其禮，志無定而禮有則也。夫歌咏者，發于天機之自然，而人心不可飾于倉卒之一語，是皆可以觀其志之所向，而吉凶禍福之占亦因此而定。此春秋之時所以賦詩于盟會、燕享之際，而有不可掩其本心之情僞者。蓋一吟一咏，聲轉機萌，事形詩中，意形詩外，真情故態不能矯誣，自非義理素明于胸中，而其能勉强不失于金石、籩豆之間哉！

當是時，惟鄭國七子六卿之賦爲最盛，而趙文子、韓宣子于立談之頃，猶足以定其終身之所就，亦可謂善觀矣。子謂善觀樂者不觀其志而觀其禮，先儒所謂禮先樂後者，蓋事有序而後能和，此樂之本也。以燕享而及宗廟之樂，謂之褻可也；以諸侯而奏朝會之樂，謂之僭可也。雖有事證，恐不得謂之當然。惟二《南》之樂得人倫之正，爲教化之先，可以用之鄉人、用之邦國。《小雅》之樂已不同矣，有天子宴諸侯之樂，有上下通用之樂焉，此則截然而不可亂。舞位且有多少之數，歌詞豈無同異之分？玩其義，審其音，則樂之本不待索之于鏗鏘節奏之末而後知。昭、懿之後，僭禮已多，況東遷乎？

夫君臣之分，天地之常經也。毀冠裂冕，暴蔑宗周，逆理亂常之事接武于史，人心之樂喪壞無餘，烏足以責之于鐘鼓律吕之中，猶有降殺等威之别哉？如晉侯之賦《假樂》、賦《既醉》，齊侯之賦《蓼蕭》，此諸侯僭天子之樂也。楚令尹之賦《大明》，季武子之賦《緜》，韓宣子之賦《我將》，此大夫僭天子之樂也。魯曰秉周禮，其宴范宣子也，爲之賦《彤弓》，宣子不敢當，歸美于文公焉；其宴甯武子也，亦爲之賦《彤弓》、賦《湛露》，武子以爲肄業所及而詭辭焉。禮樂之大分尚有間存于人心者，魯之所秉亦微矣，固無望于他國也。是以晉享穆叔而奏《肆夏》，奏《文王》，穆叔俱不拜，亦似乎知禮者。其對曰：「三《夏》，天子所以享元侯也；《文王》，兩君相見之樂也。」此果穆叔之言乎？抑《傳》之果無誤乎？是皆未可知也。《棠棣》之詩，周公之詩也，左氏以爲召穆公之作。楚歌《武》頌，而三章、六章與今詩互差，亦何以知其爲楚之差也？毛、鄭之差，左氏之差也？至于魯，三家者嘗以《雍》徹矣，非有聖人之明訓，後世亦將以爲當然而反證《雍》之可以通用矣。大抵左氏之言多失誣，而春秋之禮亦失之僭，不可引爲三百篇之證。

愚故曰「宴享而奏宗廟之樂謂之褻可也，諸侯而用朝會之樂謂之僭可也」。雖有事證，不得謂之當然。

豳風辨

豳何爲而有詩也？豳之有詩，非周公之意也。以今《七月》之篇考之，蓋周公推王業之原本出于后稷播種之功，以成王尚幼，未知稼穡之艱難，故紀其天時之變遷、人事之勤勞，使瞽矇朝夕諷于成王之側，與《無逸》之書實相表裏，其忠誠懇惻之意，篤厚如此。然其詩不立之學官、不播之二《雅》，毛萇忽名之曰「豳風」，則何以知其爲周公之意也邪？

夫子感周公之作，取之以垂法于後世。以《凡例》律之，謂宜存之于變《雅》也明矣。今儕之以《風》，繫之以《豳》，不能不啓學者之惑。故昔人嘗考之于齊、韓、魯三家，俱無所謂《七月》之章，而毛氏獨有之。謂其非周公之作，固無所考以杜毛氏之口；謂其果列于《豳風》之中，則後世之疑不一，而毛氏亦無以釋其惑也。詩遠無傳也久矣，且其事始于后稷，系之以部可也；而其詩作于周公，系之以周亦可也。今不部不周，冠以公劉、太王之豳，上無以見其始，下無以見其成，愚故知其必非周公之意也。

或謂《七月》之詩恐與《豳》詩差互揉亂，而傳者失其真歟？歌《豳》之文見于《周禮》之篇章，既曰「《豳》詩」，又曰「《雅》」「《頌》」，且無所謂「風」之文，安有一詩而備三體之用？歐陽公併與《周禮》，遂毁之〔一〕，則過矣。王氏謂「豳故有詩而今亡，後世妄補之云耳」，此言近之矣。是皆以部分未安、章句可疑而生此紛紛之説也。夫《七月》而系之以《豳》，猶云可也；至周公東征九詩而俱系之以《豳》，無乃太遠乎？是故文中子謂：「君臣相誚，其能正乎？成王終疑周公，其風變矣，惟周公能正之，故夫子系之以《豳》，其意深遠。」可謂曲推其妙。長樂劉氏則謂：「不使成王之世有變《雅》之聲，而攝引其詩使還周公也。」其説益巧矣。不知夫子之意果如是乎？如文中子之説，《豳》本變《風》，以周公能正，升爲正《風》；如劉氏之説，《豳》實《雅》也，變而爲《風》。曰「風」、曰「雅」，曰「正」、曰「變」，可降可升，得以意定，初無定體，不知聖人之法果如是乎？

夫《鴟鴞》之名，見于《金縢》之書，《金縢》之篇系于《洪範》《旅獒》之後，聖人于《書》未嘗有回互委曲之意，而于《詩》乃極其斡旋收拭之功。聖人之心光明正大，必不如是之迂曲也；聖人之法條理嚴密，必不如是之苟率也。夫豳谷，西北之陲也；三監，東南之壤也。地之相去也數千餘里，事之先後也數百餘載。有周公自作之詩焉，有軍士百姓之詩焉。今雜然强附苟合于一風之中，孰謂夫子之聖有如是之部分哉？漢儒無識，大略如此。故愚願以《豳風》七詩以類分入于變《雅》焉。

或者難之曰：「十三國《風》，其來已久，今遽缺其一，無乃太駭乎？」愚曰：「不然。列國之有風，既未知其果定于十三之數乎？而十三國之名，亦未知其果邶、鄘、衛、王、鄭、齊、魏、唐、秦、陳、檜、曹、豳也。使豳果有詩，則當列于二《南》之上。與其推本文王之化，又豈若推原后稷之功之爲深遠哉！《豳》之爲《風》，可以知其決非周公之意也。」

風序辨

讀書不能無疑。疑而無所考，缺之可也；可疑而不知疑，此疏之過也；當缺而不能缺，此贅之病也。

夫魯、宋之無《風》，説者以爲「王者之後不陳其國之詩」，此亦因其無詩而强爲之説，而不計其理之未通也。曰曹，曰唐，曰衛，于魯爲兄弟之國也；曰陳，與宋俱帝王之後也。夫陳、衛、唐、曹何不得與宋、魯並而獨陳其詩乎？其説窮矣！列國之詩俱得陳之于周之天王，固非關于魯也。夫子删其繁亂，豈求之周太史盡舉而歸魯以定其黜陟也哉？特以魯用天子之禮樂，太師傳于周而奏于魯也，夫子因得而删之耳。其傳于魯者，固未必盡得周之所藏。周綱不競，諸侯不臣，其本國之詩亦未必盡陳于周也，則其所遺逸者亦多矣。凡後世名爲「逸詩」者，不知夫子既删之餘乎？漢儒傳誦之遺乎？此皆無所考而當缺者。

況《國風》之次序，尤不必贅爲之辭。夫十三國之次序，不同之説有三：曰「周、召、邶、鄘、衛、王、鄭、齊、豳、秦、魏、唐、陳、檜、曹」者，此夫子未删詩之前，季札所聽周樂之次序也；曰「周、召、邶、鄘、衛、檜、鄭、齊、魏、唐、秦、陳、曹、豳、王」者，此鄭康成《詩譜》之次序也；曰「周、召、邶、鄘、衛、王、鄭、齊、魏、唐、秦、檜、陳、曹、豳」，此今詩之次序也。程子亦因今序而爲説，謂「邶、鄘、衛之所以先者，衛首併邶、鄘，爲亂首也」，此亦因文生義，未有以證其決然爲夫子之舊序，則其先後之間不害大義，誠有不必穿鑿者。故歐陽公曰：「求詩人之意，達聖人之志者，經師之本也。講太師之職，因其失傳而妄爲之説者，經師之末也。得其本而不通其末，闕其疑可也。雖其本有不能達者，猶將闕之，況其末乎！」其説得之矣。今又自爲《詩譜》定其次序，而又不能不惑于《小序》之失，何躬病之而躬蹈之乎！惟朱子去《小序》外，于此等皆置而不復講，其意深矣！學者但當悼後世之不幸，不得見聖人之舊經，相與沉潛玩味其所無疑者，斯可矣。則其可疑者，雖聖人復生，亦將闕之也已。

缺疑之義，爲其無所考證，不得已而缺之也。或幸而有所考證，亦何爲而不決之哉？

魯頌辨

夫魯之有《頌》，亦變《頌》也。惟《閟宫》一篇，獨歐陽公歷考僖公之時初無所謂淮夷、徐方、荆楚之功，深以爲疑，其所論辨亦詳且明。若遂以爲非僖公之詩乎，則詩中有「周公之孫，莊公之子」兩句，終不可泯没。是以朱子于他篇皆曰無所考，獨以此篇爲僖公之詩無疑者，正以此兩句爲可信也。愚嘗即其詩而熟味之，固不敢以爲非僖公之詩也，意其間有顛倒參錯之誤，是蓋傳之者之過也。若引孟子之言爲據，則「戎狄是膺，荆楚是懲」爲頌周公也審矣。又嘗考周之世家，雖周公亦未嘗有戎狄、荆楚之役，然亦無他明證，不敢必以爲非周公之事也。孟子之時，《詩》《書》未火，宜得其實，又不應無所據而兩引之，以姑就其説，雖斷章取義固善《詩》者之常，至于提《魯頌》之號而以僖公易爲周公，亦恐孟子不如是之耄。或以爲僖公四年嘗從齊桓公伐楚，魯遂以爲僖公之功也。當是之時，楚方强大，桓公且不敢與之戰而卒與之同盟，在齊猶爲可羞，況于僖公因齊之師、從人之役，進無尺寸之功，而敢退爲荒誕之辭，侈大浮誇以誑國人，夫子尚何所取以播其醜哉？必不然矣！若夫淮夷、徐方之事，則與荆楚不同。聖人存之于《書》，載之于《費誓》之篇，其爲頌伯禽之言，昭灼明驗，無可疑者，顧讀之者偶未之思耳。

又，竊意「土田附庸」之下，辭氣未終，血脉不貫，當以「公車」以下九句接此爲一章，繼以「泰山巖巖」「保有鳧繹」兩章，于此倫序方整，既不害其爲僖公之詩，亦不妨以爲伯禽之事。欲以「魯侯是若」爲前段之終，後段自「周公之孫」起，止「萬民是若」終，前爲四章，後爲四章。「周公之孫」「福女」爲一章，「秋嘗」止「有慶」，接「天錫公」止「兒齒」爲一章，三「俾」自爲一章，「徂來」之下自爲一章。古人作詩，章句雖重而有味，條理雖寬而實密，必不如是之斷續破碎也。觀此一詩，命詞措意，雅奥源淵，必出于賢人君子之手。而周公、伯禽之魯，氣象尚可揖也，則其斷續破碎之疵，可以知其爲傳者之誤。惟《駉》與《有駜》二詩，未知其爲頌伯禽之詩，蓋其詩專以平淮夷來獻馘于泮宫而作也。夫魯之盛，無出于伯禽之時。自是以後，武功不競，世爲弱國，烏有此駿偉之績哉？祝而願之之説，鑿尤甚矣。蓋願祝之詞與鋪陳事實之詞，語脉迥異，且曰「穆穆魯侯，敬明其德，敬慎威儀，維民之則。允文允武，昭假烈祖，靡有不孝，自求伊祜」。味其詞氣雍肅，句法莊重，非伯禽其誰當之？愚故曰：「幸而有所考證，而求其考證之的，又孰出于聖人之書，既足以破後世之惑，亦胡爲而不決哉！」

詩亡辨

孟子曰：「王者之迹熄而《詩》亡，《詩》亡然後《春秋》作。」《集注》曰：「『王者之迹熄』，謂平王東遷而政教號令不及于天下。『《詩》亡』，謂《黍離》降爲《國風》而《雅》亡也。」此朱子本程子、楊氏之説，而趙岐未有此論也。二説本甚密，以之釋孟子之言，妄疑其少疏也。蓋自穆王以來，政教號令已不及于天下，雖宣王修政于幽、厲之間，晚已不競。平王東遷而周道益衰，二《雅》于是亡矣。此程子之言，确爲至論。《黍離》之詩，周大夫作也。以王之大夫而作爲是詩，歸之于《雅》，宜也。然其閔周室之顛覆，傷宗廟盡爲禾黍，其詞悲，其意怨，與稱述先王盛德大業者固不侔矣。施之于燕享非所宜，奏之于朝會又不可。繼之于二《雅》之正經，無是詞也。實同于風土情思之作，謂之《王風》可也。以其作于大夫也，故曰「降」。此楊氏之言，包括詳盡。然孟子之言實二經始終之要，亦義理之所關也。若謂夫子止因《雅》亡而作《春秋》，則《雅》者自爲朝會之樂，《春秋》自爲魯國之史，事情闊遠而血脈不貫。且孟子言「王者之迹熄而《詩》亡」，非曰「王者之詩亡」也。凡言《詩》，《風》《雅》《頌》俱在其中，非獨以《雅》爲《詩》也。是知「迹熄」二字包含有味，「然後」二字承接有序，所當涵泳而研究之。若視爲浮辭而删節擺脱，則情間而理迂，恐與孟子不無少舛也。惟河汾王氏窺見此意，直以《春秋》

《詩》《書》同曰「三史」，其義深矣。

愚竊意，《王制》有曰：「天子五年一巡狩，命太師陳詩以觀民風。」自昭王膠楚澤之舟，穆王回徐方之馭，而巡狩絶迹；夷王方下堂而見諸侯，如敵國矣。政教號令固已不及于天下諸國，亦豈有陳詩之事哉？民風之善惡于是不得而知也。宣王復古，僅能會諸侯于東都。二《雅》雖中興，而諸國之風亦無有也。諸國之風既不得而知，今見于三百之中者又多東遷以後之詩，無乃得之于樂工之所傳誦，而陳詩之法則不舉久矣。至夫子時，傳誦者又不可得，益不足以盡著諸國民風之善惡，然後因魯史以備載諸國之行事，不待褒貶而善惡自明。故《詩》與《春秋》體雖異而用則同。説《春秋》者莫先于孟子，知《春秋》者亦莫深于孟子。後世猶未有明其義者。愚每讀至此，未能釋然，因爲之辨。

經傳辨

自咸陽三月之焰熄而經已灰，後世不幸而不得見聖人之全經也久矣。出于煨燼之餘者，率皆傷殘毁裂而不可綴補。經生學士不甘于缺疑而恥于有所不知，又不敢誦言其爲傷殘毁裂之物，于是研精極思，刳剔揍飣，雕刻繢藻，日入于詭，而傷殘毁裂之書又從而再壞矣。

江左儒先尊經過厚而忘其再壞，乃以爲先王之教未經蹂踐、巋然獨全者，惟《風》《雅》

《頌》而止耳。又謂聖人欲以《詩》之平易而救五經之支離，孰知後世反以五經之支離而變《詩》之平易。是殆不然。當三百篇之全時，而五經未嘗碎缺；當五經之支離，而《詩》亦未嘗平易。是又以後世傷殘破裂之經視聖人完全嚴密之經，又非所以言聖人之時之經也。六經雖同一道而各有體，猶四時均一氣而各有用，此皆天理之不容已，雖聖人亦不可得而以意損益之也。聖人初何容心以此救彼哉？若彼待此救，則各有一偏，則聖人之經在聖人之時已非全書矣，于理有所未通。

然聖人《詩》之爲教所以異于他經者，自有正説。當周之初，雖有《易》而本之卜筮，雖有《書》而藏之史官，《儀禮》未著，《周官》未頒，麟未出而《春秋》未有兆朕也。周公祖述虞舜命夔典樂之教，于是詔太師教以六詩。是以《詩》之爲教，最居其先。然其所以爲教者，未有訓詁傳注之可説，不過曰「此爲風」，「此爲雅頌」，「此爲比興」，「此爲賦」而已。使學之者循六義而歌之，玩味其詞意而涵泳其情性。苟片言有得而萬理冰融，所以銷其念慮之非而節其氣質之雜，莫切于此。此《詩》之所以爲教者然也。

漢之劉歆得見聞之近，乃謂「《詩》萌芽于文帝之時，一人不能獨盡其經，或以爲《雅》，或以爲《頌》，相合而成」。吾固知各出其諷誦之餘，追殘補缺以足三百篇之數爾，烏得謂之獨全哉？自是以來，承訛踵陋，訓詁傳注之學日盛而六義之別反堙。至程夫子始曰「學《詩》而不分六義，豈能知《詩》之體」。門人謝氏又曰「學《詩》須先識六義體面而諷味以得之」。故朱子亦以爲「古今聲詩條理無出于此」。是以于《詩集傳》每章之下分别比、興、賦之三義，而《風》《雅》《頌》姑從其舊。非謂《風》《雅》《頌》部分已明而不當易也，亦非謂于六義中風、雅、頌可緩而不必辨也，特以其無所考驗耳。

【校記】

〔一〕「併與周禮遂毁之」，顧頡剛點校本作「遂併與周禮毁之」。

研幾圖

〔宋〕王柏 撰
李鳳立 整理

整理説明

李鳳立

《研幾圖》，爲王柏「温習舊書，解者，因手畫成圖」，構文爲圖，以展示平時學習心得。王柏極爲重視圖學，自序稱「《河圖》出而人文開，八卦畫而《易》道顯，九疇錫而《洪範》著，書固不先于圖也。……後世書籍浸繁，而圖學幾絶，間有因玩好模寫景物以悦目，而有關于理者固鮮。圖學之中興，非神聖不能作，非明智不能傳」，認爲書與圖同時産生，具有同等重要的地位，後世僅僅以圖模寫景物，不能有益于學術，並明確提出了「圖學中興」的口號。

是書成後，流傳不廣，據明正德四年本陳景茂跋：「永樂初，朝廷訪取遺書，五世孫翰林典籍文英公以是圖進之矣。茂嘗于祕閣得見，實道學之心法。今典籍公姪迪任四川按察司僉事，而其子璡任江西上饒縣丞，復出是圖……茂忝王氏甥，遂與弟迪、璡暨金華二尹陳君禮共捐俸命工鎸梓……時正統六年歲次辛酉三月清明日。」王文英公、王迪、王璡所有者，爲永樂以前本，陳景茂據以重刊，是爲明英宗正統六年本。

今《研幾圖》版本有四：

一、明武宗正德四年（一五〇九）重刊本：黑口，順魚尾，四周雙欄，每半葉十二行，每行二十六字。首有潘棠序。次王魯齋真像,圖後録《宋史》本傳。書末有正德四年三月癸丑棗强李暘「重刊研幾圖後」識語。

二、明崇禎五年阮元聲婺州刊本：花口,單魚尾,四周單邊,每半葉九行、每行二十字,存《魯齋王文憲公遺集》卷十,係據單行本編入。

三、明崇禎五年阮元聲婺州刊、清順治十一年山西馮如京增補本：存《魯齋王文憲公遺集》卷十,此據阮刊原板重印。

四、清同治、光緒年間胡鳳丹《金華叢書》本：白口,單魚尾,四周雙欄,每半葉十一行,每行二十三字。爲胡氏據馮本校刻《魯齋集》,析出《研幾圖》别爲單行本。《研幾圖》正德本、崇禎本、順治本目録均與圖次不合,胡氏依據圖的順序對目録進行了調整。

本次整理以正德本爲底本,以崇禎本、順治本、《金華叢書》本爲校本。凡俗體字,皆徑改易爲通行字體;凡底本之訛、衍,則據校本改易;凡底本之闕,則據校本補入;凡底本之倒,則據校本乙之;凡底本、校本均可通者,出異文校。不當之處,祈方家批評指正。

研幾圖目録

刊王魯齋研幾圖序

唐以前書無模印法，故藏之者以爲貴，而讎對也必精。是以其時多善本，學者以傳寫之艱，且不易得，故其讀之也亦精。五代馮道始請刻六經，板而行之，自是板刻興矣。其弊也，刻以多尚，不務校詳。奈何鄙俚者亦得以爲木之災。於戲！書之盛，書之病焉。此許文正所以有須焚一遭之歎也。學者以得之之易，故其視之也輕，其讀之也草草。乃有藏書滿家而其人猶夫人者，是何貴于書哉？

今年春，余承乏司理懷慶，脱羣日，河内令李子乂脩以年好來邸款語，知余爲書淫者，即携王魯齋《研幾圖》一帙，以學者罕見，付余手校，欲板之以行。時乂脩將入叙年勞，且迫矣，必成帙而後去。則其爲人之風采志量如何也？昔者郎潁州，自言任官之所，木枕亦不須作，惟頗令人寫書。此古人之趨好，吾乂脩既得之矣。乂脩將自此升，獨遺此板，與丹、沁、河、濟、太行同映帶于覃懷，使讀是書者精詳而有得焉，謂非乂脩之澤，可與？

是書合三手而同一編，然皆爲魯齋研幾而有也，故獨以王名。其「研幾」之義，蓋取諸《易》中語。王，宋儒，金華人，名柏，氣禀雄偉，勇于求道，欲以身任天下之重，其學係出于吾考亭，所著别有《讀易記》并文集傳于世。古人曰：在則人，亡則書。以王之人，則是書亦天地間所不可無者。

正德己巳春三月辛亥楚潘棠序。

贊語

魯齋自贊

石笋巖巖，曷培而崇。繡湖洋洋，曷浚而通。茫茫遺緒，耿耿爾衷。孰融爾氣，孰肅爾容。稜稜霜月，習習春風。匪範爾德，用警爾慵。

范幹贊語

學貫天人，道源洙泗。得北山之正傳，寔考亭之嫡嗣。折衷百家之言，發揮千古之秘。辨義利似是之非，析物理秋毫之細。周旋禮法之中，步趨高明之地。著書滿家，師表百世。堂堂乎雄偉之姿，浩浩乎剛大之氣。身雖終于隱淪，志則存乎經濟。顧末學之晚生，緬淵源之所自。敬仰德容，載惕載厲。范幹敬贊。

王魯齋真像

魯齋研幾圖序

《河圖》出而人文開，八卦畫而《易》道顯，九疇錫而《洪範》著，書固不先于圖也。成王之傳位也，《河圖》在東序，大訓在西序，參錯于天球弘璧之間，聖王之所寶可知矣。古人左圖右書，未嘗偏廢，後世書籍浸繁，而圖學幾絶，間有因玩好模寫景物以悦目，而有關于理者固鮮。圖學之中興，非神聖不能作，非明智不能傳。《洪範》歷千有餘年，非箕子孰能陳之？《先天圖》埋没者二千餘年，至邵子而始出。濂溪周子再開萬世道學之淵源者，《太極圖》也，而《通書》次之。蓋有一圖之義，極千萬言而不能盡者，圖之妙，實不在書之後也。近世夾漈鄭公遂作《圖譜略》，固不足以盡天下之圖，而圖之名義亦可槩見。其論縱横開闔，援引弘博，既富矣哉，而于理非其所尚，此爲可恨焉耳。

予曩自麗澤歸，温習舊書，有未解者，因手畫成圖，沉潛玩索，萬理悠然而輻輳，益知圖之爲可貴，而静中之有真樂也。叙其所以，貽之子姓，非敢爲它人道。吁！邵子垂没，始以《先天圖》授之伯温，未嘗不哂其過計也。《先天圖》卒大明于後世者，豈伯温所能與于斯乎？烏在其爲能授也哉？

景定辛酉清明日金華王柏識。

研幾圖原目

二五交運之圖

昔帝舜命夔典樂教冑子，曰「直而温，寬而栗」，所以扶其氣質之所不及；「剛而無虐，簡而無傲」，所以節其氣質之過。蓋陰陽迭運，五行雜揉，剛柔善惡，其品不齊，故張子曰：「氣質之性，君子有弗性者焉。」周子曰：「聖人之教，俾人自易其惡，自至于中而止矣。」

水——智——文理密察，足以有别。

金——義——發强剛毅，足以有爲。

土——信——重厚質實，足以有守。

火——禮——齊莊中正，足以有敬。

木——仁——寬裕温柔，足以有容。

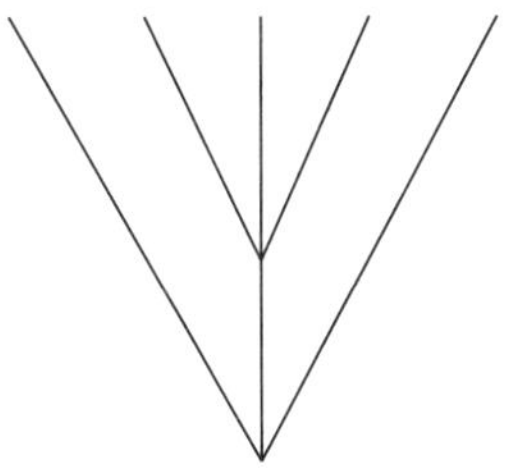

聖人

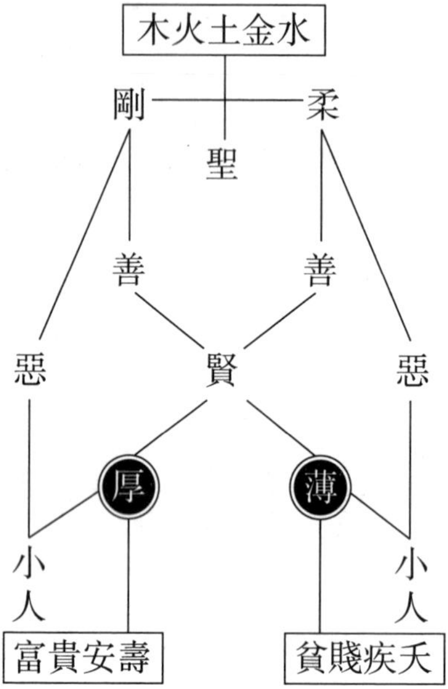
木火土金水
剛
柔
聖
善
善
惡
賢
惡
厚
薄
小人
小人
富貴安壽
貧賤疾夭

柔善

水 疏通明辨
金 清約簡儉
土 謹厚木訥
火 謙恭退讓
木 慈祥豈弟

剛善

水 權謀機略
金 決烈果斷
土 篤學力行
火 威嚴儼恪
木 博施泛愛

柔惡

水 滑稽流蕩
金 慳吝無情
土 昏濁蒙昧
火 卑諏謟媚
木 懦弱苟且

剛惡

水 詭詐姦險
金 殘忍暴横
土 執僻拘滯
火 浮躁僣侈
木 貪求無厭

五常分合之圖

昔者帝舜命契爲司徒，教以人倫，父子有親，君臣有義，夫婦有別，長幼有序，朋友有信，五者出于人心之本然，即仁義禮智信是也。仁有專言，包是四者，一性之中，五性迭見。人以氣質之拘，物欲之蔽，而不能全其本然之善，故聖人教之以復其極而已。

仁 專言

- 智，心之知，事之別。——夫婦
- 義，心之制，事之宜。——君臣
- 信，心之誠，事之實。——朋友
- 禮，天理節文，人事儀則。——長幼
- 仁，心之德，愛之理。——父子

君臣

上下之分
去就之宜
盡己之實
朝覲之儀
懇惻之愛

義之
智義信禮仁

朋友

正其夫婦之別
君臣之義
正其四者之實
長幼之序
正其父子之親

父子

孩提之知
諫諍之宜
事親之實
定省之節
親親之愛

仁之
智義信禮仁

夫婦

男女之別
內外之限
始終之誠
相敬之儀
人倫之始

智之
智義信禮仁

信之
智義信禮仁

長幼

疾徐之別
酬酢之宜
從兄之實
進退之節
長長之愛

禮之
智義信禮仁

敬齋箴圖

此是畫出一箇「敬」字。

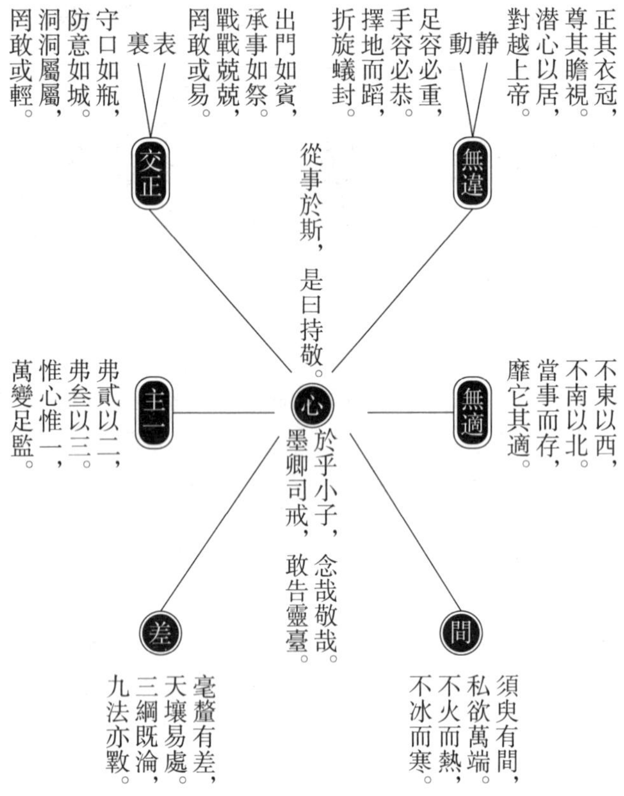
正其衣冠，
尊其瞻視。
潛心以居，
對越上帝。
靜
動
無違
足容必重，
手容必恭。
擇地而蹈，
折旋蟻封。
出門如賓，
承事如祭。
戰戰兢兢，
罔敢或易。
表
裏
交正
守口如瓶，
防意如城。
洞洞屬屬，
罔敢或輕。
不東以西，
不南以北。
當事而存，
靡它其適。
無適
從事於斯，是曰持敬。
心
於乎小子，念哉敬哉。
墨卿司戒，敢告靈臺。
主一
弗貳以二，
弗叁以三。
惟心惟一，
萬變足監。
間
須臾有間，
私欲萬端。
不火而熱，
不冰而寒。
差
毫釐有差，
天壤易處。
三綱既淪，
九法亦斁。

晝夜寤寐圖

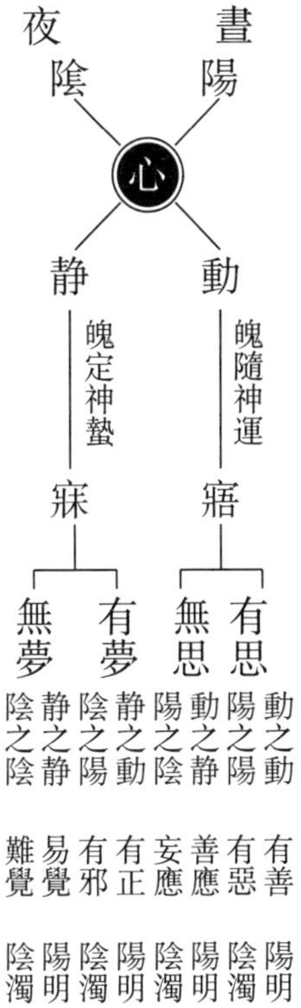

陰陽合德之圖

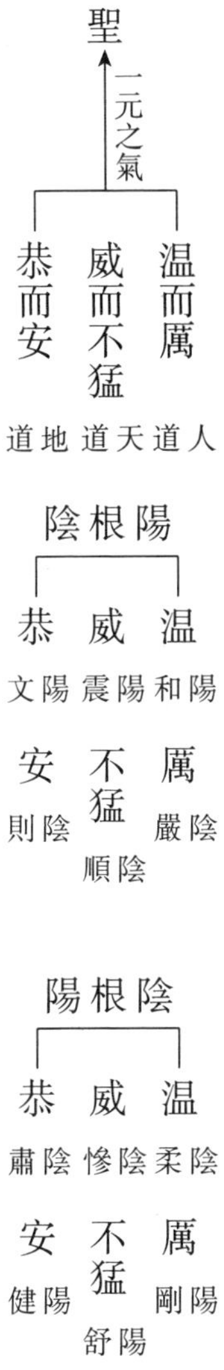

右北溪陳氏說

大學三綱八目圖

論道理自源而流，説工夫自上而下。

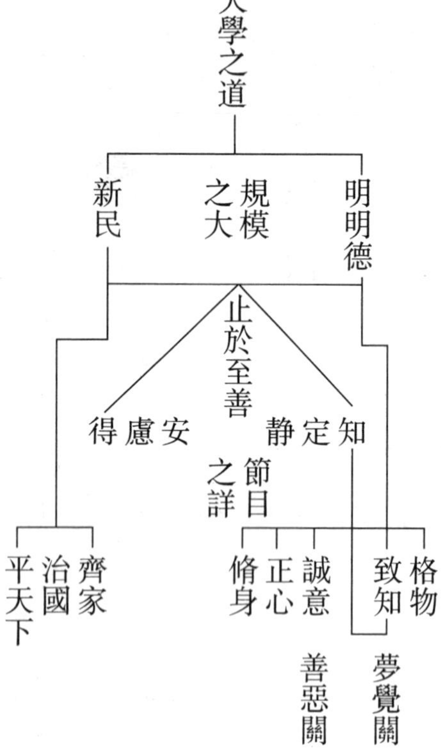

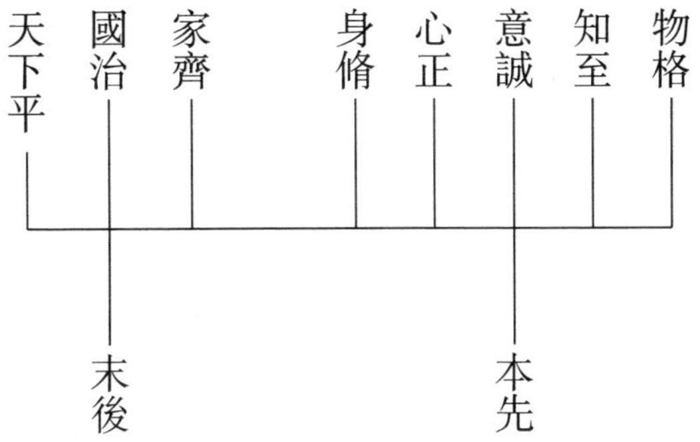
物格
知至
意誠
心正
身脩
家齊
國治
天下平
本先
末後

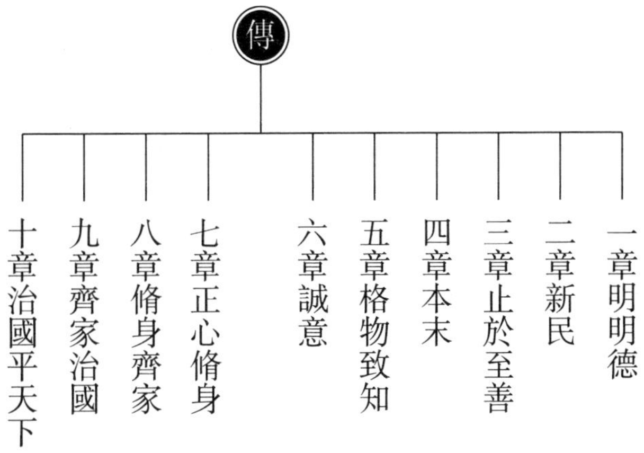
傳
一章明明德
二章新民
三章止於至善
四章本末
五章格物致知
六章誠意
七章正心脩身
八章脩身齊家
九章齊家治國
十章治國平天下

致知格物宗派圖

大學——程子

- 大學
  - 孔氏遺書
  - 韓文公曰：「没此理。」
  - 司馬公以格爲扞禦。
- 程子
  - 「致知爲學之先」兩條
  - 「致格次第工程」九條
  - 「涵養致知本原」五條
  - ——李延平——朱文公

物　凡聲色貌象盈天地之間者，皆物也。

理
- 爲是物必有當然之則。
- 上帝所降之衷，劉子所謂天地之中，
- 烝民所秉之彝。夫子所謂性與天道。
- 孟子所謂仁義之心，張子所謂萬物一原，
- 程子所謂天然自有之中。邵子所謂道之形體。

格
- 求之文字之中，考之事爲之著，
- 索之講論之際，察之念慮之微。
- 身心性情之德，天地鬼神之變，
- 人倫日用之常。鳥獸草木之宜。
- 一物之中　有所當然而不容已，有所已然而不可易。表裏精粗無不盡。
- 推測　真積力久　豁然貫通。

常在此心
且究一事
融釋別窮

積久——灑然

呂芸閣　窮萬物之理同出於一，爲格物。知萬物同出於一理，爲知理。

謝上蔡　一處理通，觸處皆通。以恕爲本。

楊龜山　反身而誠，天下之理無不在我。

尹和靖　以「今日格一物，明日格一物」非程子之言。

胡文定　物物致察，宛轉歸也。

胡五峰　志立乎萬物之表，欲行乎事物之內。知乃可精。

此皆有所未盡，無以發明其師說。

致知格物圖

朱子曰：此是《大學》第一義，脩己治人之道，無不從此而出，終身要受用。

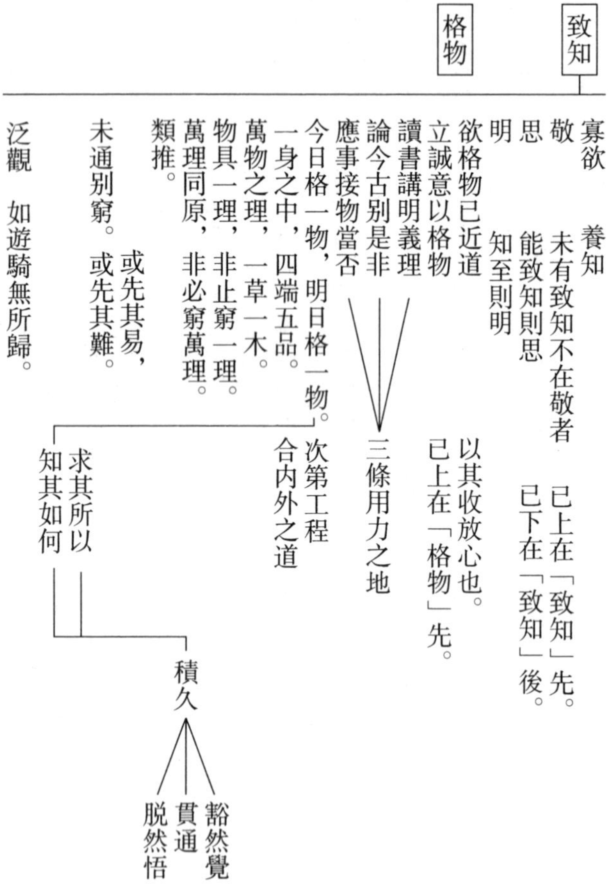

中庸章句圖

孔門傳授心法。

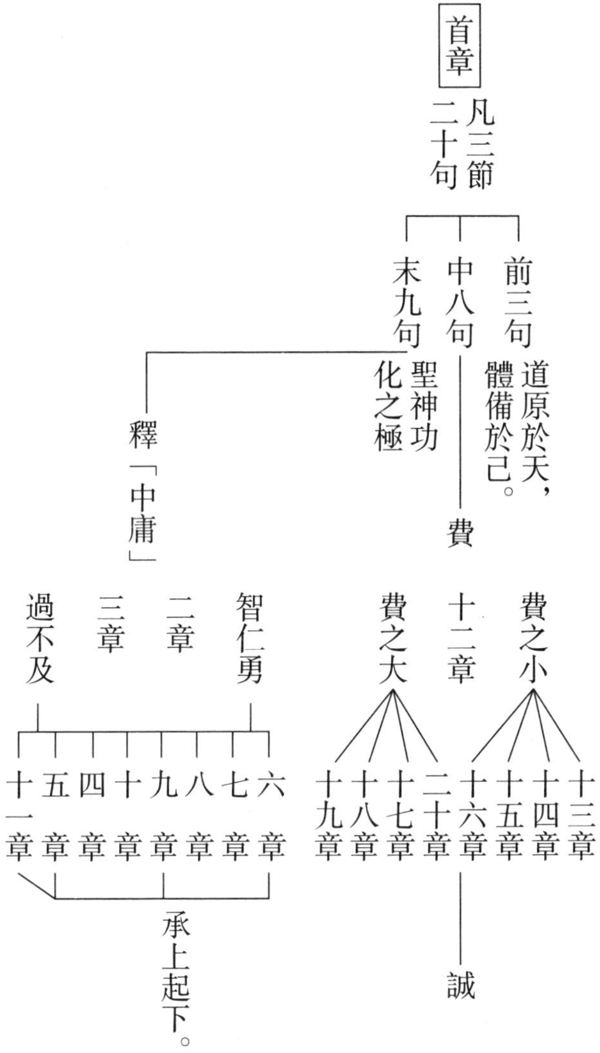

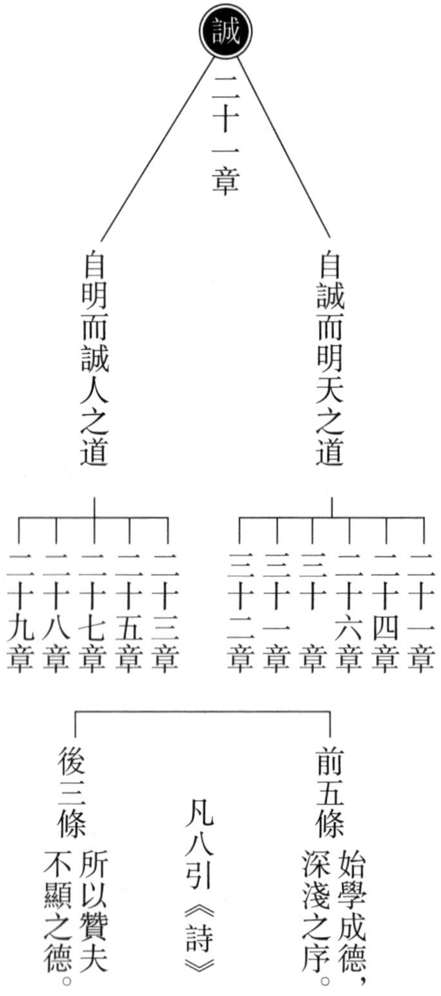

始言一理，中散爲萬事，末復合爲一理。放之則彌六合，卷之則退藏于密。其味無窮，皆實學也。

至德凝道圖

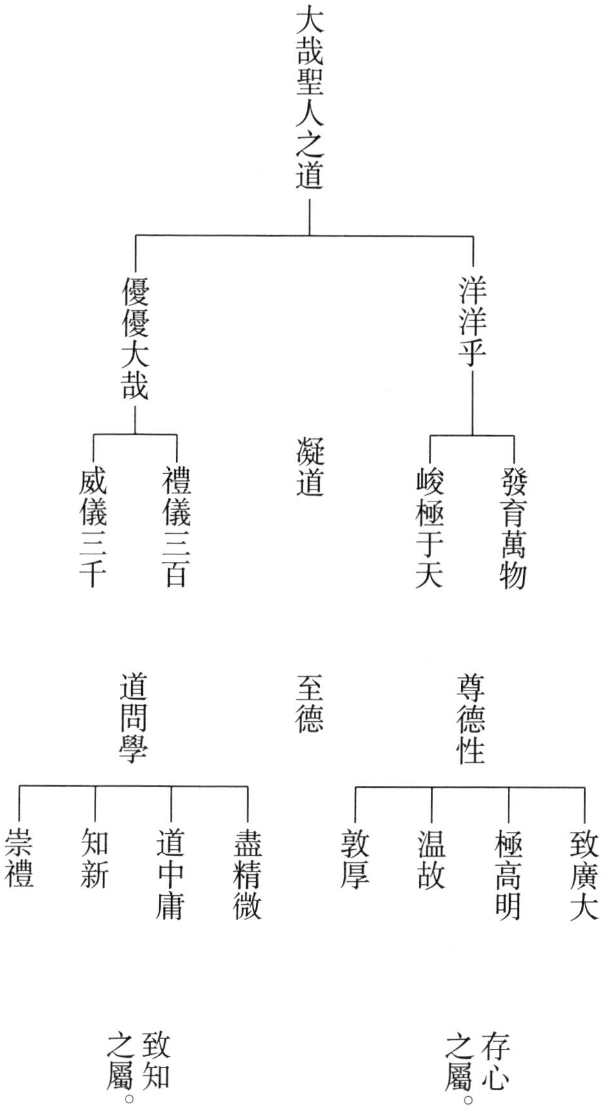
大哉聖人之道
洋洋乎
優優大哉
發育萬物
峻極于天
凝道
禮儀三百
威儀三千
尊德性
至德
道問學
致廣大
極高明
温故
敦厚
盡精微
道中庸
知新
崇禮
存心之屬。
致知之屬。

達道達德圖

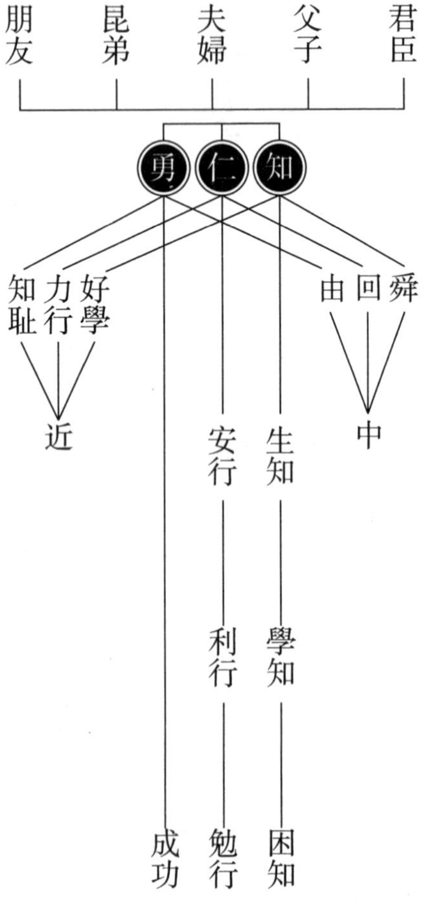

中庸首章圖

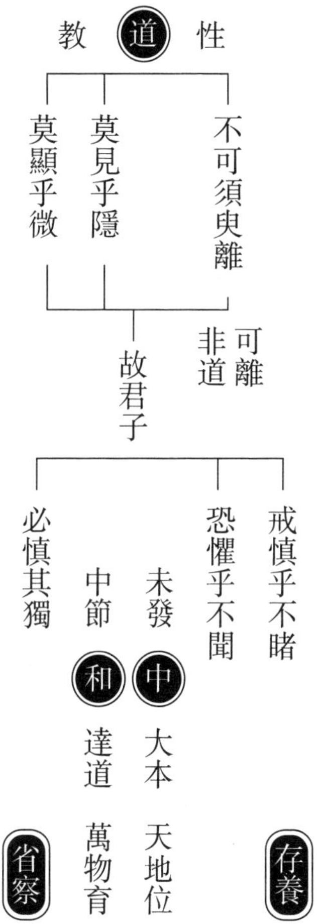
性
道
教
不可須臾離
莫見乎隱
莫顯乎微
可離
非道
故君子
戒慎乎不睹
恐懼乎不聞
未發
中
大本
天地位
中節
和
達道
萬物育
必慎其獨
存養
省察

中庸卒章圖

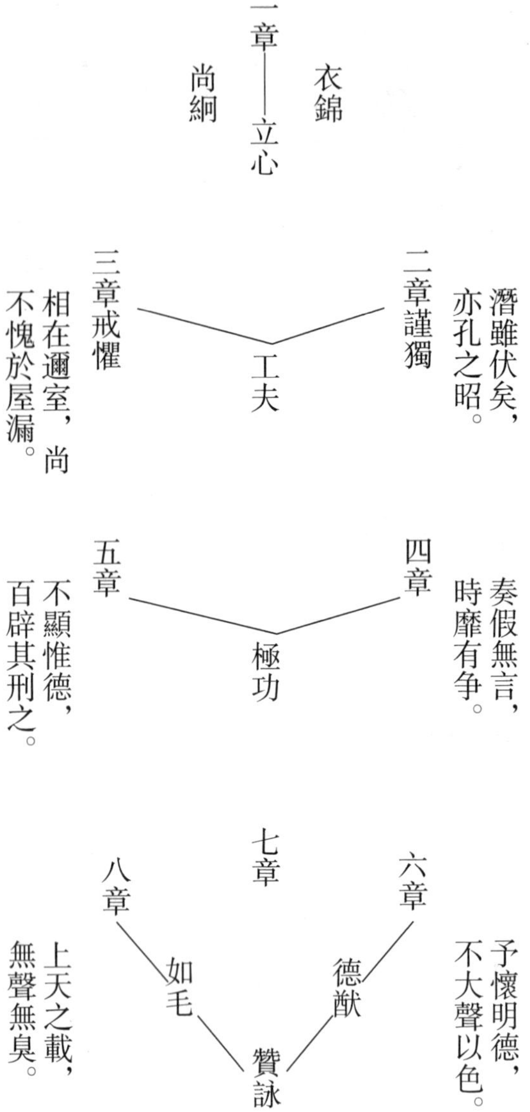
一章
立心
衣錦
尚絅
二章謹獨
潛雖伏矣，亦孔之昭。
工夫
三章戒懼
相在爾室，尚不愧於屋漏。
四章
奏假無言，時靡有爭。
極功
五章
不顯惟德，百辟其刑之。
六章
予懷明德，不大聲以色。
德輶
七章
贊詠
如毛
八章
上天之載，無聲無臭。

君子不謂性命説

此章吴伯豐問得稍密。

性命總論

程子曰：在天爲命，在人爲性。貴賤壽夭，命也。仁義禮智，亦命也。

性命理論

本然之性

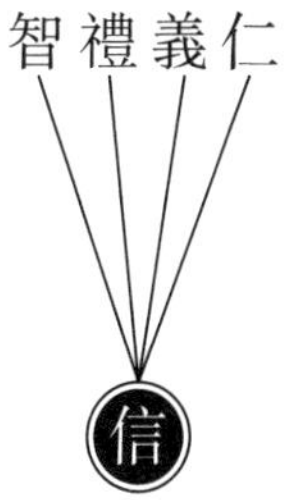

實有此四者。

此章言性

仁　義　禮　智

聖〔一〕盡此四者至極處。

氣質

性

氣質之性

口　目　耳　鼻　四肢

能知

味　色　聲　臭　安佚

命

自天道也

厚

口　目　耳　鼻　四肢

得

味　色　聲　臭　安佚

薄

口　目　耳　鼻　四肢

不得

味　色　聲　臭　安佚

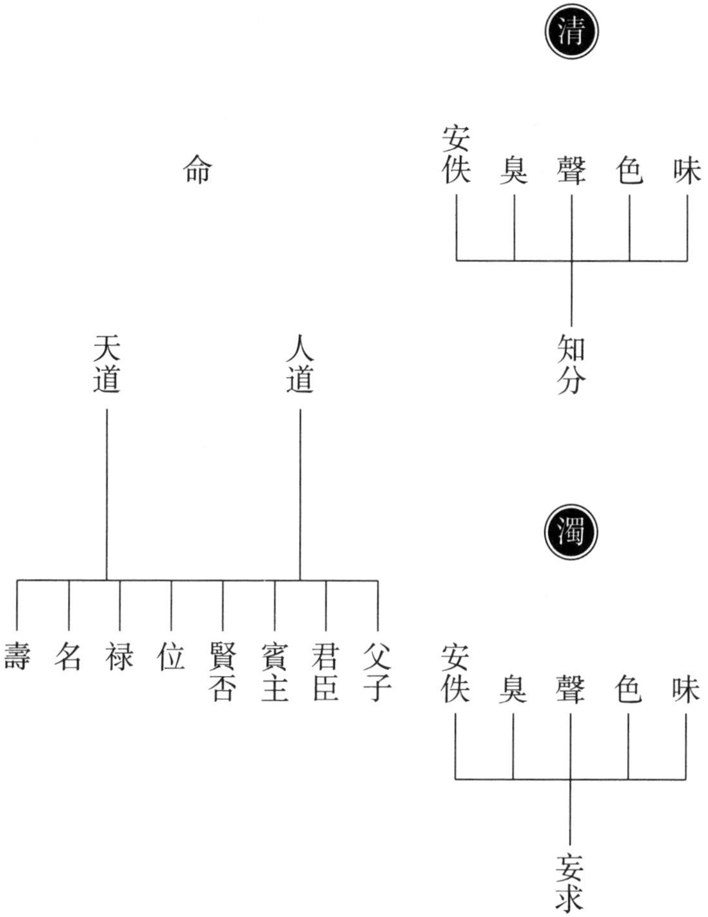
清
安佚
臭
聲
色
味
知分
濁
安佚
臭
聲
色
味
安求
命
天道
人道
壽
名
禄
位
賢否
賓主
君臣
父子

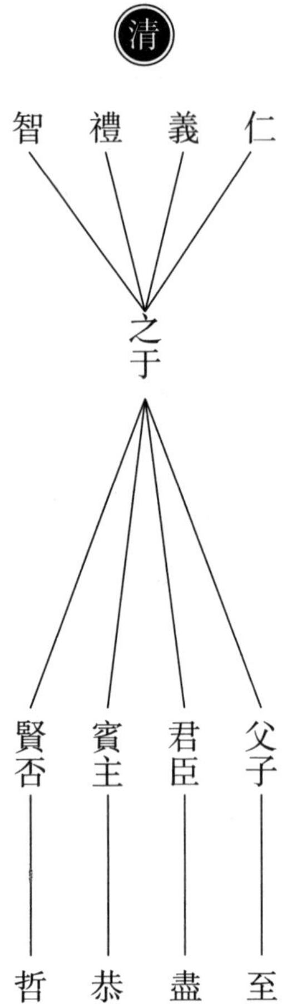
清
仁
義
禮
智
之于
父子
君臣
賓主
賢否
至
盡
恭
哲

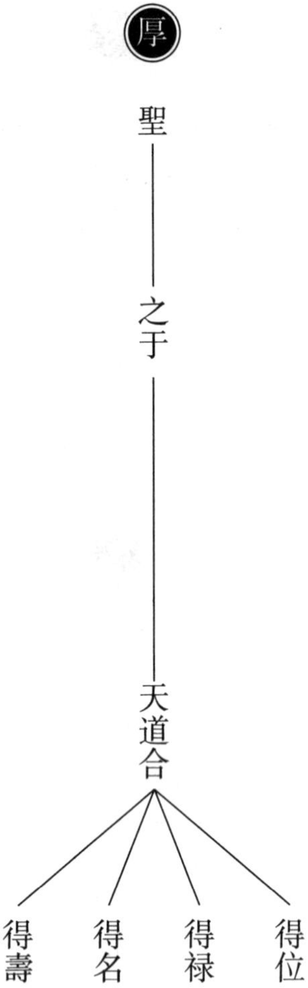
厚
聖
之于
天道合
得位
得禄
得名
得壽

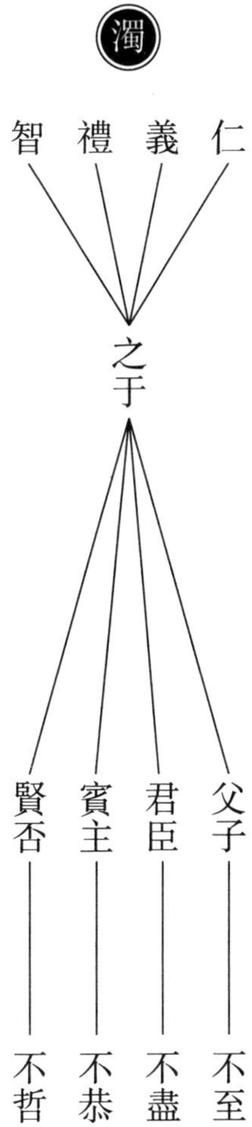

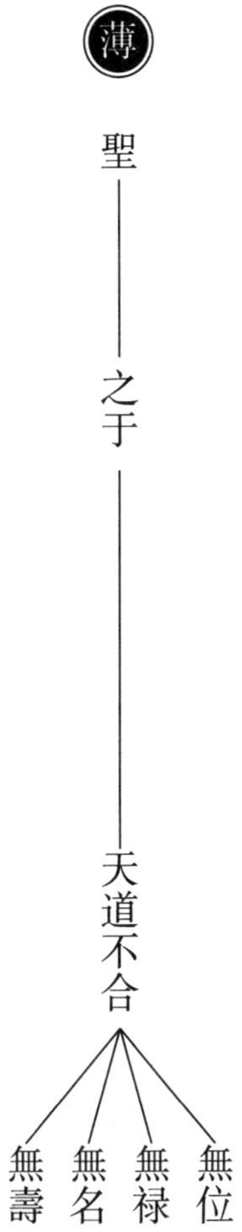

二章總論

延平先生曰：「二條皆性之所有，而命于天者。」

二章開論

性：味、色、聲、臭、安佚——世之所重，孟子抑之。

命：父子、君臣、賓主、賢否、天道——世之所輕，孟子伸之。

味、色、聲、臭、安佚——有命

仁、義、禮、智、聖——有性

朱子釋

聖人於天道：吻合、與否——命

純亦不已——性

二南相配圖

周南

《關雎》，后妃之德。

《葛覃》，后妃之本。

《卷耳》，思其君子。

《樛木》，逮下也。

《螽斯》，不妬忌。

《桃夭》，及時也。

《兔罝》，賢人衆多。

《芣苢》，和平之盛。

《漢廣》，無敢犯禮。

《汝墳》，閔其君子。

《麟趾》，《關雎》之應。

配

召南

《鵲巢》，夫人之德。

《采蘩》，夫人之職。

《草蟲》，思其君子。

《江有汜》，美媵也。

《小星》，無妬忌。

《標梅》，及時也。

《羔羊》，在位正直。

《采蘋》，能循法度。

《行露》，不能侵陵。

《殷其雷》，閔其勤勞。

《騶虞》，《鵲巢》之應。

右二《南》各十有一篇。《召南》有《甘棠》，後人思召伯也。《何彼襛矣》，王風也。〔二〕《野有死麕》，淫詩也。皆不足以與于此。

洪範傳目圖

貌 恭 肅 狂 言 從 乂 僭 視 明 哲 豫 聽 聰 謀 急 思 睿 聖 蒙	壽 富 康寧 好德 考終 凶短折 疾 憂 貧 惡 弱	歲 月 日 星辰 曆數
雨 霽 蒙 克 驛 悔貞〔三〕	皇極	司空 司徒 司寇 食 貨 祀 賓 師
高明柔克 沈潛剛克 平康正直 變友柔克 强弗友剛克	水 潤下 鹹 火 炎上 苦 木 曲直 酸 金 從革 辛 土 稼穡 甘	時雨 常雨 時暘 常暘 時燠 常燠 時寒 常寒 時風 常風

《洛書》之數四十有五，《洪範》之經推而爲五十五事，與《河圖》之數不期而暗合。箕子之傳又推而爲八十一事，八十一者，九九之正數也。今寫爲圖于左。

惟皇建極圖

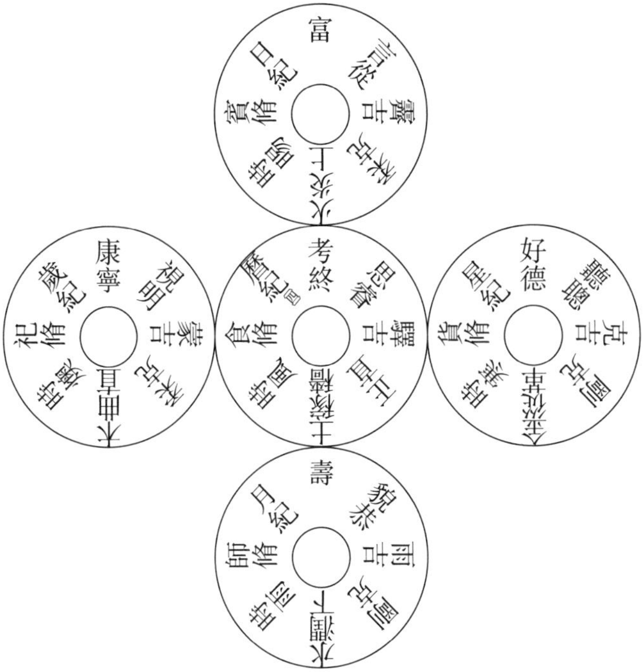

皇不建極圖

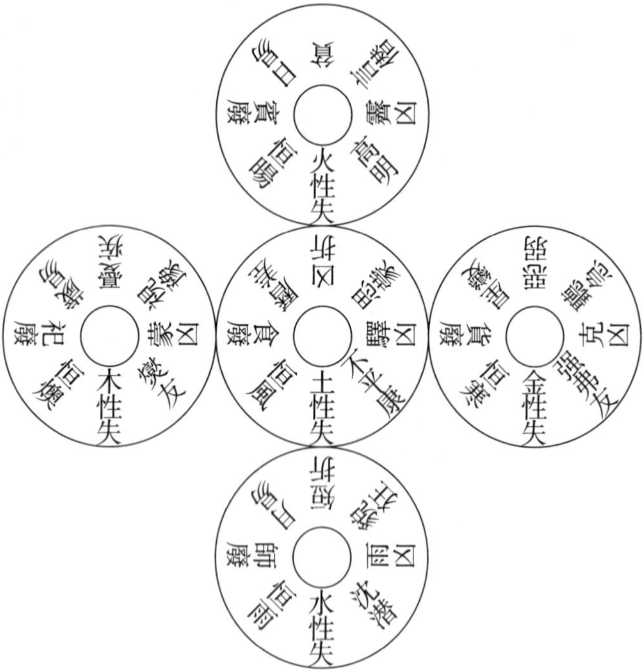

五行圖

水 火 木 金 土
序
潤下 炎上 曲直 從革 稼穡
性
德
鹹 苦 酸 辛 甘
味

事證圖

水 火 木 金 土
貌 言 視 聽 思
恭 從 明 聰 睿
德
〔五〕
肅 乂 哲 謀 聖
用
雨 暘 燠 寒 風
時若
狂 僭 豫 急 蒙
〔六〕
咎證

洪範經圖

九章，共六十五字，凡五十有五事。

初一乃五行，五行不言用，諸疇之用，莫非其用。

次五止曰皇極，皇極不言數，諸疇之嚮，不可不一。

次四曰 協用五紀。	次九曰 嚮用五福，威用六極。	次二曰 敬用五事。
次三曰 農用八政。	次五曰 建用皇極。	次七曰 明用稽疑。
次八曰 念用庶證。	初一曰 五行。	次六曰 乂用三德。

皇極經圖

即堯舜執中之傳，人君爲治心法。　共六十四字。

所謂「皇極之敷言」，《詩》之體也。　二章，章二句。　二章，章六句。

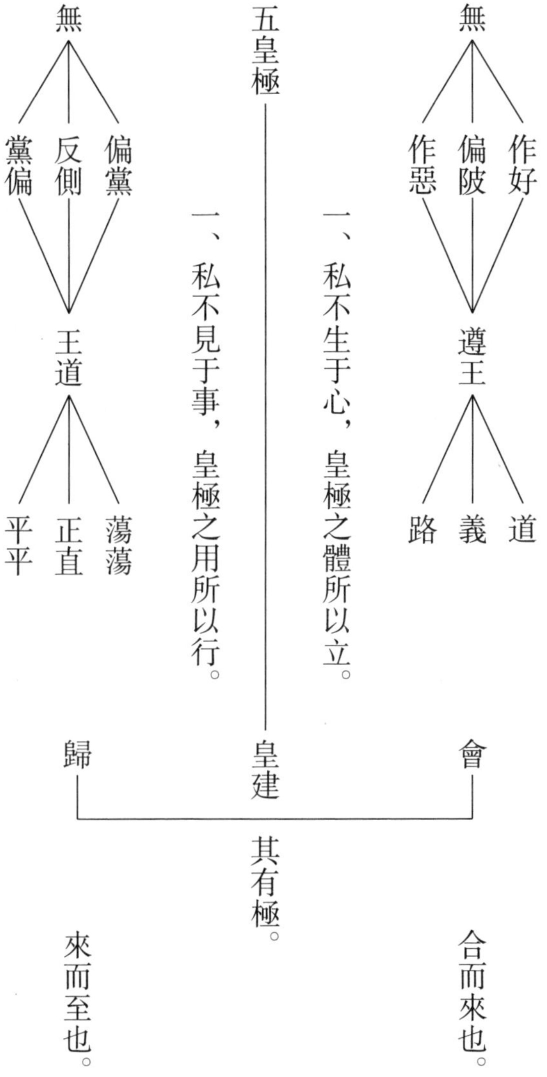

洪範並義圖

《洛書》《河圖》相表裏故。

一六並位，二七、三八、四九皆並位，九疇之義，于是相應。

四五紀 運乎天者，有經緯離合之不齊。	九五福 賦于人者，有五福六極之或異。	二五事 見于事者，有得有失。
三八政 施于政者，有善有惡。	五皇極	七稽疑 驗于占者，有吉有凶。
八庶證 感于天者，有變有常。	一五行 天賦于人，有清濁、厚薄之殊。	六三德 人囿于質，有剛柔善惡之異。

洪範對義圖

箕子所陳事證相感，舉一隅也。

今三縱一衡取義，亦舉一隅也。

五事 皆有當然之則，所謂本然之性。	稽 疑 有　有 凶　吉	三德 剛柔善惡不同，所謂氣質之性。
福極 人之所稟，有五福六極。		五行 天之所賦，有善惡厚薄。
五紀 天道之常經也。	得　失 有　有 政 人	庶證 天道之變化也。

三德圖

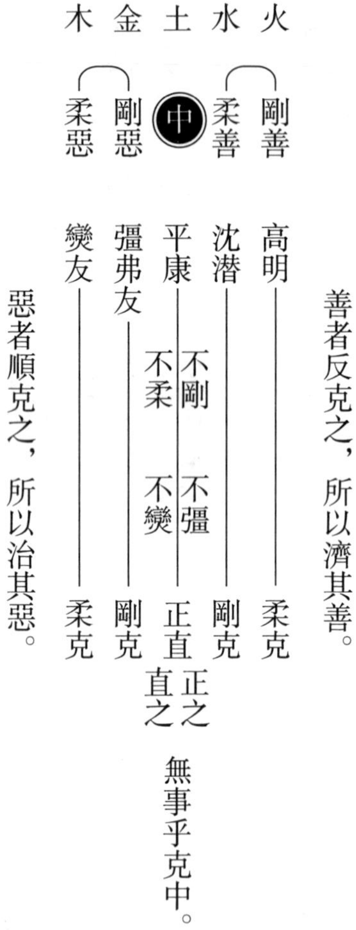
善者反克之，所以濟其善。
火 剛善 高明 柔克
水 柔善 沈潛 剛克
土 中 平康 正直 無事乎克中。
不剛 不彊 正之
不柔 不變 直之
金 剛惡 彊弗友 剛克
木 柔惡 變友 柔克
惡者順克之，所以治其惡。

皇極敷言敷錫圖

敷言

人君
- 是訓、是彝 —— 于帝其訓
- 惟辟 —— 作福、玉食、作威 —— 爲民父母

庶民
- 是訓、是行 —— 近天子光
- 臣人 —— 作福、玉食、作威 —— 害家凶國

敷錫

無有淫朋

庶民
- 有猷、有爲、有守 —— 念之
- 不協于極、不罹于咎 —— 受之 —— 福
- 無虐煢獨

人臣
- 有能、有爲 —— 羞行
- 正人 —— 弗好于家 —— 辜
- 無德 —— 雖錫之福 —— 咎
- 無畏高明

無有比德

錫保

福極圖

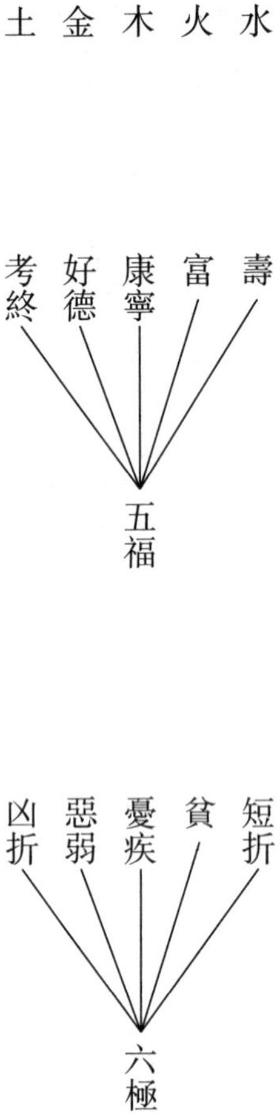

卜紀圖

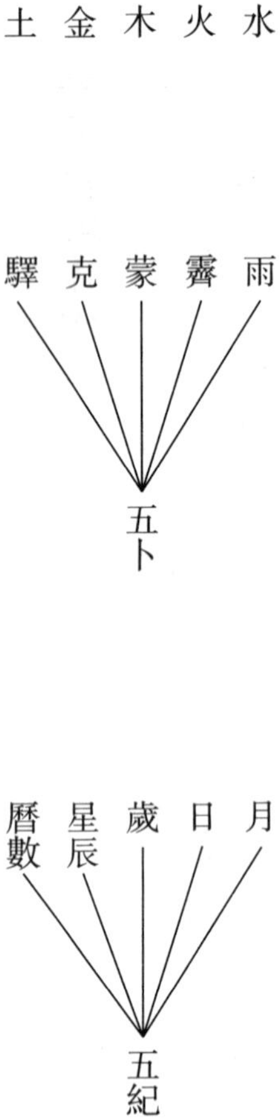

八政圖

舜爲九功，禹爲八政。合土穀爲一。

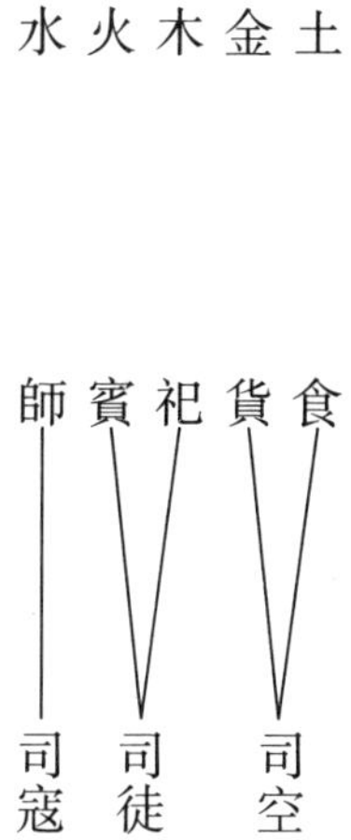

四謀圖

即虞之士，

舜曰：「朕志先定，詢謀僉同。鬼神其依，龜筮協從。」箕子祖此意。

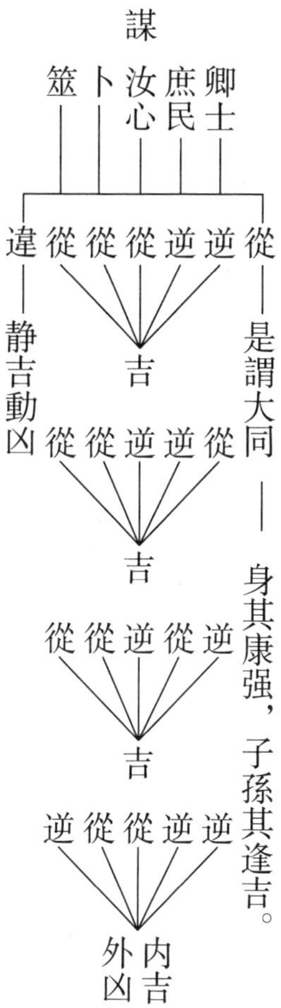

三聖授受圖

堯曰：「咨！爾舜，天之曆數在爾躬， 舜亦以命禹。	允執其中，	四海困窮，天祿永終。」
帝曰：「來，禹！洚水儆予，成允成功。惟汝賢。克勤于邦，克儉于家，不自滿假，惟汝賢。汝惟不矜，天下莫與汝争能。汝惟不伐，天下莫與汝争功。予懋乃德，嘉乃丕績，天之曆數在爾躬，汝終陟元后。」	人心惟危，道心惟微，惟精惟一，允執厥中。無稽之言勿聽，弗詢之謀勿庸。	可愛非君？可畏非民？衆非后，何戴？后非衆，罔與守邦？欽哉！慎乃有位，敬修其可願。四海困窮，天祿永終。惟口出好興戎，朕言不再。

人心道心圖

文公謂人心道心之不同，以其或生于形氣之私，或原于性命之正。既曰「私」，即人欲矣。又曰人心不可謂之人欲，何也？

人心
耳目鼻口之用
飲食男女之常
上智下愚，一也。
故曰上智不能無人心。

道心
全體無不得其正——上智
一事間或得其正——下愚
故曰下愚不能無道心。

原字——自外推入，知其本有——故曰微

生字——感物而動，知其本無——故曰危

正字
私字
皆見于外者。

故人心不可謂之人欲，人心若便是人欲，聖人必不曰危，危者謂易流于人欲。

易原圖

學易綱領

八卦次序
八卦方位
六十四卦次序
六十四卦方位

開卷第一義

先天之學傳授。
朱子曰：四圖出于邵氏，邵氏得于李挺之，挺之得于穆伯長，伯長得于希夷先生陳圖南者。

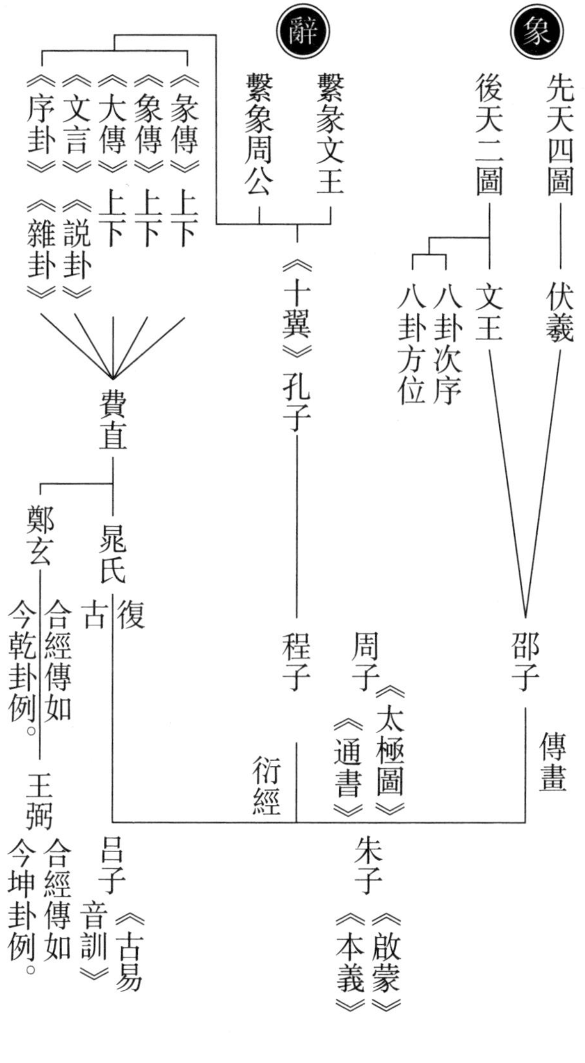
象
先天四圖
伏羲
後天二圖
文王
八卦次序
八卦方位
邵子
傳畫
辭
繫彖文王
繫象周公
《十翼》孔子
《彖傳》上下
《象傳》上下
《大傳》上下
《文言》
《説卦》
《序卦》
《雜卦》
費直
晁氏
復古
鄭玄
合經傳如今乾卦例。
王弼
合經傳如今坤卦例。
周子
《太極圖》
《通書》
程子
衍經
朱子
《啟蒙》
《本義》
呂子
《古易音訓》

易道交明圖

上以天地之理明易，下以易明天地間事。

上是天地變化，下是易之變化。

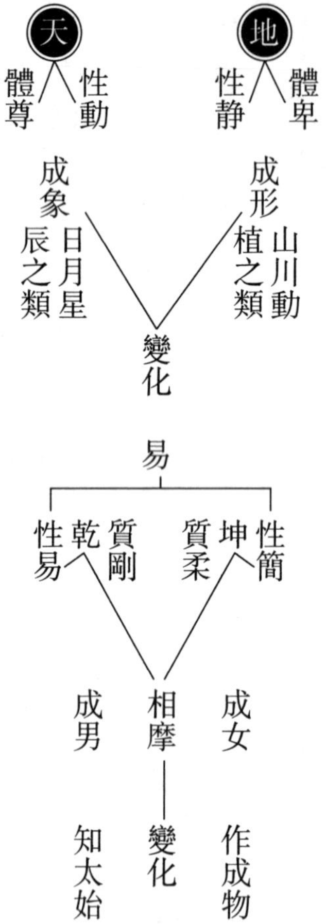

聖人易簡之圖

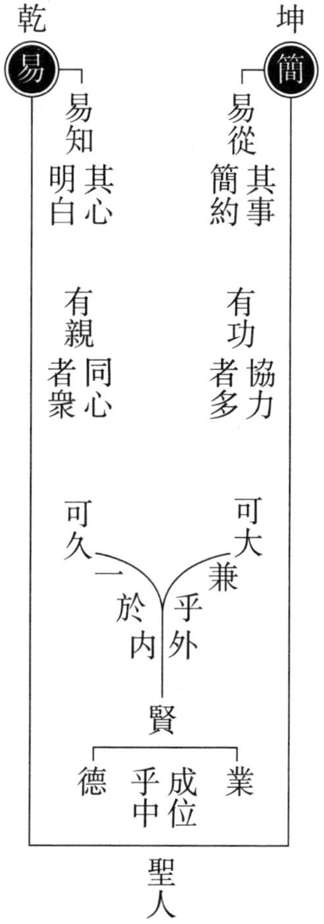
乾
易
易知
其心
明白
有親
同心
者衆
坤
簡
易從
其事
簡約
有功
協力
者多
可久
一於內
可大
兼乎外
賢
德
業
成位
乎中
聖人

四象三極圖

題詞 聖人設卦觀象，繫詞焉而明吉凶。

悔者，將趨于吉而未至于吉。

吝者，將趨于凶而未至于凶。

變自無而有 剛變趨柔 進極而退也 柔則夜而陰矣

化自有而無 柔化趨剛 退極而進也 剛則晝而陽矣

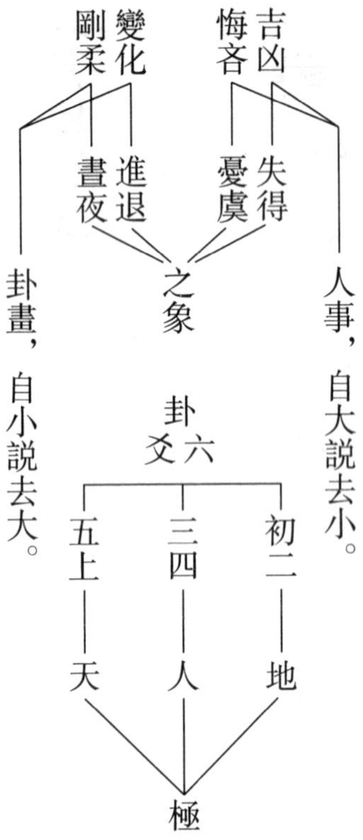

觀玩圖

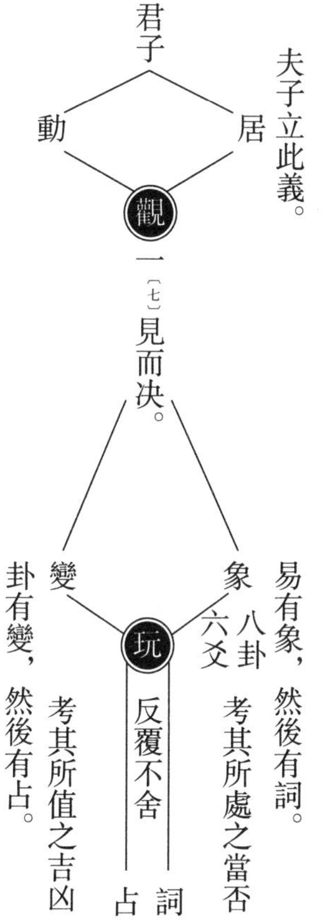
夫子立此義。
君子
居
動
觀
一[七]見而決。
象
變
玩
易有象，然後有詞。
八卦
六爻
考其所處之當否
反覆不舍
詞
占
考其所值之吉凶
卦有變，然後有占。

辭例圖

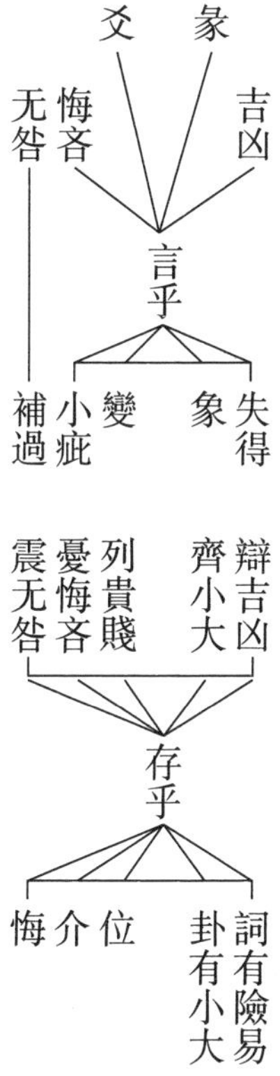
象
爻
吉凶
悔吝
无咎
言乎
失得
象
變
小疵
補過
辯吉凶
齊小大
列貴賤
憂悔吝
震无咎
存乎
詞有險易
卦有小大
位
介
悔

陽顯陰藏圖

陰陽是氣，一陰又一陽，循環不已，是道也。

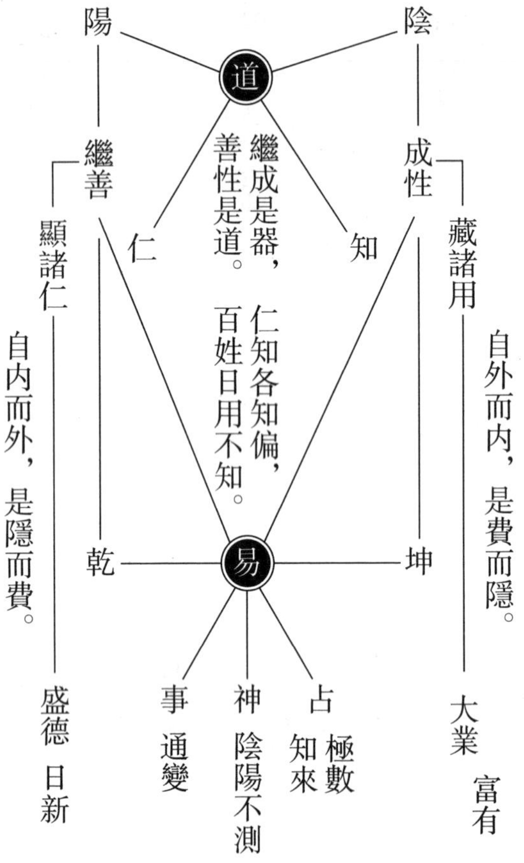

窮理盡性至命圖

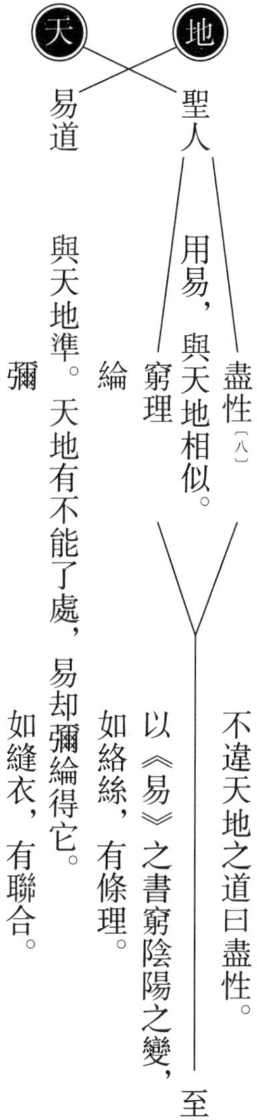
地
天
聖人
易道
用易，與天地相似。
盡性〔八〕
窮理
綸
與天地準。天地有不能了處，易却彌綸得它。
彌
不違天地之道曰盡性。
以《易》之書窮陰陽之變，
如絡絲，有條理。
如縫衣，有聯合。
至命。

俯察　反終
仰觀　原始
知幽明。
知死生。
魄降魂遊。散　鬼歸。
陰精陽宅。聚　神伸。
窮理

道濟天下**仁**，地也。不流，守正之仁，安土敦仁。故能愛。
知周萬物**知**，天也。旁行，行權之知，樂天知命。故不憂。
盡性

曲成萬物　極其小。小德川流也。易　陽而陰，陰而陽。故無體。
通晝夜之道
範圍天地　極其大。大德敦化也。神　或在此，或在彼。故無方。
至命

動靜分配圖

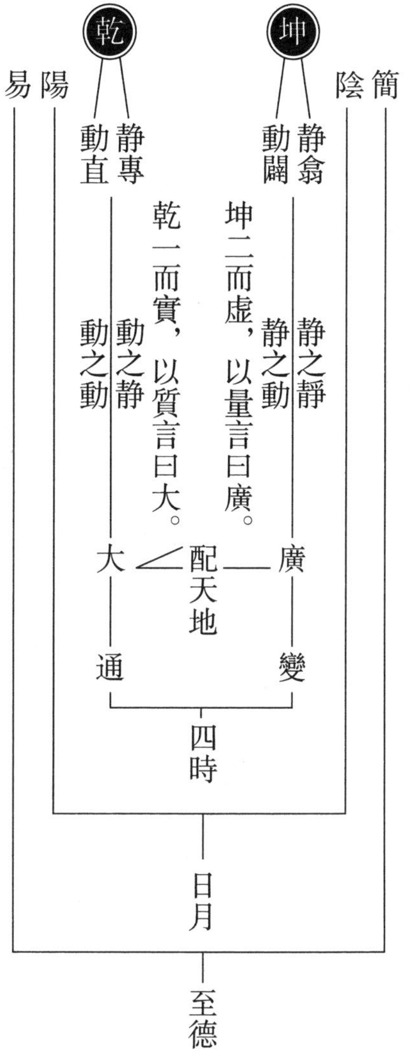
乾
坤
陽
易
陰
簡
靜專
動直
靜翕
動闢
坤二而虛，以量言曰廣。
乾一而實，以質言曰大。
靜之靜
靜之動
動之靜
動之動
廣
大
配天地
變
通
四時
日月
至德

成性存存圖

地
易行乎中，
天地設位。
天

易

聖人

禮卑者，踐履貴乎著實，循理之事也。
廣業——禮卑——法地
以之 成性存存 道義之門 即易也
崇德——知崇——效天
知崇者，知識貴乎高明，窮理之事也。

爻象動賾圖

典，常也。 會而不通，則窒塞難行。 一卦中自有會通。
禮，理也。 通而不會，則曲折不見。 六爻中各有會通。

爻
聖人見
象〔一〇〕

動 觀會通以行其典禮，繫辭焉〔九〕以斷其吉凶。
不可亂
不可惡
賾 擬諸形容，象其物宜。

默而成之——德行
神而明之——人
鼓天下之動——辭
存乎
極天下之賾——卦
推而行之——通
化而裁之——變

四尚三至圖

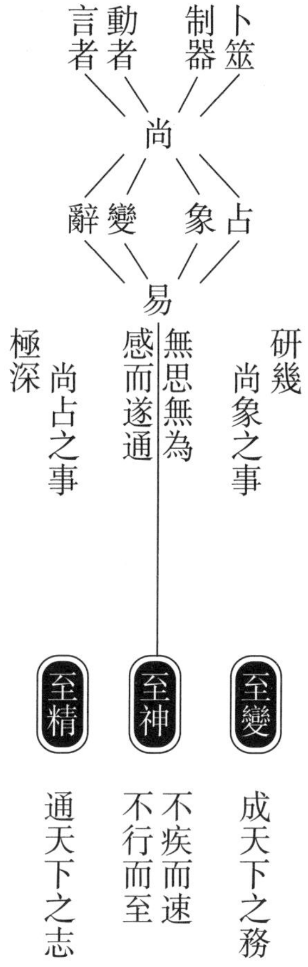
卜筮
制器
動者
言者
尚
占
象
變
辭
易
研幾
尚象之事
無思無為
感而遂通
尚占之事
極深
至變
至神
至精
成天下之務
不疾而速
不行而至
通天下之志

策數圖

上下經陰爻百九十二　得四千六百有八策

每爻二十四策

坤　六爻　共一百四十有四策

老陰六四其六

老陽九四其九

乾　六爻　共二百一十有六策

每爻三十六策

上下經陽爻百九十二　得六千九百一十有二策

總三百六十　當期之數

當萬物數

四營成卦圖

引而伸之，觸類而長之。凡四千九十六卦。

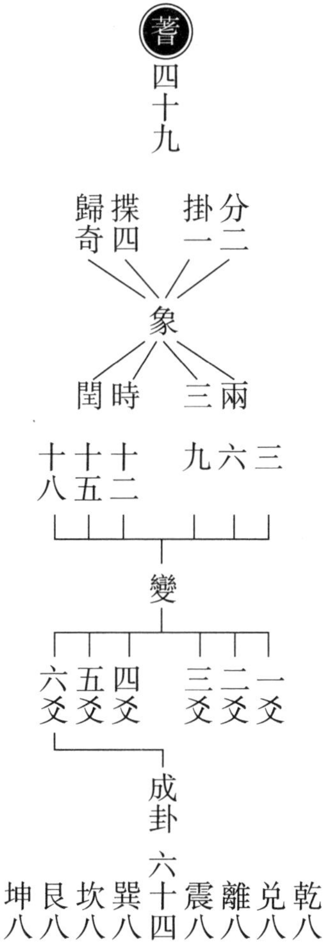

聖人作易用易圖

上是作《易》之本，下是用《易》之事。

發揮於剛柔而生爻

卦——德方以知——靜　知以藏往　齋戒　觀變玩占，臨事而敬。

觀變於陰陽而立卦

窮理盡性以至於命　定天下之業

爻——義易以貢　變　聖人　斷天下之疑

和順道德而理於義　道天下之志

參天兩地而倚數

蓍——德圓而神——動　神以知來　洗心　觀象玩辭，理與心會。

幽贊神明而生蓍

易道開闔圖

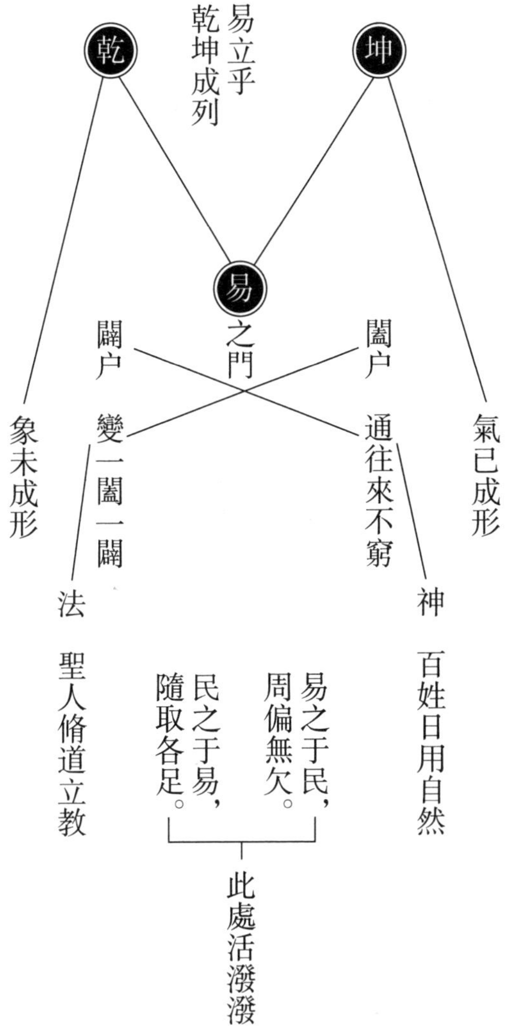
易立乎乾坤成列
坤
乾
易
闔户
之門
闢户
氣已成形
通往來不窮
變一闔一闢
象未成形
神
法
百姓日用自然
易之于民，周偏無欠。
民之于易，隨取各足。
聖人脩道立教
此處活潑潑

朱子辯古圖

天地之數，即《河圖》之全數。

大衍之數，即《河圖》虛五不用之數。

古文	夫子解
天一地二，天三地四，天五地六，天七地八，天九地十，天數五，地數五。凡天地之數五十有五。	五位相得而各有合，此所以成變化而行鬼神也。
大衍之數五十，其用四十有九。	
分而爲二，	以象兩。
掛一，	以象三。
揲之以四，	以象四時。
歸奇於扐。	以象閏。
乾之策二百一十有六，坤之策百四十有四，凡三百六十。	當期之數。
二篇之策凡萬有一千五百二十。	當萬物之數。

得合圖

五位相得

地偶　二四六八十

天奇　一三五七九

五行相得

陰　乙丁己辛癸

木火土金水

陽　甲丙戊庚壬

各有合

一二三四五

水火木金土

六七八九十

五行化氣

甲乙丙丁戊

土金水木火

己庚辛壬癸

吉凶圖

字書解吉凶之義，全不分明。

《大傳》曰：「吉凶者，失得之象也。」

《書》曰：「惠迪吉，從逆凶。」《丹書》曰：「義勝欲者從，欲勝義者凶。敬勝怠者吉，怠勝敬者滅。」

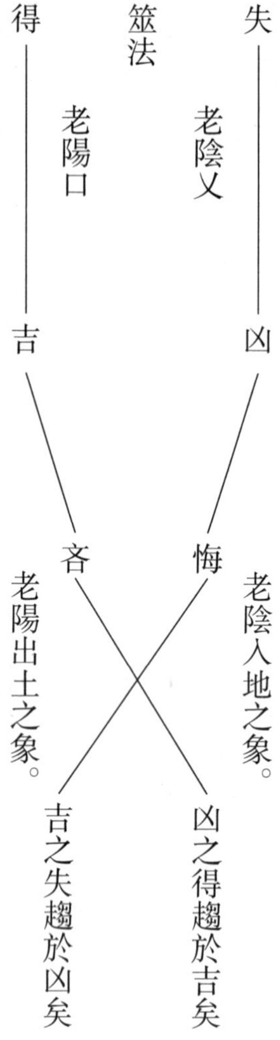

稽類圖

《大傳》曰：「其稱名也雜，斷句。而不越于稽其類。」

易

化 自動而靜 自陽而陰；自盛而衰 自有而無

剛化而趨于柔，進極而退也。

		爲偶數	爲坤卦	爲西北方
人		義 智	臣 母	妻 小人
事		終 往	幽 藏	凶
體		重 濁	卑 小	方
德		成 受	闔 利	貞
性		靜 順	簡 退	降 屈
柔質也		地 月	辰 川	植物 草木
陰氣也		鬼 魄	秋 冬	夜

變 自陰而陽 自靜而動；自無而有 自衰而盛

柔變而趨于剛，退極而進也。

陽氣也		神 魂	春 夏	晝
剛質也		天 日	星 山	動物 禽獸
性		動 健	易 進	升 伸
德		生 施	闢 元	亨
體		輕 清	高〔一〕大	圓
事		始 來	顯 明	吉
人		仁 禮	君 父	夫 君子
		爲奇數	爲乾卦	爲東南方

鬼神圖

于稽類中分出。

合而言

功效　體物而不遺，使人齊明盛服，以承祭祀。

張子曰：二氣良能。屈伸、往來。自然能如此。

二氣之分，實一氣之運。不離乎往來、屈伸、合散而已。

程子曰：造化之迹。風雷雨露，日月晝夜。皆是也。

情性　視之而不見，聽之而不聞，其情狀皆是實理。

分而言，

及其來格，鬼之神；方其既屈，鬼之鬼。　祭祀交感，以有感無。

死也，消也，虛也。寐也，魄定神蟄矣，

初生既盈氣，日反而遊散。反終也。

鬼者，歸也，陰之靈也。精也，魄也。

神者，伸也，陽之靈也。氣也，魂也，

物之初生氣，日至而滋息。原始也。

生也，息也，盈也，寤也，魄隨神運矣。

及其將屈，神之鬼；方其伸也，神之神。　祭祀交感，以有感有。

神總陰陽而言。

忽然而往，忽然而來，又如彼，纔如此。使人不可測，是謂妙用。

魂魄圖

分而言

魄之根蒂，主静，能受藏記憶，陰之精體之凝。

魄者精之神，有虚，有實。耳目之所以能視聽者。

魂者氣之神，有濁，有清。口鼻之所以能呼吸者。

魂之光焰，主動，能運用發越，陽之靈氣之發。

聽爲陰靈
視爲陽明
吸爲陰屈
呼爲陽伸

人生三變

既而體凝　老

魄次魂先　壯之時

始於氣感　幼

氣

衰質羸　充質實　微質胞

魂魄俱

耗　强　弱

合而言

魄勝魂

持循執守，決斷記憶。

整齊嚴肅，安恬退止。

魄重濁

拘滯狠僻。

昏蒙愚昧。

魄必魂，然後有以靈其精。

魂必魄，然後有以精其靈。

陰去陽
陽去陰
魄守魂
魂載魄

魄下落
魂上徂
陰不滯
陽不燥

離而死。

合而生。

魂勝魄

施爲經畫，思慮明覺。

奮厲振作，通暢和樂。

魂輕浮

流蕩滑稽

狂躁僭侈

生謂之精氣，死謂之魂魄，天地公共底謂之鬼神。

太極造化之圖

《通書》曰：「二氣五行化生萬物。」此自上而說下。

「五殊二實二本則一。」此自下而推上。

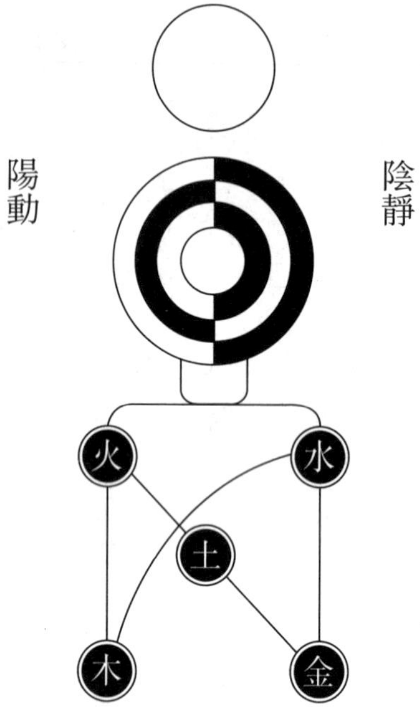

勉齋曰：「此是一關，自五行而上屬乎造化。」故周子曰：「陽變陰合而生水火木金土，五氣順布，四時行焉。」至此說轉去，蓋天地造化至五行而止，由是而下生人物也。

《通書》曰：「是萬爲一，」此自下而推上。
「一實萬分。」此自上而説下。
「萬一各正，小大有定。」此總説上下。

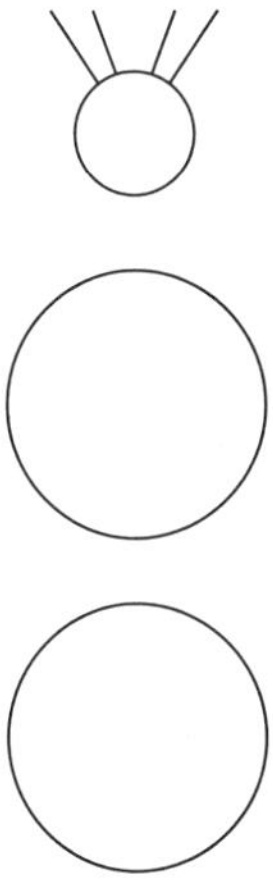

勉齋曰：再自「五行之生，各一其性」説出，至「變化無窮」。太極、二氣、五行三者，初無斷際，若不説合，則成三件。所以謂之妙合，非昔開而今合，既合而生人物，自此下却節節説開。

太極通書相表裏

朱子曰：周子留下《太極圖》，若無《通書》，如何曉得？

一部《通書》，皆是發明《太極圖》。
書雖不多，統紀已盡。
分曉精深，結構得密。
簡古淵深，未易窺測。
文雖高簡，體實淵懿。
所論不出陰陽變化、脩己治人之事。
語意峻潔而混成，
條理精密而疎暢。

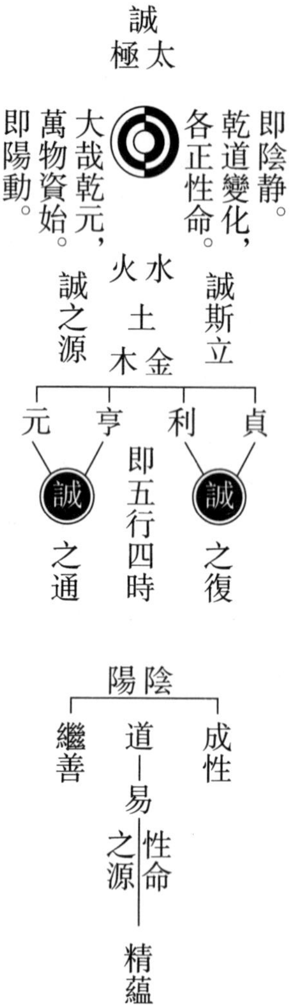

右《通書》第一章、第二十章。

通書動靜章

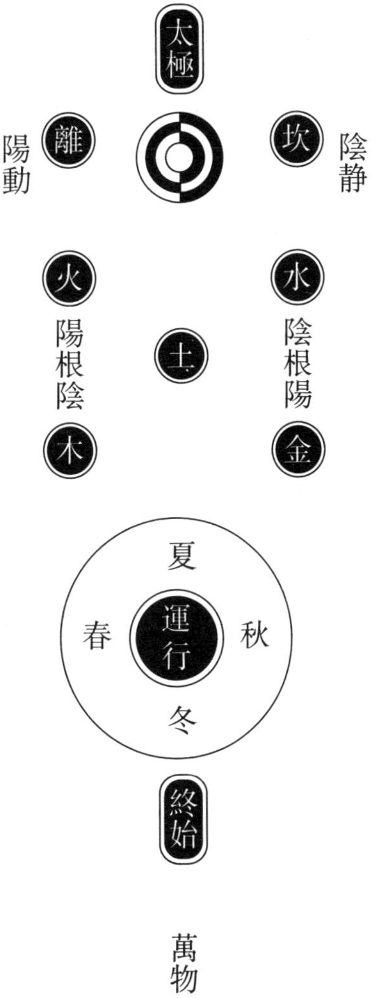

此章提出動靜水火説，復歸太極。

動而無静
靜而無動
物也 物則不通

動而無動
非不動不静
静而無静
神也 神妙萬物

水陰根陽
火陽根陰
五行陰陽
陰陽太極

四時運行
萬物終始
混兮闢兮，其無窮兮。

聖誠圖

以下聖人功化。

以其未形謂之無。

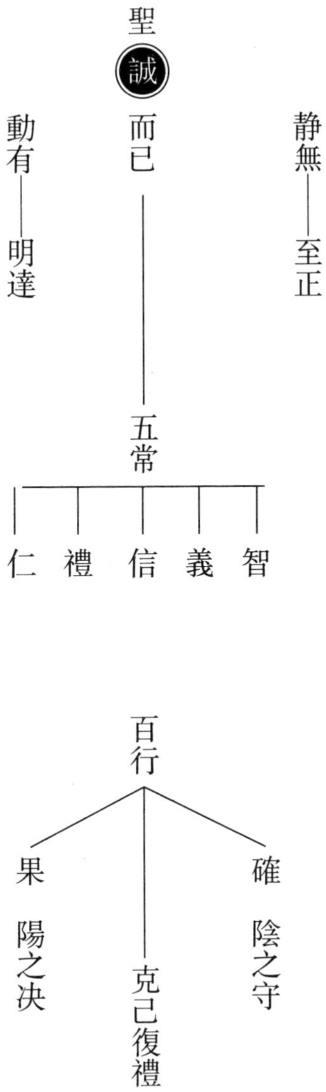

以其可見謂之有。

右《通書》第二章。

無欲圖

無繫累故虛。

靜虛，體之未發在己也。

明　虛故明。
明不至則生疑。
通是明之極。

通　明則見理通透。

一

無欲

一者，此心混然，太極之體。

無欲，心體粹然，無極之真。

動直　用之流行接物也。

公　直便公。
公于己者公于人。天地聖人公而已。
溥是公之極。

溥　公則無物我，故溥。

無委曲故直

右第二十章、二一章、三七章。

誠幾德圖

《通書》第三、第五、第三十五章。

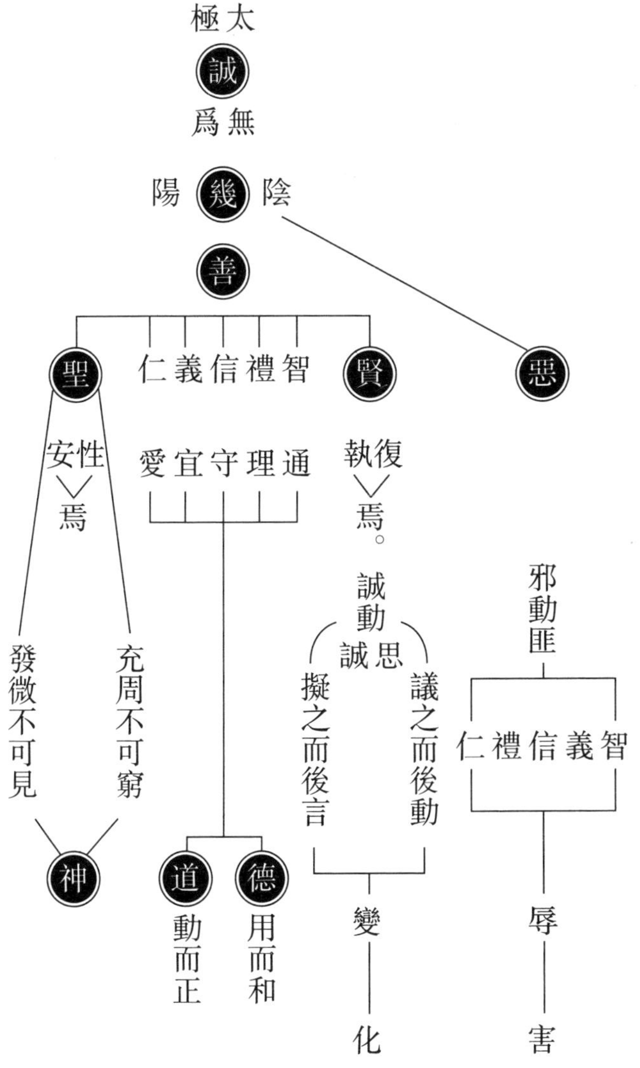

誠神幾圖

朱子曰：「幾是五性感動，善惡未分之時。」

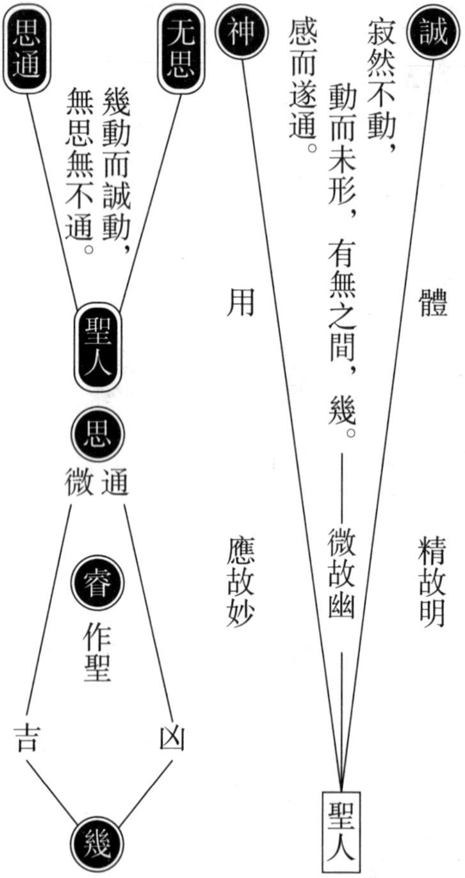

右《通書》第四章、第九章。

立極圖

第六章、第四十章。

周子曰：聖人定之以中正仁義而主静，立人極焉。

此以圖中五行生序言。

《通書》曰：聖人之道，仁義中正而已矣。

此以心德之序言。

禮或不中節，中者，禮之極。

智或有不正，正者，智之體。

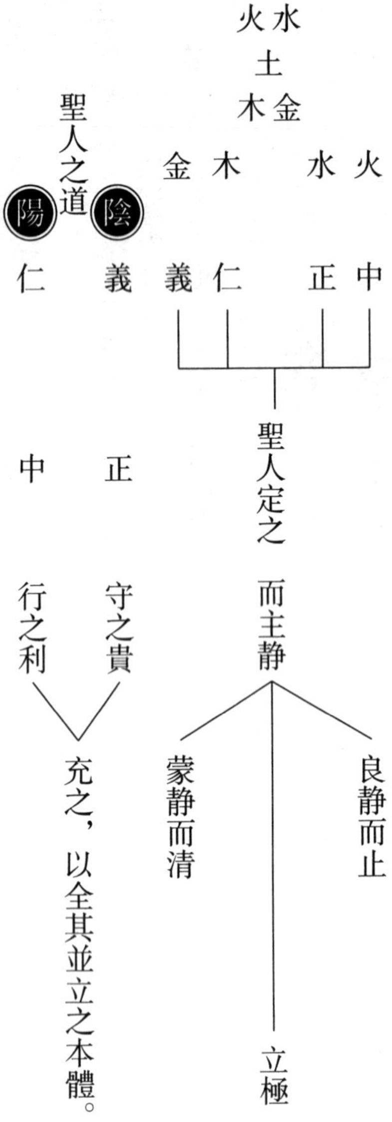
水 火
土
金 木
火 水 木 金
中 正 仁 義
聖人定之
而主静
艮静而止
立極
蒙静而清
聖人之道
陰 陽
義 仁
正 中
守之貴
行之利
充之，以全其並立之本體。

孔子圖

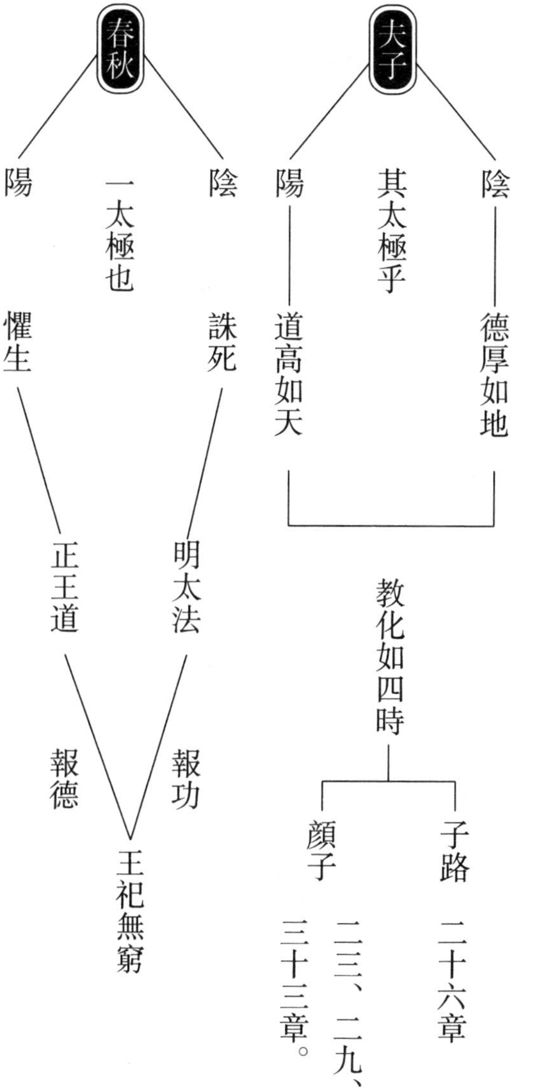

右三十八、三十九章。

師友圖

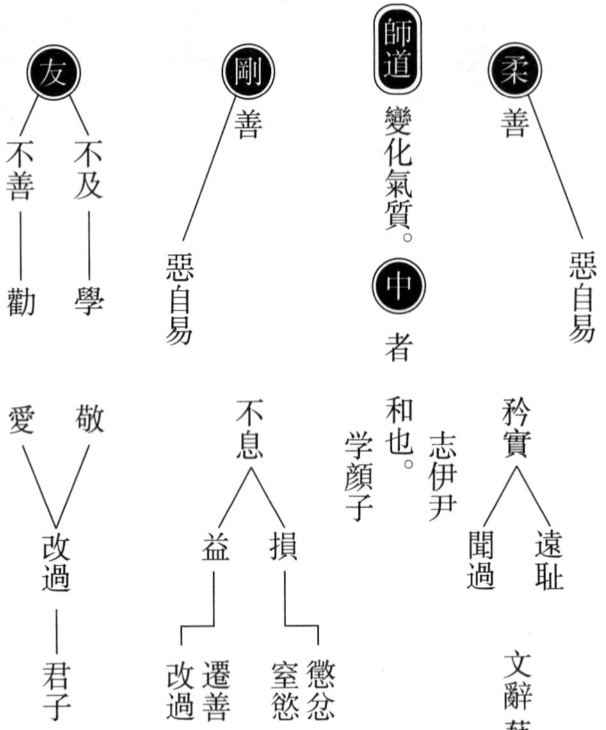

右《通書》第七、八、九、十、十四、十五、二四、二五、二八、三八、三四章。

治本圖 此治人之事。

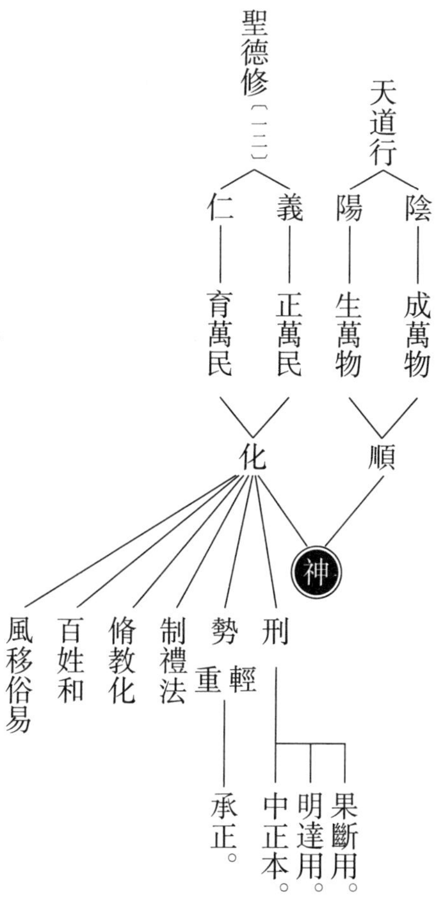

右《通書》第二、十二、十三、十七、十八、十九、二七、三二、三六章。

卦數涵老陽圖

一至八爲數三十六，斜數至十五而止。一非數也。

十五　十四　十三　十二　十一　十

卦數	八八	七八	六八	五八	四八	三八	二八	一八	九
	八七	七七	六七	五七	四七	三七	二七	一七	八
十五	八六	七六	六六	五六	四六	三六	二六	一六	七
十四	八五	七五	六五	五五	四五	三五	二五	一五	六
十三	八四	七四	六四	五四	四四	三四	二四	一四	五
十二	八三	七三	六三	五三	四三	三三	二三	一三	四
十一	八二	七二	六二	五二	四二	三二	二二	一二	三
十	八一	七一	六一	五一	四一	三一	二一	一一	二

九　八　七　六　五　四　三　一

八水，少陰之數也，而老陽之數隱于其中。蓋八縱八衡皆三〔一四〕十六數，又至虛中十五而止，以兩六十四數終之，以是知卦又當倍之也。

卦數涵疇數圖

卦數止于八而已，四隅〔一五〕相對皆九數也，自一七、二八交五行〔一六〕之滿圖，皆九數，以是知疇數已在卦數中矣。

八八	七八	六八	五八	四八	三八	二八	一八
八七	七七	六七	五七	四七	三七	二七	一七
八六	七六	六六	五六	四六	三六	二六	一六
八五	七五	六五	五五	四五	三五	二五	一五
八四	七四	六四	五四	四四	三四	二四	一四
八三	七三	六三	五三	四三	三三	二三	一三
八二	七二	六二	五二	四二	三二	二二	一二
八一	七一	六一	五一	四一	三一	二一	一一

皇極經世總數圖

自夏王八年甲子會子午，至景定甲子，計三千四百八十年，更二甲子方爲十運，爲一會三之一。

小數三百六十，大數十二萬九千六百。

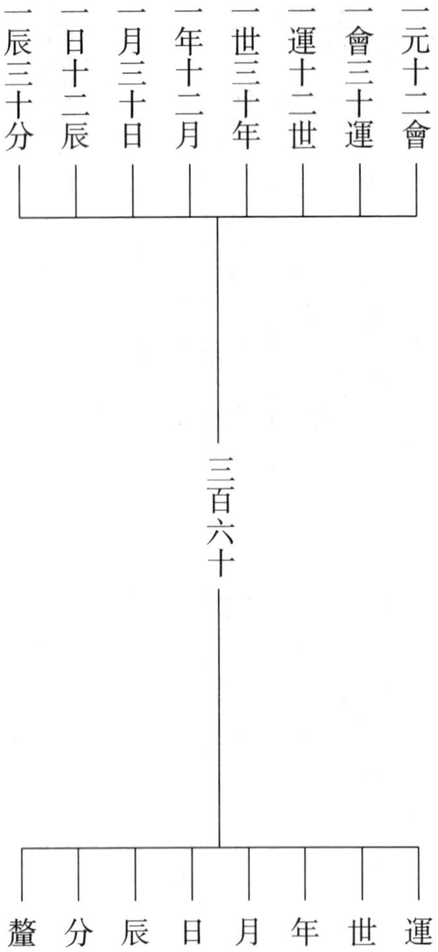

朱子曰：季通云：元會運世之數，大而不可見；分釐毫絲之數，小而不可察也。所可得而數者，即歲月日辰而知也。

元會運世、歲月日辰，皆三百六十。以三百六十乘三百六十，爲十二萬九千六百。

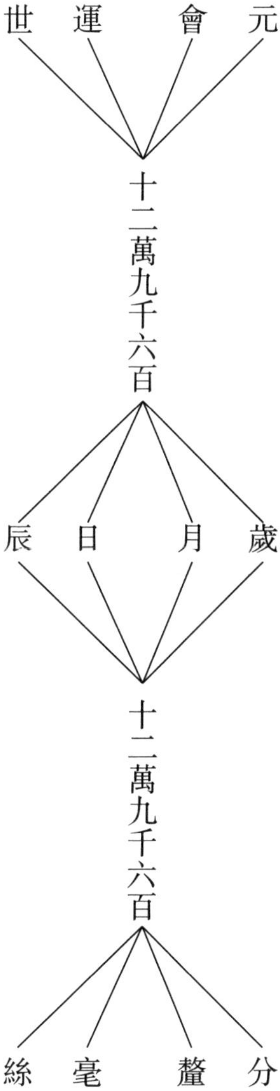

邵子曰：易之生數，十二萬九千六百，總而爲四千三百二十世，此消長之大數也。

朱子曰：皆天地之自然，不假智營力索，而天地之會，日月之行，氣朔之盈虛，五星之伏見，朓朒、屈伸、交食、淺深之數，莫不由此。

納音圖

說見《素問》。

音屬金，音之大者莫如雷，故以雷取義。沈存中舉《漢志》以同位娶妻，隔八生子，成六十甲子圖，亦有理。圖欠簡易，今括爲三圖，其義以水火交擊于前，然後聲作，金克木于後，亦有聲，是爲捷徑法。

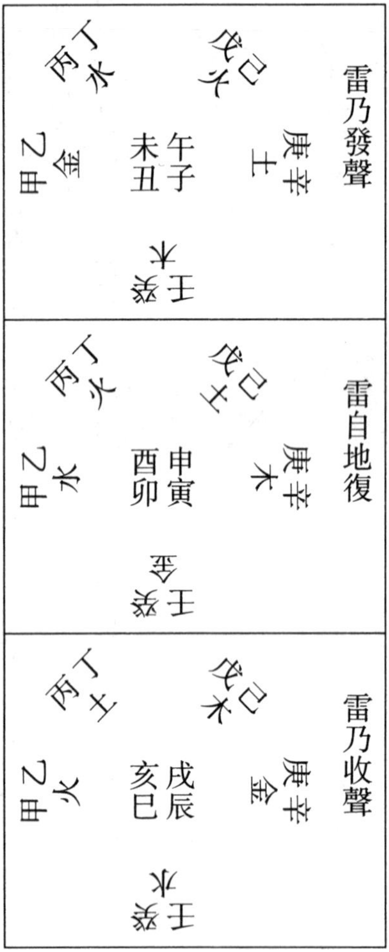

歷代帝王之圖

自堯即位于甲辰，至宋景定甲子，計三千六百二十有一年。

正統

三皇

太昊伏羲氏　炎帝神農氏　黃帝有熊氏

五帝

少昊金天氏　顓頊高陽氏　帝嚳高辛氏　帝堯陶唐氏　帝舜有虞氏

夏

禹　啓　太康　仲康　相　少康　杼　槐　芒　泄　不降　扃　廑　孔甲　皋　發　桀

商

成湯　外丙　仲壬　太甲　沃丁　太庚　小甲　雍己　太戊　仲丁　外壬　河亶甲　祖乙　祖辛　沃甲　祖丁　南庚　陽甲

盤庚　小辛　小乙　武丁　祖庚　祖甲　廩辛　庚丁　武乙　太丁　帝乙　紂

周

武王　成王　康王　昭王　穆王　共王　懿王　孝王　夷王　厲王　宣王　幽王　平王　桓王　莊王　釐王　惠王　襄王

頃王　匡王　定王　簡王　靈王　景王　悼王　敬王　元王　貞定　哀王　考王　威烈　安王　烈王　顯王　慎靚　赧王

諸侯：魯　衛　晉　蔡　曹　鄭　齊　宋　陳　燕　楚　魏　趙　韓

秦

始皇　二世　子嬰

漢

西：高祖　惠帝　文帝　景帝　武帝　昭帝　宣帝　元帝　成帝　哀帝　平帝

東：光武　明帝　章帝　和帝　殤帝　安帝　順帝　沖帝　質帝　桓帝　靈帝　獻帝

魏：曹丕　叡　芳　髦　奐

吳：孫權　亮　休　皓

蜀：昭烈　後主

晉

西：武帝　惠帝　懷帝　愍帝

東：元帝　明帝　成帝　康帝　穆帝　哀帝　廢帝　簡文　武帝　安帝　恭帝

南朝
（宋）高祖　少帝　文帝　武帝　前廢　明帝　後廢　順帝

（五胡）漢劉淵　成李雄　涼張寔　趙石勒　燕慕容皝　代付翼健　秦苻健　後秦姚萇

（齊）高帝　武帝　鬱陵王　海陵王　明帝　廢帝　和帝

北朝
西燕慕容冲　北凉沮渠蒙遜　南凉禿髮烏狐　後凉吕光　南燕慕容德　西秦乞伏國仁　西凉李暠　夏赫連勃勃　後燕慕容垂　北燕馮跋〔一九〕

（梁）武帝　文帝　元帝　敬帝
（後梁）宣帝　武帝　後主

（魏）道武　明元　太武　文成　獻文　孝文　宣武　孝明　孝莊　兩廢　孝武
東　孝靜
西　文帝　廢帝　恭帝

（陳）武帝　文帝　廢帝　宣帝　後主

正統

（北齊）文宣　廢帝　孝昭　武成　後主
（後周）閔帝　明帝　武帝　宣帝　靜帝

（隋）文帝　煬帝　恭帝

（唐）高祖　太宗　高宗　中宗　睿宗　玄宗　肅宗　代宗　德宗　順宗　憲宗　穆宗　敬宗　文宗　武宗　宣宗　懿宗　僖宗　昭宗　景宗

（五代）
（梁）朱温　友瑱
（唐）季存　勗　亶　從厚　從珂〔一七〕

（僭僞）南吳楊行密　南唐李昇　西蜀王建　孟知祥　北漢劉宗

（晉）石敬塘　重貴
（漢）劉知遠　承祐
（周）郭威　柴榮　宗訓〔一八〕

正統

南漢劉隱　南楚馬殷　吴越錢鏐　福閩王審知　南平高季興　北燕劉守光

（皇宋）太祖　太宗　真宗　仁宗　英宗　神宗　哲宗　徽宗　欽宗　高宗　孝宗　寧宗　理宗　度宗　幼主
北金

重定中庸章句圖

中間三大節各十章，改于後。

首章

道

性 不可須臾離。

教 莫見乎隱，莫顯乎微。

教 故君子

戒謹恐懼

謹獨

性

未發 體

中節 用

中 性之用

知仁勇，

過不及。〔二〇〕

二章——三章

四章——五章

六章——七章

八章——九章

十章——十一章

費 道之用——十二章

費而隱。〔二一〕

十三章——十四章——十五章

十七章——十八章——十九章

二十章——二十七章——二十八章

誠

性天道

教人道

廿一章

誠而明。〔二二〕

二十二章——二十三章——十六章

二十四章——二十五章——二十六章

二十章——三十一章——三十二章

卒章 八引《詩》

前五章立心

謹獨

戒懼

感化

法則

後三章

贊詠

不顯

西銘圖

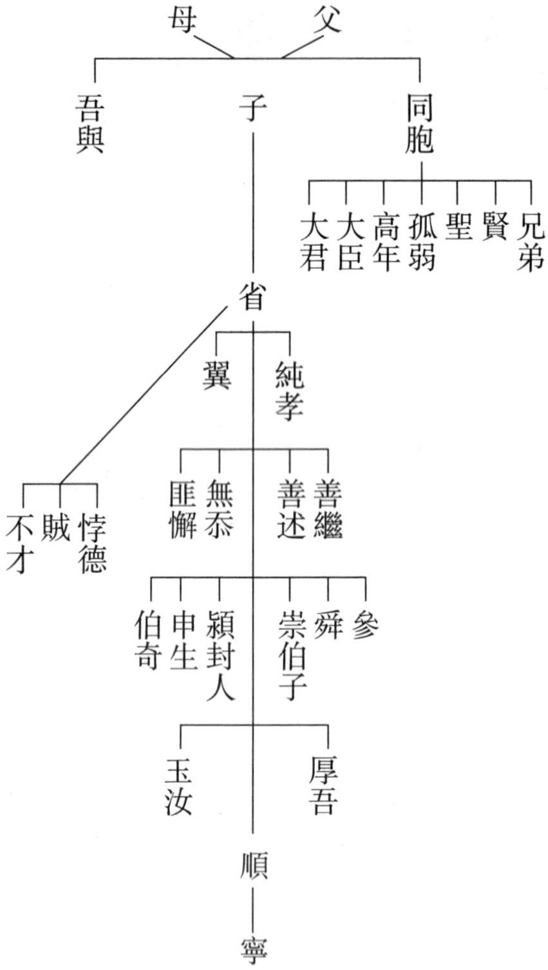
父
母
同胞
子
吾與
兄弟
賢
聖
孤弱
高年
大臣
大君
省
純孝
翼
善繼
善述
無忝
匪懈
悖德
賊
不才
參
舜
崇伯子
穎封人
申生
伯奇
厚吾
玉汝
順
寧

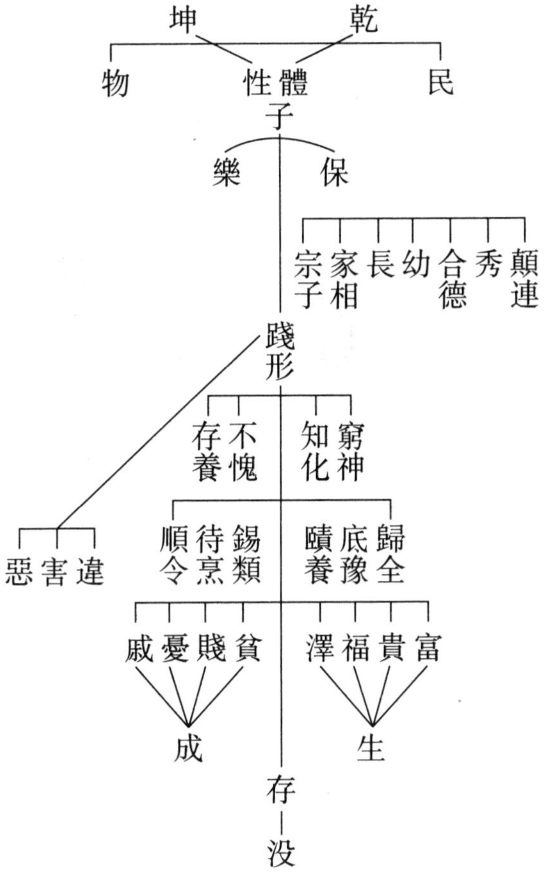
乾
坤
民
體
性
物
子
保
樂
顛連
秀
合德
幼
長
家相
宗子
踐形
窮神
知化
不愧
存養
歸全
底豫
頤養
錫類
待烹
順令
違
害
惡
富
貴
福
澤
貧
賤
憂
戚
生
成
存
沒

中庸

按：《漢書》《中庸》二篇，今定爲上下。

上 十三章 性道教

一 二至五 六至十 十一

十二 十五 十三 十四

二十中 二七 二八 二九

三三

下 十三章 誠明

二一 二二 二三 二五 二六

二四 十六 十七 十八

十九 二十前後〔二三〕 三十 三一

三二

【校記】

〔一〕「聖」字，底本漶漫不清，據退補齋本補。
〔二〕「王風也」三字，底本漶漫不清，據退補齋本補。
〔三〕「貞」，底本原脱，據崇禎本、退補齋本補。
〔四〕「紀」，底本作「協」，據退補齋本改。
〔五〕「德」字，底本漶漫不清，據退補齋本補。
〔六〕「偕」，底本作「雨」，據崇禎本、退補齋本改。
〔七〕「一」，底本原脱，據崇禎本、退補齋本補。
〔八〕「性」字，底本漶漫不清，據退補齋本補。
〔九〕「焉」字，底本漶漫不清，據崇禎本、退補齋本補。
〔一〇〕「象」，原脱，據崇禎本、退補齋本補。
〔一一〕「高」，底本作「窩」，據退補齋本改。
〔一二〕「修」，底本作「術」，據崇禎本、退補齋本改。
〔一三〕「咎」，底本作「每」，據崇禎本、退補齋本改。
〔一四〕「三」，底本作「二」，據崇禎本、退補齋本改。
〔一五〕「隅」，底本作「偶」，據退補齋本改。
〔一六〕「行」，崇禎本、退補齋本作「對」。

〔一七〕「珂」，底本作「明」，據退補齋本改。
〔一八〕「訓」字原脱，據崇禎本、退補齋補。
〔一九〕「後燕慕容垂北燕馮跋」九字原脱，據崇禎本、退補齋補。
〔二〇〕「不及」二字，底本漶漫不清，據退補齋本補。
〔二一〕「費而隱」三字原脱，據崇禎本、退補齋補。
〔二二〕「誠而明」三字原脱，據崇禎本、退補齋補。
〔二三〕「後」字，底本漶漫不清，據退補齋本補。

附録《宋史》本傳

王柏，字會之，婺州金華人。大父崇政殿説書師愈，從楊時受《易》《論語》，既又從朱熹、張栻、吕祖謙遊。父瀚，朝奉郎、主管建昌軍仙都觀，兄弟皆及熹、祖謙之門。柏少慕諸葛亮爲人，自號「長嘯」，年踰三十始知家學之原，捐去俗學，勇于求道。與其友汪開之著《論語通旨》，至「居處恭，執事敬」，惕然嘆曰：「長嘯非聖門持敬之道。」亟更以魯齋〔一〕。從熹門人遊，或語以何基嘗從黄榦得熹之傳，即往從之，授以立志居敬之旨，且作《魯齋箴》勉之。質實堅苦，有疑必從基質之。于《論語》《中庸》《孟子》《通鑑綱目》標注點校，尤爲精密。作《敬齋箴圖》。夙興見廟，治家嚴飭。當暑閉閣静坐，子弟白事，非衣冠不見也。少孤，事其伯兄甚恭。季弟早喪，撫其孤，又割田予之。收合宗族，周恤扶持之。開之殁，家貧，爲之斂且葬焉。來學者衆，其教必先以《大學》。蔡抗、楊棟相繼守婺，趙景緯守台，聘爲麗澤、上蔡兩書院師，鄉之耆德皆執弟子禮。理宗崩，率諸生製服臨于郡。柏之言曰：「伏羲則《河圖》以畫八卦，文王推八卦以合《河圖》。《河圖》者，先天後天之宗祖也。《河圖》是逐位奇偶之交，後天是統體奇偶之交〔二〕。惟四生數不動，以四成數而下上之，上偶下奇，莫匪自然。」又曰：「大禹得《洛書》而列九疇，箕子得九疇而傳《洪範》。範圍之數，不期而暗合。《洪範》者，經傳之宗祖乎！

『初一曰五行』以下六十五字爲《洪範經》，『五皇極』以下六十四字爲《皇極經》，此帝王相傳之大訓，非箕子之言也。」又曰：「今《詩》三百五篇，豈盡定于夫子之手？所删之詩，容或有存于閭巷浮薄之口，漢儒取以補亡。」乃定二《南》各十有一篇，兩兩相配，退《何彼穠矣》《甘棠》，歸之《王風》，削去《野有死麕》，黜鄭衛淫奔之詩。又作《春秋發揮》。又曰：「《大學》，『致知格物』章未嘗亡。」還「知止」章于「聽訟」之上。謂：「《中庸》古有二篇，誠明可爲綱，不可爲目。」定《中庸》「誠明」各十一章，其卓識獨見多此類也。其卒，整衣冠端坐，揮婦女勿近。國子祭酒楊文仲請于朝，謚曰「文憲」。所著有《讀易記》《涵古易説》《大象衍義》《涵古圖書》《讀書記》《書疑》《詩辨説》《讀春秋記》《論語衍義》《太極衍義》《伊洛精義》《研幾圖》《魯經章句》《論語通旨》《孟子通旨》《書附傳》《左氏正傳》《續〔三〕國語》《閫學之書》《文章復古》《文章續古》《濂洛文統》《擬道學〔四〕志》《朱子指要》《詩可言》《天文考》《地理考》《墨林考》《大爾雅》《六義字原》《正始之音》《帝王曆數》《江左淵源》《伊洛指南》《襍志》《周子》《發遺三昧》〔五〕《文章指南》《朝華集》《紫陽詩類》《家乘》《文集》。

按：《宋史》本記書德祐元年夏五月己卯，婺州處士王柏贈承事郎，而于傳書謚文憲。蓋太史公互見之法也，覽者尚通考焉。

里後學張樞識

右《研幾圖》一帙，乃魯齋王文憲公之所著。永樂初，朝廷訪取遺書，五世孫翰林典籍文英公以是圖進之矣。茂嘗于秘閣得見，實道學之心法。今典籍公姪迪任四川按察司僉事，而其子璡任江西上饒縣丞，復出是圖，與真蹟而無異。茂忝王氏甥，遂與弟迪、璡暨金華二尹陳君禮共捐俸命工鐫梓，以永其傳焉。時正統六年歲次辛酉三月清明日，奉政大夫、禮部郎中致仕、同修國史，□□陳景茂敬書。

【校記】

〔一〕「齋」，原作「歷」，據《宋史》改。
〔二〕「交」下，原衍「後天是統」四字，據《宋史》删。
〔三〕「續」，原作「讀」，據《宋史》改。
〔四〕「學」字，原脱，據王柏《魯齋集》、阮元聲《序》、《附録》、葉由庚《王柏壙誌》補。
〔五〕「發遺三昧」原脱，據《宋史》補。

重刊研幾圖後

王魯齋，宋人也。兹圖至我朝始出江西一刻，寖少傳而人罕見矣。余來官河内，乃得于鄭國賓司君名道。閱之凡七十三圖，並載李真隱、徐毅齋又十二圖，共圖八十有五。其圖之中有綱有目，相維相屬，雖不必摘章繪句以爲篇段之文，然而性理之微，則躍乎目而悦諸心矣。蓋取乎經傳之旨，奥于理而難于講憶者，寫成此圖，以自娱耳。反復觀玩，悠有餘味。《河》《洛》《太極圖》之後，其克多見者哉。嗟夫！濂洛、考亭之往，聖學不明于時，世儒專以文章相尚，係籍相高，已落于口耳皮膚之末也久矣。幸而此圖一出，俗學自廢，可不口傳心受，而六經、《四書》之道已即此而昭昭矣。彼有著書雖多，妄自僭擬，徒繁簡册而無補于世教者，于此得失何如哉？故曰：言之所傳者淺，象之所示者深。兹圖蓋有得焉者。於戲！有志于聖賢事業者，又其可無此圖也耶？但其傳刻之久，中間文有遺誤塗缺者十之二三，美玉之瑕良可慨夫！既又慮其久而漫滅無傳也，將復登梓，工料既備，適吾同年雲巢潘先生遊宦懷慶，乃執而就正焉。雲巢忻然爲正其誤，補其遺，爽其塗，完其缺者，兹圖宛然若初，遂永其傳，以與好學者共之。正德己巳春三月癸丑，稾强李暘識。

天地萬物造化論

［宋］王柏　撰
李鳳立　整理

整理説明

李鳳立

今《天地萬物造化論》版本有五：

一、萬曆三十一年（一六〇三）明胡文焕編《格致叢書》本，單行本：白口，雙魚尾，左右雙邊，每葉十行，每行二十字，書前有周顒序、吴文度跋。

二、日本寛永十九年（一六四二）田原仁左衛門刊（以下簡稱和刻本），單行本：黑口，對魚尾，四周雙欄，無界格，每葉九行，每行十七字，書前有周顒序，書後有吴文度跋。

三、明崇禎五年（一六三二）阮元聲婺州刊本《魯齋王文憲公遺集》十二卷（以下簡稱崇禎本）：花口，單魚尾，四周單邊，每葉九行、每行二十字，書前有阮元聲序。卷二存《天地萬物造化論》正文及周顒注，無周顒序、吴文度跋。

四、清順治十一年（一六五四）山西馮如京增補本《魯齋王文憲公遺集》十三卷，卷一至十二板式、行款、字形與崇禎本纖毫無異，據阮刊原板翻刻。

五、民國永康胡鳳丹刻《金華叢書》集部收《魯齋集》十卷（以下簡稱退補齋本）：白口，單魚尾，四周雙欄，每葉十一行，每行二十三字。書前有阮元聲序，次録「題文憲公集後」，未言刻本所據，當與崇禎本一脈相承。卷二存《天地萬物造化論》正文及周顒注，無周顒序、吴文度跋。

本次整理以《格致叢書》本爲底本，以和刻本、崇禎本、退補齋本爲校本。凡異體字、通假字等，俱不出校；凡俗體字，皆徑改易爲通行字體，亦不出校；凡底本之訛、衍，則據校本改易；凡底本之闕，則據校本補入；凡底本之倒，則據校本乙之。不當之處，祈方家批評指正。

天地萬物造化論目録

天地萬物造化論序

太極，理也。陰陽，氣也。天地，形也。合而言之，則形稟是氣，而理具于氣中。析而言之，則形而上，形而下，不可以無别。太極之中，本有陰陽，其動者爲陽，静者爲陰，生則俱生，非可以先後言也。自一氣混沌，其初始分，須有動處，乃其始也。元會運世，歲月日時，大小不同，理則一也。理學之在天地間，猶布帛菽粟之切于民生日用，不可以一日舍也，舍之則民凍且餒矣。雖有夜光之珠，連城之璧，亦奚以爲？故自三代以還，歷漢唐而宋，濂洛諸君子始接洙泗之傳，而大集于考亭。及考亭門人勉齋傳之，而得北山何文定公、魯齋王文憲公，二公相師友、親授受，而考亭之學至是蓋益明矣。魯齋嘗著《天地萬物造化論》一首，博大浩瀚，精微悉備，推原萬物之根柢，發明造化之秘奥，誠足以擴充理學，而羽翼斯文。信乎，其可以上接考亭之緒者也。惜未板行，傳之不廣，好事者或未之見，識者不能無憾焉。予近得是論于古汴張七儀賓之敝簏〔一〕，受而讀之，深契于心，玩而不置，如獲拱璧，遂爲注釋其義，復捐俸鋟梓〔二〕，以廣其傳，而嘉與四方士君子共之。昔歐陽子得韓文于漢東李氏之敝筐而甚愛之，去韓蓋二百年矣，遂以之而倡後學，自是而後天下之士，非韓不學，至今猶然。魯齋是論隱而復見者，與韓無異，然〔三〕其學之純正，則超軼于韓也。余愛是論，雖不殊于歐，而闇劣卑微，則深慚于歐也，尚何足爲是論之輕重哉？知言君子尚倡率之，如歐之于韓，則是論之行于世也必矣，奚待于予言耶？

成化十六年歲次庚子冬十二月朔，奉政大夫脩正庶尹周府左長史前國子助教後學〔四〕廬陵周顒謹叙。

【校記】

〔一〕「于古」至「敝篋」十字原脱，據和刻本補。

〔二〕「復捐俸鋟梓」五字原脱，據和刻本補。

〔三〕「然」字，底本漶漫不清，據和刻本補。

〔四〕「成化」至「後學」三十四字原脱，據和刻本補。

天地萬物造化論

魯齋　王　柏撰
廬陵後學　周　顥注
錢唐後學　胡文焕校

原夫未判之初，有太易、有太初、有太始、有太素。太易者，未見氣者也；太初者，氣之始也；太始者，形之始也；太素者，質之始也。氣形質而未相離，乃謂之混沌。混沌者，言萬化相混沌而未始相離也。混沌已分，乃開天地，天地既判，而生兩儀。輕清浮而爲天，重濁凝而爲地。天形如彈丸，半覆地上，半隱地下。其勢斜倚，故天行健；北高，故極出地三十六度，南下，故極入地三十六度。周天三百六十五度四分度之一，每度二千九百三十二里，周圍一百七萬九百一十三里，徑三十五萬六千九百七十一里。晝則自左而向右，夜則自右而復左。天繞地，一晝夜周一匝而過一度。天依形，故運行太虛沖漠之際而無停；地〔一〕附氣，故束于勁風旋轉之中而不墜。天者積氣，有形無質，地則以質附氣，故天地相依附耳。氣積于陽，而其精外明者謂之日；氣積于陰，而其魄含景者謂之月；體生于地，精浮于天者謂之星。星有數萬，有名者一千五百二十，晉陳卓總其名，巫咸、甘、石有著，凡一千四百六十四星，以爲定紀，今見其昭昭者云。五行之精，是謂五緯，列居錯峙，各有所受于日光，故字從日生。經星則麗天而左行，七政則違天而右繞，譬諸蟻行磨上，磨左旋而蟻右行，磨疾而蟻遲，故不得不隨磨而右左焉。日經千里，王畿千里，取象于日，蓋立表，景較一寸則爲地一千里，以此法定之。晝夜所經謂之一度。仲夏躔東井而去極近，則晝長而夜短；仲冬躔南斗而去極遠，則晝短而夜長。日臨于卯酉，房星昴宿，則跨赤道，晝夜平分而中停。月如銀丸，受日之光，其魄常滿。月向日處一半常光，既望之夕，月與日相對，人處中間，迺見其全；日在其傍，自下而視，故但見如一眉；及去日漸遠，則斜照而光稍滿。亦猶日初出時，人平視之則大，及既中，仰視之則小。非日月之不同，乃視之有異耳。日初而凉，日中而熱，及天道下濟，而日則利于下臨故也。夏而炎，蓋陽氣所熏；冬而寒，乃陰氣所薄爾。月在天上，日在地下，地形小，日光從四面倒射，故月滿如鑑，中有微翳，乃爲地形所揜也。月魄承日，故明爲所蔽而日食。晦朔之際，日月同度，乃相凌掩，或有深淺，則爲分類。日有暗虚，故陰爲所射而月食。月食必在望，蓋月與日正相向，日有暗虚，故不受其光，陰盛亢陽也。雖陽終勝陰，然陰若承順，則不至相蔽而食矣。日之行也舒，晝夜行一度；月之行也疾，晝夜行十二度。日月所會，是謂辰〔二〕。日月同度，謂之合朔，一歲凡十二次，如二月在降婁，八月在壽星之數。方會則月光盡掩而爲晦，已會則月魄復甦而爲朔矣。日盈而月縮，則後中而朔；月盈而日縮，則先中而朔。古曆以九百四十一分爲一日，月不及日二十九日半強，蓋半日之外又增二十九分，合爲四百九十九分。姑以正月二十九日半强言之，正當三十日午正，則已過其日中分，故後中而朔，而月大。又以正月所餘四百四十一分，積至二月廿九〔三〕日子正，後當半强，則其中分尚遠，故先中而朔，而月小。推或小大并見，兩月皆可推。舒前速後，近一遠三，謂之弦；春分月弦東井、日在奎，秋分月弦南斗、日在角。月在前，日在後，以周天爲四分，蓋近一分、遠三分爾。相與爲衡，分天之中，謂之望；以速及舒，光盡體伏，謂之晦。月行二十七日而周天，復行二日，而與日會。日之周天以歲計，月以朔計。熒惑火星二年一周天，木歲星二十八年一周天〔四〕，惟太白金星、水辰星常附于日，速而先日，昏見西方，遲而後日，晨見東方。二十八宿，日之所經爲黄道；自角至箕爲東陸，乃春之日道。自斗至壁爲北陸，乃冬之日道。自奎至參爲西陸，乃秋之日道。自井至軫爲南陸，乃夏之日道。此東西南北爲四正，即天之子午卯酉也。横絡天腹，中分二極者爲赤道。春秋二分，日循赤道，平分天體，晝夜中停。春夏之交，陽極生陰，則陽升于天而生暑，陰蟠于地而下降，故天轉益緩而氣濁；一降一升，相推而成寒暑；一顯一晦，相盪而成晝夜。如以火熅物，上焦下濕，故月星晦蒙，人體緩舒，是其驗也。秋冬之交，陰極生陽，則陰際于天而生寒。陽復在地而上浮，故天轉益急而氣清。如人襲重裘，内燥外潤，故月星明朗，蓋木落水降，人氣高爽，是其候也。日行三百六十度而成歲，餘度之未周者爲五日之强。在天爲度，在曆爲日月。月行二十九日半而及于日，其不足者六日弱，以不足乘其有餘，歲得十一日，積而成月，則置閏。閏前之月，中氣在晦；閏後之月，中氣在朔。三歲一閏，五歲再閏，十有九年而爲閏七，是謂一章，則餘分盡矣。晝夜百刻而辰周十二，故以八刻二十〔五〕分爲一時，初初刻十分，初一至初四刻各六十分；正初刻十分，正一至正四刻各六十分，積六千分成晝夜。五日爲候，三候爲氣，六氣爲時，四時爲年，而天地備矣。天地相去八萬四千里，沖和之氣，在其中矣。四萬二千里已上爲陽位，四萬二千里已下爲陰位。肅肅出乎天，則天雖爲陽，而肅肅之陰出焉。赫赫發乎地，則地雖爲陰，而赫赫之陽發焉。五日之謂候，三〔六〕候謂之氣，六氣謂之時，四時之謂歲。冬至之候，陽發于地，一氣上昇七千里，至六氣則四萬二千里，而陽至陽位，故其氣温，爲春分之節也；又六氣而陽極陽位，故其氣熱，爲夏至之節也。夏至之候，陰出于天，一氣下降七千里，至六氣下降四萬二千里，而陰至陰位，故其氣凉，爲秋分之節也；又六氣而陰極陰位，故其氣寒，而爲冬至之節也。天地之所以能長能久者，以其陽中有陰，下降極而生陽；陰中有陽，上升極而生陰。二者交通，合爲太和，相因而爲氤，相晶而爲氲，以此施生化之功，此變化之所以兆也。乾道變化，二氣流行，氣之摰斂而有質者爲陰，舒散而有氣者爲陽。陰氣凝聚，陽在内者不得出，則激搏而爲雷；陽在外者不得入，則周旋不舍而爲風。風行太虚，旋轉不停，或自上而旋下，則雲行南而及北向；或自東而轉西，則吹水凝成旋窩，此其驗也，吹散陰氣，盡則止。陽與陰夾持，則磨軋有光而爲電；與陽在内者相應，故電纔收，雷已震，光急而雷聲俱急，光緩而雷聲俱緩。陽氣正升，爲陰氣所乘，則相持而爲雨；陰與陽得，助其蜚騰，則飄颺而爲雲。和氣散則爲雨露霜雪，不和而散，則爲戾氣霾曀。霾，黄沙也。曀，陰氣也。雨過寒而凝爲霰，霰得風而裂則爲雪。六出，陰數也。陰干于陽，而氣薄不能以揜日，則虹見；虹者，日與雨交，倏然成質，乃陰陽之氣不當交而交者，隨日所映，故朝西而暮東。陽伏于陰，而氣結不能以自收，則雹降。盛夏煮水百沸，密〔七〕實于缶，急投重泉則冰結，亦此類也。月星布氣，陰感之則肅而爲霜，陽感之則液而爲露，上寒而下温則霜不殺物，上温而下寒則雨而不冰。隆冬而水泉有氣者，蓋以陰遇陽也。風不宜温而温，則雨凝而爲雪，陽縱而陰翕之也。雷不當出而出，則雪霰交摰，陽褻而陰乘之也。冬天南風則必雪，雷冬出亦必雪，初春亦然。將雨則氣溢而礎潤，既雨則氣散而土晞。然自天地剖判以來，裨海環之，中國外如赤縣神州者九，迺有大瀛海環其外，天地之際焉。北景在齊州之南，故開北户以向日；天竺在中國之西，故啓東牖以迎暘。温清地當巽維，日初極熱而午乃温；骨利幹〔八〕僻在北際，羊胛適熟，而日已復出。五臺六月，山飛陰雪，故曰冰天；象臺歲際，壁記納凉，故曰炎海。泰山有日觀，鷄鳴而日已昇；挹婁處壑谷，接九梯而氣罙燠，此地高深然也。東海入于無際，水流之勢斯低，識者謂其近尾閭之洩；天南風氣所宜，與極北每相類，識者謂其回北而爲南，此地之限極然也。夫日之所顯，中于中土，故天地沖和之氣，悉萃諸華，而有衣冠仁義禮樂之風，殊方水土之精，溢于尤物，不過沉沙棲陸瓌異之産，蓋氣偏也。彼窮荒遠徼如日本、如流沙、如懸度，此其地多熱；如雪山、如漏天、如盧龍，此其地多寒。皆日月所偏照，梯航所罕通，浸不與中國類，亦氣中之窮也。南北爲經，東西爲緯。山爲積德，川爲積刑。高者爲生，下者爲死。丘陵爲牡，谿谷爲牝。蚌蛤龜珠，與日月而盛虚，月盛則蚌蛤之屬滿，月虧則虚。則東極以至西極，二億三萬五百里七十五步，南北亦如之。神禹使章亥取步之數，東極黑齒，西極拂菻，南極飲水，北極流鬼。自東海至西海相去二萬八千里，南海至北海相去二萬六千里。洪荒以六合之内言其大，今古之間言其遠也。雒陽東抵扶桑踰二萬里，次則日本一萬五千里，其地温燠。西抵安息，二萬五千里，南至大秦八千里，其地囂熱。南抵真臘二萬里，次則扶南一萬三千里，其地炎暑。北抵流鬼一萬五千里，次則駁馬一萬四千里，其地常雪，驛傳至此極矣。周世雒陽立表求地中處，在今河南登封縣。元地中處在岳臺，乃開封府祥符縣，想是有差，地亦轉爾。地在天中，水環地外，四游升降，不越三萬里。春游過東，萬五千里，其下降如其數；時多東風，近東故也。秋游過西，萬五千里，其上升如其數。時多西風，近西故也。夏游過南，故日在其北；冬游過北，故日在其南。人處坤載，如水負舟，視星漢回移，或升或降，莫知覺矣。陽陷于陰，故能闢而受以爲水；坎中滿，故能受水。陽附于陰，故能直而施以爲火。離中虛，故能施明。天一，陽數也，而水生焉，故凝于天一，無非水也。地二，陰數也，而火生焉，故應于地〔九〕二，無非火也。蒸而在天爲雲雨，湛而在地爲淵泉，求于石則擊之光發，求于木則鑽之烟飛。天地初分，只有水火，水便是地，火便是日星也。土之所附，其氣融結，則峙而爲山；天氣始開，水之滓渣〔一〇〕成地，始雖融軟，後漸堅實。今登高而望群山，有類波濤起伏者，水所衝激處，有如水漾沙然，因其勢自然爾。水之所趨，其勢蓄洩，則流而爲川。山氣暮合而爲嵐，水氣朝降而爲霧。地勢峻極，起自西北，故崑崙乘地之高而東驅，天傾西北，非也，乃地勢高近爾。天下大山皆起西北，自〔一一〕高趨下如傾瀉出，始之發源如此。嵩山據地之中而南騖，山脈從雲中發來，自秦以西，水入于龍門，龍門以東，水入于海。黄河帶其前，華岳鎮其西，嵩山蟠其中，泰山竦其左，淮南諸山次之，江南諸山又次之。兩山並驅，其中必有水，兩水夾行，其中必有山。水流東極，氣虛而散，如沃焦釜，無有遺餘。天地如洪爐，何物不銷鑠？既散之氣，豈復在天地間。彼造化自然而生氣，非屈者復能伸也。往者既消，水折必東而海不溢。來者復息。雲蒸雨降而谷不盈。水流東極，其應于月者爲潮，蓋日爲陽精，陰之所依；月爲陰靈，潮之所附。朔望之際，陰依於陽。月近于日，故月行疾而潮應大；朔望之後，謂上下弦，非近朔望。月遠于日，故月行遲而潮應小。春爲陽中，陰生于午，而晝潮大，而陽感也；秋爲陰中，陽生于子，而夜潮大，而陰應也。一晝一夜而再至，亦猶歲之春秋、而月之朔望云耳。此天地之至數也。若夫乾道成男，坤道成女，凝體于造化之初，二氣交感，化生萬物，流形于造化之後，靈于萬物者爲人，散于動植者爲物。天一生水，在人爲精；地二生火，在人爲神；天三生木，在人爲魂；地四生金，在人爲魄；天五生土，在人爲體。受精于陰，其聚而能靈者，魄也，故魂常附魄，如日光之載〔一二〕月質。受氣于陽，其散而能神者，魂也，故魄常檢魂，如月質之受日光。頭圓象天，足方象地。噓而温者，陽也；吸而涼者，陰也。陽氣自左而循右，猶天道尚左，而衆星左旋也。陰氣自右而絡左，猶地道尚右，而瓜匏右纍也。忍冬右纍，茅山有右紐柏，指其異也。所受之性雖不相遠，然偏于木者常多，惻隱之心，或爲所抑而不達，水火亦然，易之生人及萬物鳥獸昆蟲，各有奇偶，氣分不同，易主天地以生萬物，言受氣各有分數不齊耳。而凡人莫知其情，惟達道德者能原其本。天一、地二、人三，三三如九，九九八十一，一主日，日數十，故人十月而生。一主日，從一而生日者，陽從奇數，日數十，從甲〔一三〕至癸也。八九七十二，偶以從奇，奇至辰，辰爲月，月主馬，故馬十二月而生。偶以承奇，陰以承陽，辰數十二，從子至亥。七九六十三，三主斗，斗主狗，故狗三月而生。六九五十四，四主時，時主豕，故豕四月而生。時以〔一四〕次斗。五九四十五，五爲音，音主猿，故猿五月而生。音不過五，故爲音。四九三十六，六爲律，律主鹿，故鹿六月而生。三九二十七，七爲星，星主虎，故虎七月而生。星二十八宿爲四方，方有七，故七主星。二九一十八，八主風，風爲蟲，故蟲八月而生。風之數盡于八，凡蟲爲風，風主蟲也。

其餘各從其類矣。鳥魚生陰而屬陽，故皆卵生。魚游于水，鳥游于雲，故立冬則燕雀入海化爲蛤。蠶食而不飲，蟬飲而不食，蜉蝣不飲不食，萬物之所以不同。介鱗者，夏食而冬蟄。介，甲蟲也。齕吞者，八竅而卵生。八竅，鳥屬。齟齭者，九竅而胎生。九竅，人及獸。四足者無羽翼，戴角者無上齒。無角無前齒者膏，無角無隆者脂。無角者膏而無前，有角者脂而無後。膏者豕屬，而脂羊屬。無前後，皆謂其鋭小也。晝生者類父，夜生者類母。是以至陰主牝，此其然也。羽蟲三百有六十，而鳳爲之長；毛蟲三百有六十，而麟爲之長；甲蟲三百有六十，而龜爲之長；鱗蟲三百有六十，而龍爲之長；倮蟲三百有六十，而人爲之長。此乾坤之美也，故太平之人仁，東至日出。丹穴之人智，齊州以南戴日爲丹穴。太蒙之人信，西至日没。空同之人武，北戴斗極，是謂空同。堅土之人剛，弱土之人肥，壚土之人大，沙土之人細，息土之人美，耗土之人醜，輕土之人多利，重土之人多遲。清水音小，濁水音大，湍水人輕，遲水人重。山氣多男，澤氣多女，石氣多力，暑氣多夭，寒氣多壽，陵氣多貪，衍氣多仁。惟生乎齊州，乃中國稟太和，五性全備爲無虧。人之一身分配五行，而造化之理具焉。五行一陰陽也，人誠有之，物亦宜然。故鳶飛魚躍，性之適也；鵙鳴螽躍，跂行喙息，翾飛蠕動，皆一性也。蜂分蟻争，義之似也。雞知將旦，鶴知夜半，不類信乎？人狎鷗而機忘，犬吠屠而機露，不類智乎？虎嘯而風生，龍吟而雲起，將雨而魚噞，將風而鵲下，不類感應乎？燕知戊己，虎知破衝，巢居知風，穴居知雨，不類幾先乎？太華山將頽，穴居虎豹之類皆先避去，人獨不然，遂遭覆壓之禍，則穴居而知雨，不智于人乎？蠖屈而求伸，狨斷而求活，不類自全乎？猨尾可飾馬纓，爲人所逐，知欲其尾，齧〔一五〕之而竄，猶錦鷄自斷其尾，麝自抉其臍以逃死。塿蟻之君臣，鴻雁之兄弟，出乎類也。烏鳶之知愛，豺獺之有祭，反其本也。毛羽飛行之類故屬陽，鱗介蟄伏之類故屬陰。兔爲陰獸故尾短，雉爲陽禽故尾長。尾暗直而下垂。乾鵲知來而不知往，鵲陽物，故曰乾。知人憂喜之情于未來，能結巢于人見之地，不免有採取之患。猩猩知往而不知來。猩猩能人言，欲捕之，先置酒連屐于其往來之地。猩猩知捕者姓名，則罵而去，既醉于酒，穿其屐，人遂前而執之。食水者善游而耐寒，魚鼈之屬。食土者無心而不息，朐䏰之屬。食木者多力而奰，熊羆之屬。食草者善走而愚，鹿馬之屬。食桑者有絲而蛾，蠶之屬。食肉者勇敢而悍，虎豹鷹類〔一六〕。食穀者智慧而巧，食氣者神明而壽，不食者不死而神。鸁〔一七〕馬屬陽，起則先前；駝牛屬陰，起則先後。猴之聚也，有糧有蓄；熊之行也，有館。熊山行數千里，各有岩穴，林薄間有藏伏之所，山中人謂之熊館，若虎豹出百里，迷失故道矣。雀之爲蛤，以殊形而相禪；如水蟲之爲蜻蜓，螗蟲之化蝶，蠶之化蛹，蛹之化蛾，蛾復能育，以不同形相禪者，何可勝窮？但甚微，不暇察耳。龜之既神，以鑽骨而效靈。鸜鵒來魯，而知人事之感；杜鵑入洛，而驗地氣之遷。邵康節步天津橋，聞杜鵑聲，歎曰：天下將以南人爲相爾。果用王安石。蓋地氣自北而南者順，自南而北者逆，飛禽得氣之先，南方地氣至矣。譬之草木，可類舉焉。故松柏鬱蒼，而知其葉自根流；松柏以葉庇根，故刈之則不復條肆。豫章盤固，而知其本盛末茂。豫章根本深固，幹聳尋則根亦如之，故工部詩云「豫章深出地」。橘踰淮而枳，蒿處陸而艾。藻寄根于水，葵傾心于日。凡花皆向日，獨葵傾心以衛其足。桂枝之下草不植，桂性熱，自能殺衆草。麻黄之茇雪不積。麻黄性燥，宿根所在雪隨消。觀木而可驗晴雨，樫木，《本草》名

「雨師」，將雨其葉潤，占草而可知水旱。將旱則旱草生，苦水而水草生。兔絲不土而蔓，暎果無花而實。芡近陽而性暖，芡花開映日，其性暖。菱背日而性寒。蓮實下垂，則取其象以治心；胡桃瓤縮，則資其形以斂肺。生于西者物多辛，芎辛之類，生于南者物多燥，胡椒、官桂之類。東北二物亦然。梅柳参木之類。時方嚴凝，生意固在，故物有堅貞而能久焉；時至長養，陰慘潛施，故物有浮脆而速焉。麥受六陽之全，故就實而昂；冬種而夏熟。稻分陰陽之半，則未實而俯。禀木氣，金旺而成。菽禀火氣，至水旺而枯；大豆夏生冬實。薺禀水氣，至土旺而絶。薺苊、葶〔一八〕藶冬榮而夏枯。衍沃之區，以種而毓，人力所及；不毛之地，以氣而化，雨露所成。有根本則有枝幹，有花實，實中有仁，而生生不窮之理具焉。有一榦而榮悴殊者，有一枝而遲速異者，此各有消息爾。草腐而爲螢，麥潤而飛蛾，此物之至變也，自植而動。蠏蟄而體凝。久蟠泥則化爲石，竹蕴而石堅。此物之至精也。延安脩城掘地得竹竿，已化爲石，動植皆變。湏之泥金，水銀爲汞，砒之屑銅，鼻砒粉銅，此物之相制者也。膠投爲漆，鉛同錫合。此物之相涵養也。燧照火于日，鑑取水于月。此無情之感也。磁石之引針，琥珀之拾芥，非同類之感乎。賁星墜而渤海決，銅山摧而雒鍾鳴。此異類之應也。四者非動非植，通于一則萬物畢矣。故曰：天開于子，地闢于丑，人生于寅，循環無端，孰窺其際。人者，禽獸之主，故物亦列其次。自非聖人後天地而生，知天地之始，先天地而歿，知天地之終者，疇克然哉。大哉！易也，斯其至矣。

【校記】

〔一〕「地」，原作「天」，據和刻本改。

〔二〕「辰」，原作「食」，據和刻本改。

〔三〕「廿九」，原作「二十」，據和刻本改。

〔四〕據陳元靚《事林廣記》所載，土鎮星「二十八年一周天」，木歲星「十二年一周天」。

〔五〕「二十」，底本及崇禎本、退補齋本作「二十八」，和刻本作「五百個」，據注文及陳普《石堂先生遺集》卷十《日出入昏明刻數》，當作「二十」。

〔六〕「三」，原作「一」，據和刻本、崇禎本、退補齋本改。

〔七〕「密」，原作「蜜」，和刻本作「容」，據崇禎本、退補齋本改。

〔八〕「利幹」，原作「刺斡」，據和刻本改。

〔九〕「地」，原作「坎」，據和刻本改。

〔一〇〕「渣」，原作「查」，和刻本闕，據文意改。

〔一一〕「自」，原作「而」，據和刻本改。

〔一二〕「載」，原作「加」，和刻本作「附」，據朱熹《楚辭集注·遠游》改。

〔一三〕「甲」，原作「中」，據和刻本改、崇禎本、退補齋本改。

〔一四〕「以」，原作「日」，據和刻本改。

〔一五〕「尾閭」二字底本漶漫不清，據和刻本、崇禎本、退補齋本補。

〔一六〕「鷹類」，和刻本作「之屬」。

〔一七〕「羸」，原作「贏」，據崇禎本、退補齋本改。

〔一八〕「葶」字原脱，據和刻本補。

跋

《天地萬物造化論》一通，魯齋王文憲先生著也。先生有宋一代儒宗，沉潛聖學，研精太極性命之微，人物生生化化之妙，盈大塊間，形而上下之理，隳棊詳盡，作爲此篇，噫！用心淵矣哉。夫天地本無極，混沌之初，無形與聲，既闢之後，二氣流行，胚胎萬物，費隱顯微，莫測其眹兆。造化者氣至而培，氣反而覆，盈虛消息，一至誠功用之自然也。是理也，聖人知之，盡體之而無遺，賢者必思而後得，衆人貿貿焉而不加察。先生慨後學之未易窺測，迺推明一元之始，窮極萬化之終，原四時五行氣候之所以分，究六合群生性分之所以異，洪纖奇偶，萬有不齊，率本于一定之數，亙古今而不變，觸類考驗，斂方寸而無餘，蒐羅垓梯不越户庭，而宇宙在其手矣。開盲啓聵，訂頑砭愚，厥功豈小補耶？廬陵周子識其梗槩，又從而闡揚之，間爲注釋一二，將以發先生之藴奥，登于木而未廣其傳。同寅古汴王君廷文，由名進士歇歷兵曹，轉參晋藩，偶拾是編于鄉人，公餘展味，默契于衷，遂捐俸再鑱舊刻〔一〕，以惠同志。俾鞭辟近裏者，庶知嚮方，蓋能承魯齋之緒餘，闖周孔之堂室也。視彼摹勒聲詩，寄情風韻者，可同日而語哉？弘治十有六年，歲在癸亥，孟夏既望，賜進士通奉大夫山西右布政使前山東道監察御史〔二〕江東吴文度識。

【校記】

〔一〕「登于」至「舊刻」五十字原脱，據和刻本補。

〔二〕「弘治」至「御史」三十五字原脱，據和刻本補。

魯齋王文憲公文集

〔宋〕王　柏　撰
宋清秀　整理

整理説明

浙江師範大學人文學院　宋清秀

王柏（一一九七—一二七四），字會之，一字仲會，嘗慕諸葛亮爲人，自號長嘯，年逾三十「始知家學授受之原，慨然捐去俗學以求道」，讀《論語》至「居處恭，執事敬」，惕然曰「長嘯非聖門持敬之道」，亟更其號曰「魯齋」。金履祥《魯齋先生文集目後題》記載王柏問學經歷：「間从擣堂先生劉公、船山先生楊公、克齋先生陳公，考問朱門傳授之端，而于楊公得聞北山何子恭父之名，于是尋訪盤溪之上，盡弃所學而學焉。」王柏一生教學從《四書》始，以經世致用爲目的，認爲「士生天地間，以万物皆備之身，而不以古今自任、經綸自期，皆自遏其躬而已」。曾與郡人倪公度、倪公武講學于縣南罣思山季原堂。淳祐十一年（一二四〇）應蔡杭之請，出任麗澤書院山長；景定三年（一二六二）爲上蔡書院堂長，後講學于家塾。王柏問學何基時，何授予「立志以定其本，居敬以持其志，志立乎事務之表，敬行乎事物之間」之言，王柏以此教金履祥，爲學「自《四書》始」，并帶履祥登何基門庭，何基「以爲學之要示之」，後金履祥又傳許謙，並稱爲「北山四先生」。《宋元學案》卷八二評價金華學派，譽之爲朱學嫡傳，「是數紫陽之嫡子，端在金華也」。

度宗咸淳十年（一二七四）王柏逝世，享年七十八歲。宋恭帝德祐元年（一二七五）特贈承事郎，太常以「广博德能，行善可紀」贈謚「憲」。元世祖至正二十六年（一二八九）門人金履祥等加「文」，私謚爲「文憲」。清世宗雍正二年（一七二四），從祀孔廟，列東廡先儒。

王柏一生著述豐富。程元敏説「蓋勇于變古而勤于著述若魯齋者，七百年來一人而已」（《王柏之生平與學術》）。葉由庚《王魯齋先生壙誌》載著有「《文集》七十五卷、《讀易記》《讀書記》《讀詩記》各十卷、《讀春秋記》八卷、《論語衍義》七卷、《太極衍義》一卷、《伊洛精義》一卷、《研幾圖》一卷、《魯經章句》三十卷、《論語通旨》二十卷、《孟子通旨》七卷、《書附傳》四十卷、《左氏正傳》十卷、《續國語》四十卷、《闖學之書》四卷、《文章續古》三十五卷、《文章復古》七十卷、《濂洛文統》二百卷、《擬道學志》二十卷、《朱子指要》十卷、《詩可言》二十卷、《天文考》一卷、《地理考》二卷、《墨林類考》十六卷、《大爾雅》五卷、《六義字原》二卷、《正始之音》七卷、《帝王曆數》二卷、《江左淵源》五卷、《伊洛指南》八卷、《雜志》二卷、《周子》二卷、《發遣三昧》三十五卷、《文章指南》十卷、《朝華集》十卷、《紫陽詩類》五卷、《家乘》五十卷」等著述，但大多散逸不傳。周亮工《因樹屋書影》卷十説：「魯齋著述尤多，合之可千卷，未三百載俱失傳，惟《文集》與《研幾圖》行世。」其《文集》能傳于後世，與其弟子金履祥有直接關係。金氏《魯齋先生文集目題後》曰：「公天資超卓，未及接聞淵源之論而早孤。年長以壯，謂科舉之學不足爲也，而更爲文章偶儷之文；又以偶儷之文不足爲也，而從學于古文詩律之學，工力所到，隨習輒精。

今存于《長嘯醉語》者，蓋存而未盡去也。公意不謂然，因閲家書而得師友淵源之緒叙，間從撝堂先生劉公、船山先生楊公、克齋先生陳公考問朱門傳授之端，而于楊公得聞北山何子恭父之名，于是尋訪盤溪之上，盡棄所學而學焉。黜浮就實，攻堅鉤深，間因述所考編以求訂證，謂之《就正編》。迨至端平甲午，學成德進，粹然一出于正。自是以來，一年一集，以自考其所進之淺深、所論之精麤。自甲午至癸卯，凡五卷，謂之《甲午稿》。其後類述倣此：《甲辰稿》二十五卷、《甲寅稿》二十五卷、《甲子稿》二十五卷。其雜著成編者：《論語衍義》七卷、《涵古圖書》一卷、《研幾圖》一卷、《詩辯説》二卷、《書疑》九卷、《涵古易説》一卷、《大象衍義》一卷、《太極衍義》一卷。其餘編集不在此數也。其程課交際、出處事爲、著述前後，則見于《日記》。履祥又嘗集公與北山先生來往問答之詞爲《私淑編》。咸淳甲戌七月九日，公殁。書藏于家，後又分藏他所。丙子以後，散失幾亡。某切獨惟念自淳祐乙酉得侍函丈，自是以來，無日不陪書册几杖之右。凡有詩歌，間得次和；及有論著，首得披觀。故于諸書具得本末。一時多事，不料散逸，比年以來，收訪哀録，未之多得。迨己丑、庚寅之間，天相斯文，募得諸稿之全，其他著述，雖間逸亡而未盡喪也。于是與同門之士，相與紬繹諸稿，各以類聚，其他雜著卷帙少者，用《朱子大全集》例，亦各附入。《就正編》《大象衍義》，北山先生亦俱有答語，與履祥所集《私淑編》，當依《延平師友問答》之例，别爲一書。但『大象』乃公所拈出，謂爲夫子一經，故其《衍義》亦自入集。《講義》雖嘗刊于天台而未盡聞，亦有再講者，今皆入集。

古者有圖有書,自《易大傳》以後,書存而圖亡。公嘗因《先天圖》之出與《太極圖》之作,謂圖學中興,故公建圖亦多,今亦立門編入云。」在金履祥的努力下,收集刊印了王柏散佚之作的一部分,我們現在所見的《魯齋先生王文憲公集》就是據這些材料編纂而成,是研究王柏最重要的文獻資料。

目前流傳下來的《魯齋先生王文憲公集》有兩個版本系統。一是明英宗正統八年(一四四三)二十卷的三臺劉氏校刊本,爲王柏六世孫四川按察僉事王迪所編輯,義烏縣正廬陵劉同、鄱陽劉傑刊印。據此重刻的,有民國永康胡宗楙重刊《續金華叢書》本,書葉末有「永康胡宗楙據明正統本校録」。《續金華叢書》本與正統本内容基本相同,但經精校,據四庫本補充,較正統本完整。除了這兩個二十卷本之外,清谷際岐《歷代大儒詩抄序》説「魯齋著作,遍尋多年,僅于故家得《魯齋遺書》十三卷」,「書中詩賦俱無」,但看到有翰林院二十卷藏本,「幸于翰林院藏本中得之: 自卷一至四爲賦、詩、辭、序; 五至七爲序、記、説、箴、銘、贊、頌、書; 八至十爲書、帖、論、傳著; 十一至十四爲題跋、雜著; 十五至二十爲續雜著、辨、尺牘、哀辭挽章、祭文、墓誌終焉」。翰林院二十卷藏本與正統本卷五至卷七的目次及詩歌的排序略有不同,但應是同一版本系統。

第二個系統爲明崇禎阮元聲婺州刻本《宋魯齋王文憲公遺集》十二卷。前有阮元聲序,同郡後學徐與參書字。清順治十一年,馮如京據此增補爲十三卷。馮本前十二卷與阮本大體相同，僅第十三卷增補《六義字原序》《唐致政詩跋》《答王景梁》《魯齋箴》《魯齋像贊》《自題小像》《寧庵記》《三姪字義説》《宋史儒林傳附張樞後識》等九篇文字。正統本較崇禎本多賦、詩、辭等作品，崇禎本系統存《研幾圖》《天地造化論》爲正統本所無。

本次點校，以國圖所藏正統刻本爲底本，以《續金華叢書》本、四庫本、阮元聲本、馮如京本、《金華叢書》本等爲參校本，同時參酌《全宋文》《全宋詩》等整理成果。凡俗體字，皆徑改易爲通行字體；凡底本之訛、衍，則據校本改易；凡底本之闕，則據校本補入；凡底本之倒，則據校本乙之；凡底本、校本均可通者，出異文校。書末附録王柏佚詩文及其他相關資料，據《永樂大典》《濂洛風雅》《吴禮部詩話》以及《金華縣志》《族譜》所載可補遺詩歌六十六首，詞一闋，文十七篇，另外附録王柏所著《正始之音》全文，以供學界參考。

因本人才疏學淺，疏漏錯誤之處在所難免，懇請各位方家斧正。

魯齋王文憲公文集目録

七言古風

七言律

長短歌

五言絶句

魯齋王文憲公文集卷之四

魯齋王文憲公文集卷之九……五五九

帖

雜著

魯齋王文憲公文集卷之十……五八三

雜著

魯齋王文憲公文集卷之十一……六〇二
題跋

魯齋王文憲公文集卷之十二……六二八

題跋

魯齋王文憲公文集卷之十三……六五五

魯齋王文憲公文集卷之十八……七四九

哀挽詞章

魯齋王文憲公文集卷之十九

祭文

魯齋王文憲公文集卷之二十

附録一　佚詩文

附録二 傳記資料……九四四

魯齋王文憲公文集卷之一

廬陵銅溪劉同編輯
鄱陽三臺劉傑校正

賦

宋文書院賦

蔡子明講于鵝湖，用文公《白鹿洞賦》韻示學者，以墨本見寄，因用韻和之。

緊奎纏之珠粲，闡文教于無畺。涵累朝之樂育，萃慶曆、元祐之忠良。雖陽九之震蕩，復王氣于錢唐〔一〕。鴟有時而號晝，鳳終翽于桐岡。抑理大之矢謀，達此道于八荒。錫書堂之四號，揭儒隱之遺芳。因宏規而恢拓，立郡縣之膠庠。發天地之清淑，導濂洛之洋洋。自龜山之復南，開太宗〔二〕之世運。繹分殊之一語，極精析而莫渾。彼憑虚而夸毗，忌所蔽之難遁。

盛哉乾淳之大儒，四合朋簪而辨問。有昧性質之異同，惡此知行之並進。蓋入德之有序，孰先傳而後倦？此紫陽之學之爲無弊，所以紹龍門之適孫。合萬殊而一統，黜百家之異論。睠鵝湖之古刹，寓昔日之琴書。鎖凄凉之歲久，堙切磋之舊模。偉膚使之絶識，攬六轡以爰諏。新黌宇之壯麗，儼衣冠之進趍。坐皋比而振鐸，啓襟佩之良圖。乞題表于天陛，聘師範之勤渠。邀綵衣之歸騎，肅奠謁于前除。賡先覺之古韻，著後學之貞符。羌予隱約于陋巷，忽拜駢珠之華集。恨車輪之生角，望室堂而莫入。粗識爲學之爲己，何敢襲之而口給。幸群經之粲然，盍遺音之細緝。願言忠告于我人，請絶時學之陋習。惟窮理與居敬，要此志之先立。咏《洞賦》之末章，矢一心之允執。既爾的而爾張，亦何勞于決拾。亂曰：玉不事彫琢，曷成爾璆兮？木不就規矩，曷正爾〔三〕璆兮？曰明誠與敬義，于以泳游兮。志所志學所學，亦伊顔之流兮。慨往哲之不作，何以解憂兮？矧明訓之具在，它又何求兮？

寶婺新樓賦

炯乾象之轇轕兮，麗玄運而不息。殷七政之後先兮，表輝躔之清則。謂四星十有一度兮獨司女職，剪帛裁繪兮供衮衣之黼黻。問機杼之友兮，隔河漢以相望。御真氣之皎皎兮，籍人間之陰陽。卻綵藻而衣青雲兮，製白蜺以爲裳。珩璜深杳兮德彌彰。姓爾國兮湯沐，據地勢之曠遠兮，潔神宮之穆穆。皇靈靈而來下兮，瑶席而瑱玉。絶塵囂兮夜氣肅。睠千嶂之相繆兮，東南最佳。架脩梁而承宇兮，豁往古之壯懷。自家令之著句兮，意俗而辭俳。雙溪瀧瀧兮，流恨無涯。當其出守兮腰猶未瘦，昧于榮利兮不償厥售。夢回劍舌兮史有餘臭，吁嗟乎赤章兮終莫宥。紫志兮重瞳，篤學兮博通，一念差兮百智窮。八咏八咏兮，胡爲乎樓中？士生斯世兮，莫先乎器識。富貴不可苟求兮，聲名不可以虚得。孰有不養而成兮，不耕而穡。所以設爲庠序兮，緌猷而明德。大厦渠渠兮，有赫泮宫。像闕〔四〕里之森嚴兮，巍巍乎樓之東。山川斯拱兮，清淑斯融。藹圭璋兮，卬卬顒顒。時習兮矻矻，日邁兮志奪。安得方寸之清明兮人欲絶，與君來此兮吟風弄月。亂曰：風月常見兮景常新，清明光霽兮胡爲而異名？存爾天兮不昧，湛一氣兮孔神。與風月兮無愧，斯能評古兮談今。

冰壺秋月賦

子男列爵兮，國有常居，襟三洞而帶雙溪兮，分女宿之墟。誰作燕坐之室兮有扁冰壺，相爾室之耽耽兮是敞是虚。主乎中兮志趣萬殊，孰有甘心乎冷淡兮詩書之癯。求名義之凛凛兮，斯焉何取？或無所爲兮，又何足以爲觀省之補？彼東風之蕩無檢束兮，物物是與，夏日亦長且舒兮，有酷斯暑。氣象不我侔兮，耻焉爾伍。冰壺冰壺兮一以清，有月有月兮秋更明。

清明相涵兮璀璨光晶，極表裏之透徹兮焕采凝〔五〕瑩。彼君侯之心兮鑑空衡平，一寒自力兮千室自春。朱絲鼓兮瀹和，晝簾垂兮暇整。俛焉撫字之勤兮，不計歲月之遒緊。西風生兮遠林，白露斂兮煩景。縠璧有餘最兮，猶從容待秋之一稔。豈不懷歸兮，去爾民之未忍。眇扁舟兮家具，表遺愛兮旌旗。行行青雲之步武兮，廉德久簡于上知。念世道之已熟兮，此爲何時？聚斂慘于盜賊兮，甚東南之瘡痍。傾倒瞑眩之劑兮，勿留刀圭。既無欲以撓其剛兮，仁必有勇。飲蘭露而餐菊英兮，豈富貴之能擁？惻有隱于民瘼兮，不知震霆之可恐。人懷襟度之寬兮，我覺丰神之甚聳。蓋任重道遠之士兮，聲色凝然而不動。我非有風鑑兮，察所安之甚精。見公雖疏兮，知公獨深。畏此簡書兮，勢不得而日親。鳶魚同一天兮，各適其情。人生聚散兮，如太空之浮雲。少歌曰：今人薄交誼兮，古重離别。人合有離兮，月圓有缺。人别不易見兮，南轅北轍。彼月之缺兮，或團團乎林樾。安得長官兮皆公，如處處冰壺兮貯秋月。

喜雨賦

己丑之秋，七月將望，長嘯與客命駕，經從于南山之下。農人告予曰：「兩月不雨，驕陽盛熾，傷禾稼之就槁，竭陂塘而莫溉。溝澮胥涸，草木病瘁。渺一飽之未期，斂雙眉而墮淚。」

長嘯愀然，歸而與客曰：「四海蒼生望霖雨，不知龍向此中蟠。」此非王金陵之詩乎？想新法之紛張，瞻青苗而色沮。澤民之事業如是乎？金陵之所謂霖雨，猶今春之淫潦，所以基後日之禍也。當其太空潑墨，雷奔電掣，溪原爲一，桑麻冒没，菌衣生于用器，蛙蚓行乎几席。麥欲秀而泥蟠，蠶正飢而葉濕。墻壁苔穿，鶯花狼藉。于是足沈礎潤之氣，衣費香篝之烟，望玄玄之坱鬱，慨沈穡之永歎。何斂散之失時，紊盈虚之大權。而乃巽二閉户，阿香熟眠，魃鼓舞于煩世，龍深潛于九淵。幸玉清之悔禍，遣六丁而下觀。翕炎煦畢，疏河浚泉。祝融斂迹而退避，屏翳振馭而著鞭。長嘯不寐，側耳而聽。初淅〔六〕瀝而萃蔡，忽砰湃而奔騰。如獰風兮入溝壑，如怒潮兮來海門。又如百萬慓悍之衆，銜枚赴敵，而戈甲夜鳴。滴馬鬃于李靖，洗牛背于鬱林。點滴瓦溝兮有碎玉韻，建瓴屋角兮有瀑布聲。激竹溜之宫徵，焕花徑之精神。自是渴者澤，仆者起，枯者沃，華者成，如沉疴〔七〕之遽脱，如亂邦之中興。又如光弼入子儀之軍，一號令而旗幟鮮明。化彫瘵而豐裕，消愁歎而歡忻。一點一穀，如坻如京。童子不識秋事之可慶，但喜新得凉于户庭也。長嘯于是誦孟氏「勃興」之語，賡詩人「有年」之篇，獻于太守。太守不有，歸乎天子。天子謙謙，功不敢專，讓于皇天。皇天冥冥不得而名，本大德之好生也歟。

詩四言

疇依

元會開物，風氣渾厖。聿生神聖，惟包羲皇。始畫八卦，人文炳煌。大道之書，誰云已亡。
巍乎大哉，堯之爲君。其仁如天，其知如神。鑿井畊田，出作入息。擊壤而歌，不知帝力。
虞舜側微，重華協帝。父頑母嚚，烝烝以乂。天理之極，人倫之至。恭己當天，雲行雨施。
禹乃嗣興，載平水土。天錫九疇，彝倫攸叙。克儉克勤，不伐不矜。有典有則，貽厥子孫。
昔在帝堯，咨舜一語。允執厥中，舜亦命禹。危微精一，義復兼舉。三聖授受，獨喊千古。
湯聘莘尹，五進就桀。天命人歸，鳴條自葛。以義制事，以禮制心。日新厥德，鑑此盤銘。

於穆文王，順帝之則。身蒙大難，小心翼翼。三分有二，以服事殷。可謂至德，萬邦儀刑。

武王達孝，善繼善述。盟津既誓，干戈載戢。訪于箕子，洪範以陳。惟皇建極，反覆丁寧。

於皇周公，勤勞王家。赤舄几几，德音不瑕。思兼三王，以施四事。坐以待旦，制作大備。

生民以來，未有孔子。金聲玉振，始終條理。五經之道，天地同流。立此人極，萬世東周。

賢哉顔子，好學獨稱。既竭吾才，欲罷不能。不貳不遷，庶乎亞聖。一簞一瓢，不幸短命。

曾子雖魯，纖悉不遺。吾道一貫，以魯得之。易簀得正，手足斯啓。仁爲己任，死而後已。

至哉子思，憂道失傳。推本遺訓，《中庸》一編。提挈綱維，開示藴奥。無聲無臭，孰窺其妙。

惟孟軻氏，雄士絶識。伯仲禹功，力距楊墨。性善養氣，前所未聞。歷選諸子，實醇乎醇。
聖道不行,自周公歿。聖學不傳,由孟子卒。上無善治,下無真儒。章句訓詁,煨燼之餘。
皇宋文明,周子天畀。不由師傳,道體默契。建圖屬書,以覺後覺。上接洙泗,下開河洛。
歷紀明道,祥應兩程。吟風弄月,有的其承。體用一原,顯微無間。惠我光明,如夜復旦。
于時張子,崛起關中。虎皮端坐,多士景從。瞻彼洛矣,道淳所宗。訂頑揭牖,表表正蒙。
恭惟道統,一絶千載。何絶之久,何續之易。師友之晟,東南洋洋。曰尹曰謝,曰游曰楊。
迪予朱子,理一分殊。汎掃淫詖,煌煌四書。有析其精,一字萬鈞。有會于極,萬古作程。
流澤未遠,口耳復迷。纂組斷碎,倚託媚時。大本斵喪,擾擾胡爲。淵原微矣,予將疇依。

右二十二章章八句

洌井

洌彼井泉，蓮華斯名。有美一人，于焉載沈。夫也不二，昊天曰明。父之愛我〔八〕，曷慰我心。

洌彼井泉，蓮華其號。有美一人，于焉是蹈。琴瑟既合，載言載笑。父母不允，中心悼悼。

有洌彼泉，弦歌之東。所謂伊人，宛在其中。我心既得，皇恤我躬。匪一死之，義之從容。

有洌彼泉，在弦歌内。所謂伊人，之死靡悔。人孰不死，我無昧昧。是心之存，炯千萬載。

《洌井》四章，章八句。金華胡氏女既嫁矣，夫不良，父母奪之，欲更其偶，五年不許。白于令尹，進而問焉。曰：「理無二夫。」令尹義而歸之。父母怒，從夫三日，赴井而死。國人憫之，而作是詩也。

五言古今詩

和立齋對菊二歌

秋至百芳歇，籬邊佳色團。遥思古節士，愛此黄華蕃。我生千載下，恨不相同看。叢叢夜氣厚，曉葉千珠漙。中表自芳潤，對花發長歎。真固非素積，動色形豆簞。悠然露真意，猶云欲忘言。淵明一寸心，細嚼供晨餐。

之子歌遠遊，征車事奔逸。歸來東籬下，一洗四方色。静觀草木蕃，若不與人力。苟無浸灌功，造化庸有忒。今年秋苦旱，五穀廢嘉殖。梅仆竹亦焦，枯芝槁蘭茁。一朝去酷吏，甘雨解衆惑。天人本無間，喜氣滿城集。奈何倉廩虚，一飽竟難得。不如菊花乾，醫方牘稱述。

和暘谷春郊韻

一春風雨多，連日幸開霽。清尊酹芳菲，嘉約起予意。邁邁溪南國，樂只群英萃。裴佪曲逕迂，老跫尚堪企。竹脩君子容，花向少年媚。俯挹百草香，尚友萬山翠。往事動深感，高譚出中祕。莫色排空來，一笑散襟袂。不有短長吟，寂寞此風致。

用玉成韻題秋臺詩卷

杳杳南風琴，洋洋大雅音。復古心未古，難以筆力任。秋臺千古調，淵乎樂不淫。天然絶琱飾，無非情性吟。掩卷三歎息，式如玉與金。

夜覩野舟浩歌有感

康衢久寂寞，擊壤音微茫。南風啓《簫韶》，拜手賡明良。周衰二《雅》廢，鳳兮歌楚狂。楚狂已再變，三閭竟哀傷。俯仰千載後，嗟嗟情性荒。梁選尚遠思，淵明粹而莊。開元生李杜，我宋推蘇黄。宗派亦淪墜，紛紛師晚唐。吟骨不淳古，記魄不自强。雕鏤心肺苦，何曾徵宫商。濂翁著和瀹，感興開紫陽。紫陽尚六義，六義興已亡。鄭衛日盈耳，冰炭攪我腸。章貢有奇士，野舟刊名章。古城夜酌句，正義尤洋洋。游談到巍蕩，百世流遺芳。

贈仙山剛公新創香林

佛説菩提泉，其性本澄澈。人乃無蕪穢，誰能還瑩潔。我觀浸碧泉，泓渟貯芳冽。恰如老師心，風止雲跡滅。憶昔著詩句，無乃太踈拙。彈指二十年，相看頭已雪。老師闢新軒，眼方頗虚徹。得得穴山竇，一脉引幽絶。清泚貫花徑，冷暖資衆啜。一動一以静，誰盈復誰竭。水性本不殊，地勢差有别。即此兩水間，盡是廣長舌。學子來問話，當以無説説。但見香林香，薰蒸千萬葉。

宿寶峰呈玉澗

默成已仙去，北山久寂寞。豈無愛山人，時時訪林薄。心境不相當，丘壑自丘壑。誰知百年後，秀氣纔有託。的的盤溪孫，精光發河洛。神龍躍天津，鞭霆駕飛雹。相逢玉澗翁，筆底銀潢落。江湖四十年，萬象恣描摸。從游八九子，天才皆卓犖。漲起十八灘，曹溪源一勺。愧我局陋巷，瓢簞粗知樂。遥望詩壇高，勢與芙蓉角。掩旗仆金鼓，不敢事攻略。吊古得名勝，盟府定虚爵。派長竟先歸，白雲冒南岳。

牧歌寄謙牧翁

山前群羊兒，群羊化爲石。山後謙牧翁，雙牛挂虚壁。仙佛道不同，妙處各自得。我來牧坡上，牧翁已牧出。風行麥浪高，日暖柳陰直。沙平草正軟，隔林數聲笛。試問翁牧意，著鞭還用力。牽起鼻撩天，蹋地四蹄實。渴飲菩提泉，飢來嚥芻苾。步行顛倒騎，神光背上射。因悟角前後，通身白的皪。勿使蹊人田，毋乃失其職。舍策脱簑歸，人牛兩無跡。

天基節雨有感

歲歲天基節，晴和萬國歡。今年佚國宴，疏雨忽潸潸。允矣天人際，機緘妙己宣。聖心方感慕，雲意慘天顔。誰識天倫重，端爲萬化原。一時名未正，事事盡拘攣。父母惟生繼，昭昭大義存。節文斯二者，此外豈容干。在昔權臣繆，區區欲怙恩。私心崇義斷，强抑所當尊。

近日劬勞報，猶形厚薄嫌。一言誰誤主，孝道未純全。此事書青史，千年不可刊。勿云今既往，熟視所難言。父母人皆有，何稱考叔賢。只將誠意感，各盡此心天。

壽潘介岩

寶祐重頒曆，祥開甲子三。一分春色滿，喜溢壽巵寬。去歲霑餘慶，連宵飫豆籩。今年東望處，紫氣護天關。正阻松椿祝，難忘契誼覃。只將生硬語，便作瓣香看。天不生賢數，人培厚德難。幾年涵養力，方到介而安。出處隨時義，從容最可觀。青雲平進步，中立了無偏。一解星屏紱，扁舟歸故山。修門無一字，已決此身閒。卜築遷新宇，除書動笋班。勤渠朱邸講，公論藹朝端。善類頻回首，爭先傒奏篇。忠嘉當有力，聖德本天涵。

和立齋書懷二首

病暑已成痼，塵埃凝簡竹。蕭蕭北窗下，閉門惠甇獨。曜靈欲西邁，風露浣心目。仰觀牛女星，相望明河曲。誰能却鳳皇，共此鶩雞逐。美人天一方，郵音空往復。寥寥明月懷，翳翳談閒玉。歡喜聞歸期，縶彼白駒谷。幸自有長林，尚可停鸞鵠。

平生景風操，慷慨懷賦竹。恨無百畝地，相與種黃獨。只有滿架書，可寄千古目。何敢偭規矩，周容競追曲。彼不見泰山，政以鹿斯逐。子酌芝山泉，天運兩回復。應感鶴鳴章，聊以石攻玉。遷喬豈不佳，歲寒須入谷。天地何方圓，吾將叩歸鵠。

小酌敬岩梅下和立齋韻

化工忘慘舒，但起姑息念。一冬漏陽和，未識六花片。屈指不十日，冉冉歲華禪。我聞敬岩下，梅英照清淺。尊酒酌嘉友，薄批明月薦。披圖論人物，行子戲角戰。回首九君咏，清賞恨疏遠。從今莅新盟，談笑恣雄辨。多藉冰雪章，細澡塵埃面。歲歲臘殘時，檢舉舊公案。

又

平生手種梅，不作和羹念。其所起予者，歲寒心一片。孤芳以氣傳，萬物自形禪。暗香疏影句，知心亦已淺。雖以乾蘩餘，亦可清廟薦。今年花最蚤，思之心膽戰。花蚤豈不佳，當開時尚遠。陰陽貴順序，難與俗人辨。我豈事遠觀，急欲識春面。此意與誰論，珠璣謾堆案。

書隱和韻謝再答之

我已百念灰，只有敬賢念。事之云乎哉，敢分席半片。不思笙鶴隨，猶望衣鉢禪。舉杯邀杖屨，同問春深淺。徘徊梅月下，不嗔蘋藻薦。公詩太過情，置我冰而炭。年來從公遊，琴瑟幸非遠。一謙生萬和，一默屈大辨。今日知公心，它日識公面。朝夕願趨隅，稽首侍香案。

和立齋芙蓉觀三十韻

我觀神仙傳，詭幻何紛紜。或生歆慕意，方士爭愚君。政徹既多欲，仙材隔幾塵。澄神黜麄穢，有時繙《黄庭》。年少不我待，日月斯邁征。含霞飲沆瀣，聊助神氣清。何須超大壑，濯髮晞崑崘。天道有常運，過化續者新。長生非受命，莫使邪念興。澹然養至德，自可康頹齡。古今共一理，萬法同一心。世事互起滅，反覆如碁枰。赤松事黄帝，至今何不泯。安期干楚羽，對奕非邪真。徐公何爲者，得得捫蘿尋。惝怳紀一夢，浩不知涯津。馳神上無極，竭思下無垠。長吟追去古，抗論貽來今。于我政無益，默計空辛勤。不如素心友，相與尊舊聞。聖道無隱顯，人心有晦明。正論歎剥蝕，危如絲一綸。舉世闖月窟，何人開天根。浮華正談餤，元氣方堙淪。毋起遠游念，而起凡子評。爲學有精要，莫作隔壁聽。淵源祛滯吝，德義開胸襟。毀譽何足問，死生何足論。飢食渴而飲，願爲堯舜民。

和伯兄新竹韻

叢竹太踠跧，一鞭忽伸脚。穿石作斜勢，朝宗意穆若。片緑吐新梢，員粉露殘籜。今年造化深，稚子六七作。群居不嫌密，獨步豈疏略。是爲石笋瑞，不負歲寒約。清標凛三世，有倡不予酢。誰與共栽培，莫至風聲落。懷古不成寐，傷今政作惡。縱有題詩人，人面定非昨。

和立齋荔子樓韻

我久抱離索，加之憂患薰。血氣日以耗，話别難爲情。之子行邁邁，征車從仁兄。閩嶺在何處，目斷遮行雲。素□播芬郁，丹荔嘗鮮新。重樓一以眺，千古乘桴心。海風駕空來，裴徊振書襟。遥知意軒豁，塵袂何由親。惟有清夜夢，栩栩踰南岑。曜靈倏西邁，剥啄來嘉音。見書如見面，瑰詞襲魚鱗。朋友正歡慰，喜氣騰家林。呼童烹露芽，蠏眼時一斟。是中有雋永，透入肝腸深。

和敬岩韻迓其歸

生涯魚上竿，世事鼠入角。民膏既煎熬，民髓復椎剥。上下急交征，絶口政與學。孔明痛威〔九〕靈，厥德修罔覺。自古辱與疏，其機在一數。歸來有嘉士，尚可理商榷。駕言一寸膠，救彼千丈濁。精意有入神，端可鼻端斲。趙孟自貴賤，玉女皆天渥。如彼角斯瑳，如彼玉斯琢。不患公不淺〔一〇〕，所患志不恪。秋陽日以暴，江漢日以濯。真積而力久，自見所立卓。庭前梅粲粲，梅下石确确。雲飛川泳間，俯仰自不惡。獨立萬物表，誰能伍齪齪。雨露懋蕭艾，霜風妬荃葯。天意孰云遠，鑒此歸意確。寄言順應人，大公一以廓。

效希夷和陳北溪韻

北溪真有道，出語涵芳鮮。覺彼群迷句，真與梅争妍。一花一太極，獨立形氣先。逋仙名浪得，未必知其然。

甚矣天地閉，獨放一花鮮。未論色之潔，未論香之妍。只于冰雪中，誰占生意先。萬物心自服，敢問何能然。

和立齋宿友韻

吾儕有何樂，同志味自長。天高與地下，參我人中央。痛埽物欲蔽，放〔一一〕出元明光。力學日不足，游宦那可長。山人睽間久，歲晚歸南荒。會友魚貫臥，展轉幾巽〔一二〕床。老我失此快，獨卧風雨窗。回思少壯時，此味曾親嘗。白髮真可媿，觸事方面牆。唤醒舊時夢，吐哺歌新章。

高風行懷本齋

人皆喜君出，我獨喜君歸。君出豈不爀，事業生光輝。君歸亦不惡，風味高一時。人才有消長，世運有盛衰。公論不可泯，隱顯觀妍媸。隱者未必是，顯者豈皆非。遁世愧無悶，貧賤不可移。得時必行志，斯世相綱維。無悶是在我，行志非〔一三〕可期。一處特易易，一出真難持。利欲政滔天，四海皆瘡痍。世俗所榮者，君子方鄙之。君開青雲步，要津夫何疑。手揮體國略，口訥阿世詞。長揖群玉府，拔足逃阱機。黄鶴已高舉，甕盎喧醯雞。苕霅有清泚，一洗京塵淄。故舊述間闊，松楸慰時思。蘭茁濯庭下，菊蕊黄東籬。酒熟蝤蝥健，橙香鱸膾肥。至哉天下樂，何須卿相爲。解我橐中書，極深更研幾。聖門八字開，廣大涵精微。或參華山席，先天探包羲。或巾高陽車，同載膝上兒。苟足今世具，小需時運宜。天意欲平治，當今非吾誰。

和立齋橘花韻

梅花已仙去，草木同蕕薰。萬物競妖冶，二氣勞氤氳。南服有橘隱，春風罔知聞。濃露浥清曉，落月籠夜分。玉圓太極判，蚌合開天真。芬芳滿宇宙，那肯媒東君。

再和適莊韻

客從東方來，喜甚屐折齒。鼎烹石乳精，談笑秋月裏。中有八十翁，宴坐維摩椅。遁澤瑚璉器，玉瓚間罍洗。立齋持修綆，汲汲古井水。參也魯依然，商聲從曳屣。翹首諸俊遊，霹靂燒蛇尾。雙鸞輝九苞，翩翩奮棲枳。桐陽有卧龍，共躡風雲起。翁當沽美酒，炰鼈膾錦鯉。

送立齋入閩哭久軒

雙溪秋氣深，送子臨古道。古道如掌平，四顧行人少。行行復行行，向日度南嶠。故人今已矣，未必死非好。世事浩無涯，愁雲黯江表。

壽秋壑

皇天分四序，春生而秋成。春風焕九野，秋氣呈清明。萬物一以實，物物含生生。我公秉元化，全體涵金晶。義概抱宇宙，智略吞群英。五行互相制，自昔誰去兵。狂酋干帝紀，赤舄司專征。神謀運玉帳，靈旗繞氈營。韉靮鞅靽備，廣距甄角精。殘醜肝膽破，束手祈受盟。肅肅荆楚净，湯湯江漢清。東西亘萬里，齊民競春耕。歸來輔皇極，一稔舒群情。翼翼周鼎重，亹亹宸慮輕。前星耀垣象，德星萃神京。旂常偉實紀，前史辭虚聲。當此秋正中，角亢迎長庚。于赫衮繡瑞，綿綿綵綬榮。玉露滴鵁鶄，珥貂宣寶觥。陛下千萬歲，與公同太平。

送希夷之江西

小雨斂輕塵，秋聲壯亭驛。驅車過南浦，别懷徒㲲積。世道一以壞，爲善不自力。一朝魯兩生，爲人作行色。後山《薄命》篇，竟不待它日。送子行復行，一步一歎息。誰知離索悲，有甚萬鍾失。此事已忘言，此情未能釋。有時誦吾句，或爲千里益。

秋熱

西風不力征，老火未甘退。蟬聲亂耳繁，癡蚊健姑嘬。一雨洗天來，不復有故態。天序自分明，人心其少耐。

和立齋蹋月韻

我觀天壤間，何處無此月。對月兩心同，正自欠此客。月清人更清，心景兩相迎。平生負此約，鬢影今星星。我有一句話，願與月同盟。清光無晦蝕，與德時時新。

和叔崇禽聲放言

天以鳥鳴春，鳥聲不敢止。天以人鳴道，斯人其可已。爾鳥固無知，喧啾亦何利。鼓弄枝頭晴，瀾翻林外起。不學九皋鳴，聲聞何止此。不學千仞翔，一鳴來瑞世。古以鳥名官，列職有理致。只有歸去兮，陶公不爾愧。人豈不如鳥，鳴則震天地。不鳴千聖傳，則鳴千古事。詩翁莫浪鳴，文武道未墜。

和寬居見懷韻

北望戲馬臺，荆榛滿中路。英氣一何多，懷古渺難泝。山河腥日月，虎豹沐雨露。纍纍楚猴冠，異哉天所賦。豈無濟川才，淹留秋又莫。清風從何來，灑灑定吾故。贈我金琅玕，鑿落雙魚素。

佳菊何青青，寂寞籬之東。濁醪二三友，一醉涵鴻濛。緬懷陶靖節，邁邁無遺踪。誰知千載下，譜入處士宗。我生亦已晚，百拙勞化工。上無學古心，下無適俗容。聊自樂其樂，君子固有窮。

赤松即景

平生百慮懶，尚有丘壑心。佳哉二三友，歃盟同幽尋。壯懷豁虛曠，元宫窮邃深。時方釀薄暑，萬緑張雲岑。新篁凝粉翠，日影篩碎金。瘦笻扶野步，羽扇摇清吟。漱齒掬清泚，雪瀑開風襟。脱巾掛琪樹，露頂涵重陰。山禽自在語，山醪隨意斟。物外轉栖碧二亭名，石險蒼苔侵。路窮不可去，半山聞語音。山路未爲險，世路尤嵚嶔。何時侣麋鹿，結茅入深林。

和葉聖予山中韻

赤脚忙晨炊，掉臂會清招。相如僮御盛，浩然韁轡調。遥指白雲邊，乘興尋夷巢。古殿金碧悄，玄冠綵翠銷。怪石壯熊卧，老樹蟠龍腰。清陰團野色，習習生凉飈。懸崖斜斷處，槎木成飛橋。刺膚起霞暈，小小飛蚊驕。日長詩思渴，香洌供山瓢。清狂驚四座，浩氣摩丹霄。書岩苔礙筆，題葉攀柔條〔一四〕。語默任人意，無庸發輕嘲。

和前人小桃源韻

二初何如人，夫豈古隱士。道成遡泬寥，羊卧不再起。鸞鶴舞松聲，蕭騷快心耳。金竈清塵生，餘丹不輕委。我來桃源遊，直窮路所止。飛蘿摇春烟，素雪噴清泚。了無一根桃，此名安可紀。豈是牧羊兒，即劉阮二子。不然命名者，亦別有深旨。何時駕草堂，深入此山裏。倏然逃世慮，鍊魄繼遐軌。

題砥齋

古劍蟠雙蛟，瑞景騰豐城。耿耿涵義氣，凜凜無俗情。塵世三十載，世事嗟冥冥。當道舞狐鼠，白晝嘷山精。秋風清夜發，匣内鏗然鳴。故人耿介士，有砥静且平。寄語善持保，功用真難輕。莫授刀錐銛，耗蝕徒欹傾。許我礪英芒，一抹霜花明。北掃京洛暗，南擊猩鼯腥。彈鋏倚霄漢，掌上風雲驚。物莫不有用，時兮非人能。

【校記】

〔一〕「唐」，《續金華叢書》作「江」，四庫本作「塘」。

〔二〕「宗」，原作「宋」，據《續金華叢書》本、四庫本改。

〔三〕「爾」，原缺，據《續金華叢書》本、四庫本補。

〔四〕「闕」，原作「缺」，據《續金華叢書》、四庫本改。

〔五〕「煥采凝」，原缺，據四庫本補。

〔六〕「浙」，原作「淅」，據《續金華叢書》、四庫本改。

〔七〕「疴」，原脱，據《續金華叢書》本、四庫本補。

〔八〕「父之愛我」，《續金華叢書》同，四庫本作「父母愛我」。

〔九〕「威」，四庫本作「桓」。作「威」係避宋諱。本書下文同此情況不出校。

〔一〇〕「不患公不淺」，四庫本作「不患工不淺」。

〔一一〕「放」，原作「於」，據四庫本改。

〔一二〕「巽」，四庫本作「異」。

〔一三〕「非」，《續金華叢書》作爲「未」。

〔一四〕「條」，原脱，據《續金華叢書》、四庫本補。

魯齋王文憲公文集卷之二

盧陵銅溪劉同編輯
鄱陽三臺劉傑校正

五言律

代壽忠王

高宗皇帝生于丁亥，與藝祖皇帝聖誕之歲同。孝宗皇帝生于南渡之初元丁未，光宗皇帝生于丁卯。是時，益國公周必大和東宮之詩有云：「一丁昌火運，三合聚皇家。」以爲仙源衍慶之符。既而寧宗皇帝生于戊子，今皇帝陛下生于甲子，而大王殿下又生于庚子。甲戌庚，命書謂之天上三奇。敢叙其事，見于咏歌，敬祝無疆之慶。

天眷中興業，丁年拱慶基。皇圖開一子，寶曆出三奇。象奏前星瑞，光依太極儀。一卮眉壽祝，敬和益公詩。

立齋游山不能偕次遁澤韻二首

色動山行約，令人憶舊遊。地形雖險易，坤道自剛柔。路遶岩頭石，烟横洞口舟。十年塵土夢，此志幾時讎。

山人真漫浪，隨處得清遊。雪瀑方争勢，風雷不肯柔。詩光浮玉板，酒灔瀉瓊舟。一枕斜陽裏，清歡各自讎。

題屏岩詩卷

有偉屏岩稿，温淳擷衆芳。波瀾雖未闊，骨骼已先張。盡埽江湖氣，且無蔬筍香。若參詩本旨，却恐費商量。

台山周咏道别五年因詩寄借韻以謝二首

解后松齋日，曾知學共程。心期千古遠，世味一毛輕。孰謂暌離久，猶垂故舊情。何時風月夜，得共剷文盟。

中處乾坤大，同時總弟兄。行藏雖有間，道誼豈無情。欲向忙中定，先須静處精。光陰如電走，慎勿騖虚名。

題徐觀之字説

堂空一鑑懸，萬古光瀲灩。彼自有盈虚，我要無虧欠。陰祲不能蝕，塵埃不能掩。只于事上觀，足爲操舍驗。

舟中和葉聖予三首

雲欲回風勢,先埋逼曉山。催程推路險,破冷覺杯慳。帆腹欣初飽,篙師相對閑。卧聞嚴子瀨,只在片時間。

桐江波漸滑,霽色午方開。香火嚴蘭若,烟霞老釣臺。崖高微徑險,水轉萬山回。欲訪先生裔,相從買一杯。

江闊風帆急,潮回沙露痕。寒林無剩葉,茅舍各成村。雁落煙波渺,鴉歸野色昏。未知孤客棹,今夜泊誰門。

野興

文字飢難煮,爲農策最良。興來鋤曉月,倦後卧斜陽。秋稼連千頃,春花醉幾場。任佗名利客,車馬鬧康莊。

題效奇

未識效奇處，得于詩卷間。屋邊環翠竹，窗外即青山。月向女牆過，煙凝老樹閑。不緣心匠巧，何以發天慳。

題適莊茅亭

屋角園雖小，幽深隔世塵。杖藜時自適，杯酒樂天真。松磴規模古，茅簷日月新。閑花三十種，相對四時春。

和趙師日韻一首

佳士温其玉，相親意豁如。窗前千箇竹，燈下一編書。交道無窮達，人情自密疏。清風明月夜，或可訪吾廬。

我生無燕頷，四壁笑相如。門巷堪羅雀，燈窗且讀書。老來心事懶，貧後故人疏。尚有多情月，時時到子廬。

水仙

翦葉葱偷巧，冰蕤獨耐寒。梅兄雖有伴，礬弟不同看。山谷詩猶在，逋仙影不單。玉纖捧金盞，誰遣慰儒酸。

瑞香

呈外來香國，瓊敷四出葩。嬌姿不受暑，睡思却便茶。心裏藏金粟，枝頭簇紫芽。長安厭歌舞，還肯到儂家。

蘭

早受樵人貢，春蘭訪舊盟。謝庭誇瑞物，楚澤擷芳名。蒼玉裁圭影，紫檀含露英。奚奴培護巧，苔蘚緑菁菁。

梅影

梅花已清絶，明月忽横窗。孤影知難并，群花已竪降。淡痕開畫帳，皓色掩書缸。寂寞素娥冷，須臾擁去幢。

自述

身坐衆香國，蒲團詩思新。一貧雖累我，此興未輸人。陋巷誰爲侶，寒窗不染塵。五言盟四友，筆下頓生春。

過故家有感

衣冠零落久，今日事堪傷。厨起青煙薄，門關白日長。殘梅欹古道，枯柳卧頽墻。山色依然好，興衰未可量。

過白鶴寺

小泊古蘭若，雙艣發舊柯。山光浮夜氣，柳色媚春波。僧類胡孫瘦，農師盜伯多。野人時問我，新守政如何。

晚興

散髮風簷下，沈沈日漸曛。鷹拳擒野雀，蛛網獵飛蚊。群動能爲計，吾生亦謾勤。塵緣難著眼，晚興寄青雲。

新愁

愁逐西風動，伶俜祇自憐。家貧緣累重，學陋欠師傳。白髮還生矣，青氈尚杳然。高山流水調，何日奏朱絃。

題蟄庵

一蟄了千悮，心安境自寬。軒昂就收斂，自在覓艱難。龍怕烏臺勘，人疑蕙帳寒。欲知舒卷意，編簡静中看。

題寧庵

寂寂鐘魚冷，松楸蔽杳冥。雲侵晴路濕，衣染晚嵐青。天未生人物，山應銷地靈。何祠香一瓣，遺恨滿空庭。

宿倍儡店感舊

諸老皆仙去，遺蹤歲月深。主人今易姓，客子亦傷心。來燕傳新話，群蛙試鬧音。欲將興廢事，歷歷問雲岑。

宿仙山浸碧軒二首

冒黑投精刹，呼燈讀舊詩。平分禪榻穩，共聽雨聲馳。魚鼓催行色，溪山挽故知。人生萍聚散，後會復何時。

浸碧去崖谷，琅然話夙緣。水雲藏定力，霜雪護華巔。漸喜虚形槁，祇求實行全。曾隨癡鈍夫，當已得心傳。

遣興

初向坡頭下，風霜入鬢毛。味長濡竹簡，焰短沃蘭膏。家與人俱瘦，年隨氣轉高。朱顔無藥駐，窗下勿徒勞。

催雨

人世如居甑，驕陽不可鉏。未聞芻作狗，安得夢維魚。賦斂生民槁，干戈國計虚。安危關一飽，雨意莫躊躇。

喜雨

滃鬱雙雲合，霶霈一雨通。新凉驅積暑，喜氣薄高穹。點點含生意，聲聲起死功。田家雖少歉，尚可及年豐。

和汪元思喜雨韻

龍蟄金瓶小，神驅雨陣斜。建瓴飛素練〔一〕，走澗舞生蛇。風使開雲磨，雷香隱砲車。農人有驕色，一飽不須賒。

題抱膝庵

一室方方丈，名標抱膝新。有書宜勘古，無學可留賓。静坐神明固，清談滋味真。傳家名刻在，長對草廬人。

冬至和適莊即事韻

跛躄廢人事，來投大士家。清談半窗月，澹坐一杯茶。燕豆來霜果，鴝瓶浸蠟花。葭浮纔一日，芳思已無涯。

七言古風

汪功父聘石友

一片寒姿蒼玉質，久作歙江秋水骨。磨瑕礲垢飽風霜，袖手南遊來楚國。我曾研破青烟痕，露華半勺拖玄雲。文理細密温而淳，伯樂一顧空馬群。癯癯好古子汪子，雅有半面如舊情。巧取豪奪俱不敢，聘以厚禮强委禽。吉日良辰新勸駕，絳帳交懽相慰籍。斟酌洙泗闖紫陽，大義發越添聲價。紫陽是渠桑梓賢，久矣驂隨輯墜編。會心不惜時磨研，至理神授珠瑩圓。我今贈君明堂一柱金書墨，霜毫冠帶來蟾窟。楮先生者白而腴，即日相邀來覽德。紘歌聲裏春光半，浄几明窗風日暖。四友參前無間斷，俛首循循而勉勉。萬里一鞭塗甚坦，太極門開初未遠。

和叔崇橘花韻二首

清和景氣已非春，午陰濃處延詩人。一杯佳茗沃嘉話，粲然三禮羞蘩蘋。洞庭手植清香發，金粟銀須照膚雪。薰風十里漾芳思，萬斛明珠剖胎月。素華緑葉騷頌中，光生南國德橫空。朗吟受命不遷句，對花不飲無慚紅。

厥包錫貢三千春，爲花著句曾無人。顆顆珠璣香萬斛，薰蒸天地勾風蘋。充實先生詩興發，韻嚴不數陽春雪。龍蛇一紙開天荒，琅然吟破夜光月。炯炯后皇嘉樹中，精白任道言非空。秉心高潔寄清賞，世人只解歌春紅。

贈葉緑澗

有客有客訥而腴，手携數册堯夫書。八八從而之八八，四千九十六無餘。小游軌革何足算，大游九戹相乘除。太玄洞極亦無法，更有司馬推潛虚。茫茫古今四海闊，動静禍福無能踰。玉芪金鑰竊元命，自合抱道山林居。堯夫堯夫初不死，精神炯炯《先天圖》。元會運世未爲密，一畫未畫元非疏。自從漏泄加倍語，便覺造化無工夫。吾儒更欲窮造化，造化尤解窮吾儒。且將餘法供劇戲，君識此意廉其需。世人逐逐不知止，誦詩還肯安心無。

和立齋番君吟

日月星辰天之精，山川草木地之文。本乎天者既圓象，下者何不皆方形。此疑千古不能决，讀盡六經無異説。依稀子夏微有言，譬諸草木區以別。草木之中操孰堅，僉曰此君耐歲寒。虚心直節表真勁，窮冬大雪青琅玕。平生正坐一圓累，未堪全德君子比。内圓猶是智之餘，外圓無乃德之耻。我聞楚東有雲仍，生來氣骨清稜稜。觚哉觚哉出乎類，長大益覺廉隅分。自從《大學》悟絜矩，四面正直各得所。獨秉重坤六二爻，斯可以爲民父母。厥初受命莫不然，世衰俗弊失其傳。商周之際斯爲盛，孤竹二子何曾圓。

再咏番易方節士

博物君子識鑑精，包羅錯綜能成丈。夫何吴興戴慶豫，慨然譜竹擬諸形。非草非木言甚決，品類繁夥難盡説。九江五嶺多逸遺，維此方君更無别。隱彩韜名志行堅，萬里臨邛族最寒。文饒携來甘露寺，聲價壓倒萬琅玕。眼節鬚牙如積累，四面對出莫與比。不有芝田紀録詳，後世莫知深可耻。我聞此説亦相仍，未嘗親得見觚稜。江東使者返行部，招徠節士番中分。个个折旋皆中矩，什什來歸敬岩所。有斐良朋保歲寒，凛然如對齊充父。后山居士知其然，心事曾將詩句傳。老來不復人間事，寄語山翁莫削圓。

和立齋蠟梅韻

蠟花檀暈香如梅，擸號入譜名京垓。立齋形容消息大，濃芳不受霜雪埋。疏影横枝雖未足，淡淡中色攙先開。薰然不待詩料理，詩人無奈清香催。詩清香韻兩奇絶，詩香相感從何來。只緣人與花相似，心香灑灑俱無埃。坡公衣鉢何敢睨，簡齋香酒非吾裁。有時静聽群兒讀，繞樹日走數百迴。仰頭生意已如此，俯視百草方枯荄。

和立齋喜雪韻

生意原原如襞積，陰闔陽開有繩尺。風霜冰雪豈少思，到此自宜天地塞。凜然帝則亘古今，此外不知還不識。連年冬令太傷遲，君子憂時長皺眉。萬物驕矜不自持，落盡窗前年後梅。深山芽茁無空枝，更疑麥隴青離離。一夜風號陽氣服，玄冥奮威正當局。翦冰裁花兩日飛，更撒珠璣三萬斛。攬柄收權應恨晚，明朝已迫東方木。却恐春風未肯和，顛倒天時難善俗。

寄敬巖

泳飛堂前橘柚香，田田荷葉浮波光。主人攬轡度閩嶠，馳驅端爲蒼生忙。天生人才不虛出，必使事與才相當。爾才綽綽有餘力，豈容袖手窺其旁。平生正坐嚴冷相，不解嫵媚相頡頏。前時固亦與國論，莫肯默默安周行。老子九百何自苦，艱難險阻須甘嘗。玉溪饑民昔嘯聚，至煩禁旅來張皇。繡衣彈壓甫三日，猩鬼屏迹消叢篁。露布一語不自伐，猶有忘者羞回韁。今年玉節蓮峰下，約束海若無驚艎。剸聞屬郡微有警，往往鹽子多陸梁。此輩未易以柔服，必至腥血膏鋒鋩。由來受病非一證，莫將已效誇良方。規橅貴闊謀貴密，當以虛心來衆長。局面布置要合節，自有勇士争激昂。堂堂元老熟戎事，幸甚赤舄歸故鄉。豈無惕然桑梓念，囊底餘智應恢張。同心相濟一堂上，誰兵誰將誰干糧。不然殘天啓壇鉞，老熊當道驅群狼。甲兵錢穀亦分内，事機捷出真難量。豈予所至輒多事，老天驅入功名場。橘柚黄時聽好語，緑綈四輩催歸裝。

題魁星

天樞之宿爲貪狼，引領三台朝帝旁。典司多士擅文場，名在第一聲播揚。因此冰炭癡兒腸，彷佛肖象祈流光。

題定武蘭亭副本

玉華末命昭陵土，蘭亭神蹟埋千古。率更搨本入堅珉，鹽帝歸裝投定武。薛家翻刻愚貴游，舊石宣和龕御府。胡塵横空飛渡河，中原荆棘穴豺虎。維揚蒼茫駕南轅，百年文物不堪補。紛紛好事競新模，傾欹醜俗亡遺矩。如今薛本亦罕見，髣髴典型猶媚嫵。清歡盛會何足傳，右軍它帖以千數。託言此筆不可再，慨然陳迹興懷語。今昔相視無已時，手掩塵編對秋雨。

和易岩兄芙蓉吟

大專肫肫分四氣，曜靈西征駕新霽。人間萬寶告成時，白帝疇功有良貴。后皇嘉惠放一頭，蜺旌鸞轂恣晨游。蜀錦步帳數千里，爛然一抹眼波流。玉容沐露月梳曉，翠袖蹁躚舞微笑。雲舒霞卷競芳穠，照水迎風爲誰好。水中木末眩騷人，拒霜宜霜名字新。平生不識春宵暖，甘隨青女嫁花神。易岩胸中五千卷，景物驅歸句中鍊。賞花不是少年心，見花依舊少年面。石丁作主事難憑，子高那是夢仙瀛。何如醉鄉自廣大，幕天席地山爲屏。詩魂醒處風光轉，梅花已築受降城。

用易岩韻壽易岩

天地之氣秋惟清，清之極者爲聖人。惟皇降衷本均平，賢愚美恶氣質成。有偉易岩萬人英，聖涯涵泳心即經。人心道心惟一精，怡然融液萬理明。矩度迥出風塵表，視履元吉祥素考。義利兩關路分曉，富貴功名何足道。一枝緑玉暢幽聲，殷勤拜捧壽吾兄。明朝西現長庚星，芒寒色正占千齡。老而有子希世珍，一念種出無邊春。它年頭角昂俊聲，安車迎養雙朱輪。

用適莊賜韻回祝

大椿蟠根雙榦矗，秀色各分元氣足。共占百五二十年，八千春秋從此卜。西方無量不可思，南華寓言不須讀。造化發育自無已，天根月窟互相逐。霜挾獰風夜推户，日碾晴空曉烘屋。冰輪載魄將再弦，寶律浮葭欲飛玉。天公作意表呱瑞，學子分題剡牋軸。揆予受教自髫髦，歲月十分今已六。我翁早出名利塵，我翁天縱清閒福。眼明猶足察秋豪，脚健不肯支笻竹。友善堂前高揭扁，懿德道心新萬目。人言腕力健于虎，更須萬兔供毫禿。不買駝峰換清供，不買蛾眉歌壽曲。歲寒兄弟歲寒心，敬和長篇侑醽醁。

和遁澤武夷石乳吟

遁翁聲價爲時重,幾年勤學方繇統。麗澤門人已寂寥,衣冠奕奕皆遺種。當日詩編誰尚存,遜齋今幸傳聞孫。平生工作風刺體,近來琢句如春温。靈芽來自幔亭裏,貯以紗囊紅與紫。一掬槍旗分雅供,七碗盧仝爲驚起。贔屓古鼎親烹嘗,清風習習生詩腸。雲根不受塵土污,舌本豈帶臺閣薌。學海茫茫了無際,一覺回頭有餘地。世味醲鮮多螫毒,無味之中要精嚌。燕閒消息已潛通,滿閣遺書須細窮。澹而不厭真雋永,不在松風蠏眼中。

薰風歌代壽節齋

玉麟堂上歌薰風,周公分陝方居東。蜺旌龍節更號令,長江萬里消狼烽。櫜鞬帕首多名將,夙興拜舞占乾象。紫氣浮浮軫翼間,宗星炯炯銀潢上。甫申飛下鼎湖山,汝陽天人未足言。八紘納納入經濟,一柱岩岩久具瞻。岧嶤陪京新命尹,虎踞龍蟠壯根本。關中鎮撫必蕭何,北門筦鑰須寇準。運量恢恢妙轉旋,一念體國心通天。璽書錫勞下閶闔,珥貂十輩來傳宣。天子令聞洽四國,令儀令色山甫德。江漢湯湯告厥成,衮衣歸兮式百辟。薰風薰風自南來，解民愠兮阜民財。不賡殿閣微凉句，拜手喜起明良哉。菁菁葑菲公猶采，世沐恩波深似海。春風一鶚又横空，潄帚蕭騷價千倍。翹材油幕羅群英，壽觴瀲灔難同斟。客星灘頭頻矯首，夜夜遥瞻南極明。

和遁澤惠豆粟韻

民曰同胞豈異根，萬殊皆自一本分。燒萁舂粟不忍聽，詩翁感慨何憂勤。我有兒拳蓮實中，共房巑巑笑秋風。平鋪春色殷勤種，終鮮它年又怨公。

秋深萬物盡歸根，五穀從來不解分。以長而食了無事，南山有種何曾勤。遁澤真情在句中，薄俗三歎曹劉風。識得異形同一氣，應無管蔡怨周公。

題平心堂

洛龜圓文錫神禹，箕子陳範畀周武。九疇自天倫既叙，嚮用一以壽爲主。人生富貴何足數，最要康寧安厥處。爾其好德全付予，惟皇之極必福汝。君侯有德存此心，居官居家堂兩銘。强弱人己無留情，湛然方寸如砥平。藹藹庭鯉雙趨庭，指此良方垂後昆。信受奉行不敢輕，宜爾子孫皆千齡。

和叔崇春寒韻

知和而和當有節，節貴得中忌超越。造化神機豈易窺，天上不知誰理燮。東皇面目似非真，我聞四時皆有春。春來天地已交泰，肅肅群陰豈可伸。金谷笙歌未嘗冷，莫張威勢嚇詩人。

題東郵所藏宮錦圖

后德相成帝業昌，不耽歌舞誇新粧。六宮婦式頒蠶事，職雅心耑清晝長。忽見雙娥理絲把，寬急對牽身勢强。輻輪飛轉一縷細，文茵獨坐迎微凉。高捲翠簾三四侶，織就五采成龍章。獻功不須出宮壼，手授縫人裁帝衮。端拱明堂萬國朝，文物聲明光四境。何人遇此一段奇，追記丹青描不盡。器用鋪張規制精，默寓經綸合繩準。世間畫手無此圖，疑是當年閻立本。

賦雙松堂

和平堂前列四皓，雙松爲主雙檜賓。深山大澤不肯住，鞭霆駕雨來重闉。蒼髯梳風音瑟瑟，霜皮凝雪冰粼粼。静有精神觀世變，悄無顔色阿綏紳。朱幡皂蓋幾來去，丹楹藻棁方更新。魏武子孫敦宿好，十八公子忻相親。世間靈物妙難測，一氣常存天地仁。巍巍堂下萬休戚，左右冷眼時笑顰。或然一念私欲勝，垂垂二老能相嗔。起居出入知所敬，願言共保千千春。

侍伯兄宿履庵即事呈本老

朔風蕭騷霜正濃，追隨雁影來城東。樓閣寶門八字啓，一超徑入青蓮宫。老師槌拂活潑潑，臨機一喝開盲聾。舌根拖地無死句，何曾一字粘虚空。管帶忘懷聞妙義，豁然暗與吾道通。諸方善人忽聚散，黄昏方打齋時鐘。明極堂前吞箇棗，畫灰鑪畔捉條龍。須臾八萬四千偈，盡在蒲團默坐中。

拍手行

五雲縹緲護天關，輦金輦寶來如山。上有封題三道印，多是中朝清要官。一膏一縷盡民命，荆箠新痕蝕舊瘢。東麾西節步霄漢，公私赤立生意慳。年穀豐時無蓋藏，那禁水旱相摧殘。黄馘槁項卧溝壑，獾奴狼子生狂貪。輟耕太息鴻鵠志，乘牛讀史需時艱。忽如妖禽嘯清曉，泥丸初不勞驚彈。何人把玩張聲勢，直令聚蚋奔醯酸。竹兵烏合本兒戲，伍籍久蠹心先寒。吁嗟身世狹于掌，北望神京雙淚潸。國家有紀誰敢犯，濟彼德惠防民姦。何曾假借污暴手，病入心膂何時安。堂堂正氣不久熄，自古東南多造端。誰出華山拍手笑，袖中三尺山河寬。

七言律

和碩夫兄五松韻

重開甲子舊年華，莫問行程差不差。幸有數杯澆舌本，不須一筆鏤心花。歲無臈雪非人福，時到春風不我賒。兩手託天緣有氣，簞瓢陋巷也爲家。

蜀葵韻

亭亭弱幹裊新凉，露浥精神導太陽。紫粟緑房醫士寶，黄裳紫袂道家粧。宗華衣錦趨炎晝，蜀本鎔金耐素傷。千古無人歌實德，騷人只解逐餘香。

和秋澗惠蘭韻

竹蘭臭味古來同，同處元非造化工。墨竹方生秋澗上，紫蘭已到魯齋中。築臺移玉尊清惠，運筆揮金尚古風。却似高人來伴我，幽芬日日透簾櫳。

和得全喜雪韻

天道流行自有經，一冬常燠大無倫。臨期飛雪粗成冷，只隔明朝便是春。窗外曉山高積玉，夢回夜月更鋪銀。玄冥恰似輪臺悔，改過雖新已悮人。

瞻彼西山紫翠間，百年遺族備艱難。一區濟濟雖孤立，萬物原原得静觀。舉世莫知黄髮貴，何人肯伴白雲寒。相將共折長亭柳，況是殘梅已著酸。

贈吴㖤

襟佩青青白面郎，未成佔畢已飛揚。深嫌實學規模拙，只把時文日夜忙。志氣峥嶸謀富貴，身心荒落敗綱常。佗年窮達皆無據，却笑儒冠誤可傷。

和遁澤喜雨韻二首

久欲飛山試笋車，避炎情緒未能嘉。讀書求道調心馬，製藥無方遣睡蛇。天地秋來催祭鳥，池塘雨過鬧私蛙。病夫推枕幡然起，骨健神清眼不華。

葉下亭臯半月秋，風飛雷厲起雲頭。一奩返照收林樾，萬派飛泉響澮溝。放鄭賢侯初下令，乞靈拙士未能瘳。吾儕且説維魚夢，那問驅車相國愁。

和易岩蘭菊韻

小春天氣未和平，冷暖于人孰重輕。幽菊瘦蘭皆有味，凄風楚雨自無情。披來破衲便身穩，寫到新詩徹骨清。箇裏不知誰得失，薰蕕境界要分明。

和易岩雪

豐年嘉瑞有根原，碎翦銀河到底懸。古有諸侯延辨孟，今無令尹訪飢袁。狺狺吠犬思騷楚，茂茂貞松記漆園。險韻忽拈真寡和〔二〕，茶烟起處屈高軒。

八咏新樓

翬飛高插女星光，可是溪山屬沈郎。眼力拓開千里遠，樓身擡起一尋强。争觀王謝新題壯，不數齊梁舊事荒。誰識倚闌真樂處，清風明月浪篇章。

和易岩首夏韻

垂老東君戀舊寒，惜春情緒正孤單。笑它功業傳千古，還我詩書博一安。芍藥階前風味淺，酴醾架上典刑殘。勒回春色憑詩句，生意津津上筆端。

次前人韻

彈冠事業耳邊新，我夢何因到紫宸。自古爲仁知不富，如今學道豈憂貧。與其鞭扑朘民髓，孰若簞瓢樂此身。志士不忘在溝壑，不應後世便無人。

題康湖偉觀

蒼翠雄盤一古村，新樓面面納乾坤。陰晴朝莫天容變，開闔榮枯春意存。萬壑精神融寶鑑，千峰氣勢拱端門。松楸冉冉白雲下，一醆寒泉罔極恩。

寄立齋

團欒未久又分襟，踽踽嬛嬛老不禁。陋巷更無佳客語，殘編幸得古人心。熙熙農父含生意，濟濟官僚喜德音。欲共功名須好漢，微陽何以勝重陰。

春歸

春來春去果何心，静坐焚香細細評。太極流行千古事，一元發育四時情。黄堆稼穡誰勳業，緑到桑麻已老成。舒慘榮枯人自異，此中生意本分明。

舉業有感

後世求才術太疏，三年三日判榮枯。消磨歲月莫知老，奔走英雄不覺愚。與死爲隣猶未已，雖生在世卻〔三〕如無。聖門反在揶揄内，何敢忠言請改圖。

和遁澤初夏韻二首

萬古南薰與舜同，何時吹入五絃中。百年喬木支秋哨[四]，一旦新萌長露叢。世事漸如宣子日，詩情猶有大王風。來牟絲枲新勳業，更有何人咏大東。

深深陋巷更深藏，韈線曾無一寸長。學問不宜隨苟且，傳聞何敢喜張皇。一池科斗書千古，滿徑風騷竹萬章。此意寂寥誰與共，美人只在水之陽。

重題八咏

樓壓重城萬井低，星從天闕下分輝。傷心風月詩應瘦，滿眼桑麻春又肥。山到東南皆屹立，水流西北竟同歸。倚闌莫問齊梁事，斷石凄凉卧落暉。

和易岩喜雨韻

轉移劇暑若艱難，誰謂炎凉反掌間。狐鼠就擒元憤鬱，旄倪相慶便清閒。雨聲恰〔五〕似政聲好，天意翻嗤詩意慳。一飽所關誠大矣，吾儕安得不開顔。

歎煩一轉亦何難，只在邦君念慮間。社鼠城狐纔就縶，土龍芻狗便投閒。平時真見天人密，順處不疑霖雨慳。夢裏忽聞風力猛，定知千里破愁顔。

送馬秋山寄友人

赤城千古一東湖，誰肯重開太極圖。要得斯文傳氣脉，定須吾黨立規模。聖賢不盡七分易，天地長存三字符。念念服行方是學，莫將枝葉費工夫。

用前韻答車玉峰

人物如君屹鼎湖，高山仰止我儀圖。講篇損益開新式，略紀删修有定模。目斷交情殊恨闊，心涵古道若相符。去年不客東湖上，幾失人間大丈夫。

題涵古

梅花之外竹扶疎，矮屋明窗著此癯。生意多從閒處見，天機却向語中枯。通身總是先天《易》，開眼無非《太極圖》。點點若知河洛意，庖羲豈有古今殊。

平生意廣奈才疎，學未成時家已癯。蚤慕滄洲窮廣大，晚依麗澤沃焦枯。先儒凜凜今如在，聖道洋洋孰與圖。兩字高題時仰止，千江一月幾曾殊。

【校記】

〔一〕「練」，原缺，據四庫本補。

〔二〕「忽拈真寡和」，原作「忽拈寡和和」，據《續金華叢書》、四庫本改。
〔三〕「在世卻」，原脱，據《續金華叢書》補。
〔四〕「哨」，四庫本作「嘯」。
〔五〕「恰」，原作「恪」，據四庫本改。

魯齋王文憲公文集卷之三

盧陵銅溪劉同編輯
鄱陽三臺劉傑校正

七言律

和遁澤雨中韻

梅霖博得遁翁憐，磊磊詩郵忽到前。噀霧掃清塵外馬，瀑泉呼起耳中蟬。妨它種事並芒事，知是豐年或歉年。陋巷一瓢應易足，更無思慮且安眠。

一雨踰旬勢未休，微寒猶欲衣輕裘。水精顆顆留蛛網，土脉層層起蟻樓。正免客車頻倒屣，莫將詩句苦埋頭。書生事業浩如海，鞭辟尤思友誼稠。

和易岩韻

一身之外總虚名，未必虚名果有情。詡詡交游何足恃，區區世味本來輕。三春已過猶無雨，四海將枯只是晴。利害所關天様大，一毫得失豈難平。

寄東湖諸友

東湖又是一年期，雅好綢繆豈不思。耳聵臂疼衰甚矣，山高水闊欲何之。工夫只在潛心處，端的何須對面時。堠子分明書八到，康莊穩步復奚疑。

和通齋密窩韻二首

密密窩中養妙倪，恐因題扁被人知。了無聲臭誰能測，縱有神明豈足窺。此外不憂還不懼，于中何慮更何思。浩然一氣充天地，誰道吾儕老未衰。

密密窩中克己私，人心纔動最惟危。誠身有道須明善，暗室之中莫自欺。凜凜知風知顯處，兢兢不睹不聞時。聖師欲到無言地，子貢當年也未知。

和易岩梅下韻

梅送清香到酒邊，東君伎倆已先傳。稜稜梢外殊無冷，點點花中各有天。霜潔冰清時未正，風和日暖老相便。一杯適意毋空度，添一年時減一年。

送趙書記二首

相逢雖晚意無加，滿腹經綸肯浪誇。雅興屢陪郊外樂，清譚不向酒邊譁。忍于柳驛攀金縷，記取梅坡嚼玉花。木落山空平野闊，浩然别思滿天涯。

只將精識作生涯，評古論今吐粲花。玉潔冰清官自大，雲飛川泳吏無譁。偉人落落難重見，餘子紛紛未足誇。老我不能歌頌語，杯中須減飯須加。

題秋臺詩卷

騷雅馳聲歷幾霜，駕言拙懶擅詞場。登臺甚矣秋容澹，得句依然風骨香。卷盡辭窮餘古韻，筆精墨妙發潛光。此中境界真堪樂，枕上休貪南面王。

用希古韻送天台金吉父

行李西來又欲東，無情雲雨鎖長空。窗前細嚼書中味，膝上虛傳瑟外風。老去苦無佳客語，新來忽有實心同。錢唐江上雲霄路，相對無因話月篷。

次前韻寄鄭悦齋

單騎衝寒發路東，只緣歸計太疏空。三年事外多閑日，一别花間幾信風。出處莫期當世合，功名要與古人同。憑君試問真消息，應已西興喚短篷。

和楊石溪璚花詩

檢點春光綠打圍，未應造化委蕪蘼。雖無紅紫呈新面，尚有瓊瑶戀舊枝。后土歸根辭帝寵，番昜名圃少人知。長篇寡和憑花報，豈料回花又得詩〔一〕。

孟冬朔旦修翁誕辰韋軒府判寺簿同宴與二姪孫參陪于偎介之間以紀其事〔二〕

招徠二老冠耆英，寶鼎氤氲俎豆珍。南極玉繩浮列宿，西屏綵袖祝千春。親親同醉杯中渌，老老深推膝下仁。看取來年宣勸處，松椿桃李轉鴻鈞。

新隄行借山長韻呈韋軒〔三〕

幾年麗澤道方亨，别駕重來路竟成。由是之焉知所止，安而行處坦然平。疾徐先後將觀禮，作屏經營豈爲名。萬里脩程今放步，胸中堠子自分明。

仲夏游赤松有感〔四〕

堆堆書册署抽頭，决意兹行不暇籌。雨觀風臺凌絶景，雲巒雪瀑壯清游。二皇群石應難覓，南澗雙羊已莫求。訪我舊題無復有，姓名方愧倚人留。

和曹西溆明月樓韻〔五〕

宣和棟宇鎮東城，平野蒼然一眺明。叠嶂有情宜晚對，兩溪無奈向西傾。招邀風月標嚴句，麾斥雲烟醒魯楹。誰倚闌干來檢點，渡頭終日有舟横。

政聲藹藹拱和平，士悦民安訟自清。末俗規模多簡陋，偉人事業必恢宏。一新庭宇蠲餘力，三肅溪山訂舊盟。休道人生行樂耳，詩壇融盡古今情。

再次前韻〔六〕

一簇樓臺表郡城，月于此處最光明。山摇玉彩東南上，水暎金波西北傾。老木修容賓畫棟，女墻嚴陳護丹楹。西風屈指何時到，來慶黄雲萬畝横。

月指山間頗不平，何須江上有風清。用之不竭詞雖侈，却道平分意未宏。嚴子五言終耐久，隱侯千載已寒盟。肯于明月相料理，定有清風不世情。

和喜雨韻

體天生物以爲心，喜讀箕疇好雨星。我已不疑豐見斗，君今何慮井羸瓶。只緣報國推心赤，自是憂民感帝青。若旱作霖人望久，雄風那數快哉亭。

和無適四時賦雪梅

蕙歇蘭消菊已乾，横枝疏影到癯仙。向來買種恨無地，我輩鍾情亦有年。最是愛佗風骨峻，如何只喜玉姿妍。小園應怪無佳句，未放幽香到酒邊。

九人清賞尚堪誇，記得歸時月未斜。詩卷寂寥今歲客，虬枝依舊去年花。仙宗屢欲編爲譜，句法深慚不著家。多藉孤芳相點綴，採歸筆下便光華。

滕六驅車夜叩關，起來四面失煙寰。映書冷艷便窮巷，琢句高情動北山。侍立政思伊水上，風流不到灞橋間。須臾月上梅花冷，人與梅花相對閑。

寄言青女莫來賓，聞道長安凍殺人。應瑞豐年占尚遠，憂時君子慮方新。幸聞北境無它警，更喜東皇已問津。有客方携詩到手，天才端的是祥麟。

送耐翁住天柱延恩

换却鉗鎚過赤城，先聲知已沸騰騰。當機棒喝須端的，護法神通莫盡憑。脚底湧泉同瑩潔，脊梁天柱共崚嶒。果符鼓棹滄溟句，海角元來欠一燈。

南省有感

魁文不過欲趨新，從此相疏有幾人。箇裏未知全是命，平時無用苦勞神。後先難必三年事，得失同歸萬古塵。堪笑近來狂士計，求榮就辱太迷津。

送碩夫兄之武昌

年年征袖拂孤篷，飽歷風霜以有功。行李又謀千里外，别情多在數聯中。騷騷荻岸飄新白，索索楓江落冷紅。若遇雁音頻寄字，寒窗時欲對清風。

舟中和陳子東

幾年不蹋玉京埃，今日因何走一回。怪石怒吞寒瀨急，短篷衝破暮煙開。賴他清笑千餘度，否則浩歌三四盃。寄語逋仙詩侶至，攙先開著數枝梅。

低垂紙帳絶纖埃，冷透孤衾夢易回。宿霧未收沙瀨黑，大江纔近水程開。細搜景物歸詩句，盡逐羈愁入酒盃。最是推篷頻問訊，崖傍未見一枝梅。

和曹盤齋積雨韻

無端淫雨挾愁來，極目丹烏安在哉。雲意〔七〕未闌癡不去，天容何事苦難開。依紅宿蝶霑新粉，點緑行蝸篆老苔。驚喜盤齋横槊句，此心暫作復然灰。

題伯兄新樓

步轉層樓四望寬，了無一面欠雲山。龍分玉脊隆隆起，溪露銀波隱隱寒。詩思細摩僧塔峭，壯心不下女墻閑。仲宣百尺登高卧，未必當時得恁安。

夜坐呈外舅

傷春心事正無聊，短髮蕭蕭任意搔。旋買茶芽清睡思，不須酒力助詩豪。生涯狹處飦多味，世路險時才忌高。我爲獨醒愁不奈，羡君萬事赴陶陶。

略無家具可經營，有子頑冥祕錮深。歲月自催忙裏客，功名不著静中心。詩非得意貧難遣，酒已忘情恨莫禁。坐對冰翁無可語，孤燈殘火伴清吟。

贈曾敬仲歸三衢

切切蛩吟雨後繁，急催客子整歸轅。臨行慷慨有忠告，前此賡酧總戲言。先世聲名期遠紹，故家風範要長存。花朋月友終無益，膏火青編緊閉門。

題果齋集後

童髦及侍果齋賢，白璧沈埋二十年。師道倦爲蓮幕客，詩魂輩伴雪堂僊。同游諸老無人在，所幸斯文有子傳。讀到徐卿珠玉句，撫膺三歎愧遺編。

題西樓有感

往事傷心不可論，高情還許小通門。旋鋤荒草追風景，因種殘花剗雪痕。敗壁古苔權作主，破窗夜雨暗消魂。青山不管興亡事，依舊樓頭挹暮樽。

送金華趙宰二首

絃歌聲裏一瓢安，士友催詩送長官。律己十分無可議，愛民一念未嘗寒。更知耐事如公少，留取清名作樣看。百姓越疆歸令問，恩流職外此尤難。

六龍潛處起宗英，來作金華有脚春。人被撫摩稱是佛，事歸聽斷果如神。忍看鳧舄雙飛去，趁得葭灰一點新。近世柏臺冠豸者，多求作邑有聲人。

和德夫弟韻

偶尋沮〔八〕溺問年豐，負笈肩琴恨不同。春草池塘君有夢，秋風燈火我何工。年時猶顧文加進，老大方憂道未洪。妙手自堪修五鳳，繩樞草舍愧吾窮。

題承庵二首

十年足不到承庵，撫事興思重愴然。風急雁行斜漠漠，夜深蟾影弄娟娟。爐亭暖徹〔九〕通宵火，魚板驚殘向曉眠。欲識本來真面目，杖藜未免再流連。

神封王爵號優游，衆水奔歸祠下流。沃若郊原真可隱，悠然心景自相投。綿綿野徑蟠山腹，瑟瑟枯溪瀉石頭。直到法華高處望，天珍未許有心求。

有感

歲月飄零事轉乖，未能憑酒放眉開。蕭蕭棠棣悲離黍，寂寞芝蘭閟野萊。生計半隨豪氣壞，放心猶傍聖經迴。秋來旱勢滔滔遠，誰念蒼生正可哀。

適莊兄游山

誰閣重陰一日晴〔一〇〕，清游應是愜高情。遥知雨後山光好，但想雲邊屐齒清。素壁雖曾題舊字，沈痾不許刱新盟。因知關吏留魚鑰，謾遣奚奴候晚程。

元夕後即事

夜來風色作清寒，燈火殘時人意闌。歸路月華猶皎皎，今朝雪影亂漫漫。比佗柳絮真無賴，損盡梅花不忍看。獨坐不知時節變，一襟和氣有餘歡。

題潘氏高遠臺

數曲梯階稍欠寬，略移武步到仙寰。詩懷納盡雙溪景，眼力推開千里山。方檻小欹煙雨外，飛篷斜插斗牛間。凴虚似駕臨皋鶴，棲鶻危巢不足攀。

送蒙齋姪宰餘姚

凫舄攙先伯仲間，迎陽帶雨渡天關。向來邑爲貪風壞，此去民思善政安。三百里同開魯國，二千石即繼壺山。蒲封正次東溟側，要拓胸襟箇樣寬。

和胡子升大欠韻

能踐其形亦甚難，天高地下我中間。讀書未造精微閫，處世應迷利欲關。勉勉工夫何假字，區區繪事豈真顔。須知天賦元無欠，還爾當時勿恃還。

新秋自警

直諒之言久不聞，秋來因作讀書吟。時時涵泳味無味，句句研窮深又深。老去已辜朋友望，閑中粗得聖賢心。無窮歲月垂垂盡，夕秀朝華豈暇尋。

長短歌

黄華歌

太極動兮兩儀分，四序綱領秋與春。機緘密運乎三百六十五度之外，浩浩萬物資生成。清明純淑不易遇，間稟英氣俱異人。堂堂忠定公，獨得東方仁。維持帝出震，嵩岱鍾精神。定策慶元初，皇宋二百四十年，社稷歸經綸。肆我東陽侯，獨得金天晶。兑正秋兮萬寶説，宗星夜挾長庚精。扶珪綴組真相種，來與十有四葉，天子蘇寰瀛。春生秋殺，造化功始備。前輝後映，行見旂常新。炯炯御屏上，高揭刺史名。仁風藹四郡，溪山草木俱被循良聲。須女曉浮南極瑞，山光水氣騰祥雲。百姓欣欣有喜色，一步拜手祈松椿。日君焕赫停寶馭，月妃娛娠留文茵。金風玉露澄象緯，洞洞下鑑民之情。一祝吾侯早歸絳闕佐明主，坐使天下風俗還真淳。再祝吾侯多男子，森森蘭玉盈階庭。三祝吾侯春秋八千歲，瓊漿玉斝長對黄華斟。

竹石屏歌謝遁澤

好古博雅時遁澤，往歲贈我墨圖柏。今年揆予初度臨，又復持贈竹石屏。柏以祝我老，竹以堅我心。長歌短歌先後發，書室夜夜生光熒。君才固磊落，愛我何獨深。此石不知出何地，來自紫陽夫子門。紫陽緣督兩授受，謂宜永作傳家珍。所寶又有大于此，餘光委照非其人。以我所願紫陽學，以我生作石笋孫。石笋固宜有石竹，笋竹生成同一根。當時竹上歲寒句，先達難賞流傳今。去年忽得紫陽歲寒字，如約屏石來同盟。朝夕斂身對二妙，儼然拱侍滄洲之竹林，萬物敬慕度義全幽真。不有畏友相勉厲，安得準繩磨琢箴。句中雅意已佩服，石中有竹誰能評。歐梅蘇范六君子，絶識雄辨萬口稱。珠犀砂玉亦似矣，髣髴未得此理真。顧我生既晚，欲説口已瘖。造化發育固難測，嘗聞古有剛柔分。柔土既發萬物之生氣，剛土故涵萬物之陰精。人之所見自有限，孰識萬象俱妙凝。此非物之影，真是竹之形。遺梢墜葉積于土，土化爲石竹自存。生物不隨凝結變，請觀琥珀與水晶。我疑此石生渭濱，土石變化歲一層。歲歲層層應萬狀，直欲盡磨翠壁鋪作千畝帳。

和希夷木樨韻

秋來望月如水犀，忽有香風鼻觀吹。偏尋不得見花面，若得見花敢輕賤。徐徐步轉墻角來，草色芊芊一徑開。儼然嘉樹奠南服，環佩鏘鏘萬圭緑。陽豔多情不敢媒，平生偶與西風熟。皇天清則土方真，耿耿誰如受命獨。三閭愁兮洞庭波，辛蓀蘭芷方並蓄。只有淮南招隱句，攀援千古資膏馥。希夷雅好異于是，萬斛清香金一粟。曜靈西征易侵尋，緑鬢朱顔不待人。秋花不比春花早，開到秋花也是春。吟花弄葉何時足，年少須臾成老宿。一根生意貴栽培，力到自然文郁郁。君不見岩花獨步秋葉中，穿天出月莫敢相過從。

和易岩春雪韻

臘前雷，春半雪，顛倒失其時，相去踰一月。一月不争多，燠寒異厥罰。坙户當堅凝，陽氣乃舒發。草木既萌動，龍蛇起窟穴。萬物欣向榮，獰風夜狂悖。曉鷄噤不鳴，但見窗間白。戰慄起推户，瓊瑶已幾尺。陋巷書生釜不烟，關河甲士冰到骨。俯仰天地間，芽甲盡摧折。萬境寂無聲，群動亦僵裂。當其懷煦煦，蠢蠢競懽悦。

和立齋抱膝吟三章

帝腹加頑足，上干天象速。造膝論當世，從容金殿旭。人生莫不有行藏，誰把行藏較短長。要識行藏無所爲，時哉出處總輝光。

誰卧草廬中，能岦一壑風。當時天地閉，豪傑不相容。中原河岳應如舊，虎豹出没非人有。祇今不是卧龍時，自是君才掣君肘。

山澤兩癯叟，交情幾昏曉。擁衾風雪夜，奇論互傾倒。妙處不盡千張紙，直到無言忘寤寐。如何漏泄此高吟，一灑龍蛇駭塵世。

和易岩木樨韻

秋光未爲老，老桂開墻隈。誰與春風背，依吐心未灰。香浮玉宇遠，體破金粟微。詩翁被花惱，深夜燈重吹。今朝恰重九，更瀉茱萸巵。霜螯未堪把，菊蕊青滿畦。景物自冉冉，氣候猶遲遲。對花莫冷淡，行樂姑隨時。清歡既易遇，不飲復何爲。兄弟琴瑟合，子姪鴻雁隨。月明人影散，泚筆賡新詩。詩力薾天馬，不可銜勒羈。詩壇峻極謝推轂，莫學檀公三十六。

和叔崇

人心乘氣機，投閑肆馳逐。飛天忽淪淵，忘生以徇欲。大而名節喪，甚者邦家覆。一狂方寸亂，一安萬事足。簞瓢樂陋巷，粱肉怕書腹。平時工用深，舉動自絶俗。倀倀無所守，有爲皆碌碌。一墮荆榛中，終身困躑躅。世事豈有常，烏可執卷牘。學問在我毋自棄，富貴在天毋自辱。

和立齋元日韻

之子善遊遠，西征酹歐陽。亹亹歲月换，作詩思故鄉。老我絶世念，孤燈耿寒光。坐對三古書，繹繹搴純英。天地時一泰，吾道何時昌。莫以一日腴，博此千載香。苟不新厥德，正亦王春常。只今自煮一斗酒，待子醉我琴書旁。

壽立齋

思泉種德懋，后皇命淳美。髫髦傳正學，一念不妄起。真固滿腔仁，兢兢日增累。甲子正一周，龐眉追甪綺。年年三月初，南極何煒煒。預酌長生尊，家慶合庭鯉。今歲南極光，一照千餘里。我有百靈丹，遠寄螺江邊。殷勤爲子壽，角亢光芒寒。一丸當一歲，送以華池泉。初進雙目清，再進華顛玄。三進毛骨换，四進還童顔。五進志氣神，六七八進生羽翰。進進誠不已，俯拍洪厓肩。不須駕黄鵠，炯炯天地之方圓。只恐獨立無與侣，不如歸來歲寒之下相周旋。

贈朱道人

道人跨鶴徧天涯，偉觀絶景收拾歸。點頭濡墨茅屋下，乘興吐出胸中奇。百尺生綃冰樣潔，落筆一掃風雨馳。遠水柏天窮萬折，怪石磽确蹲熊羆。槎牙古木蛟龍走，斷雲寂寞無心飛。淡粧濃抹西子面，天梯石棧猿猱悲。野騎殘僧小橋險，酒帘漁棹摇斜暉。生綃有限意難盡，兀坐静境窺天機。豈知造化無盡藏，奔會筆底無盈虧。射洪川幅非我有，且遣楮君百輩供指麾。

夜宿赤松梅師房

梅師有松度，蕭散意態真。皮冠簪白雪，布褐貯陽春。房計任簡淡，了無一慮塵。茶一碗，酒一尊，熙熙天地一閑人。名山浮爽秀，朝暮瀹爾神。餐霞煉日氣，井竈求遺珍。希夷仙境本不遠，何用抱朴終其身。

汲齋吟

我有一泓水，清明如鑑開。妍醜自來往，曾不留纖埃。静而涵万古，動時濡九垓。人與我同得，是名爲靈臺。胡乃忍蕪穢，漂淪良可哀。當知克己如汲井，汲去汙濁清自回。洙泗淵源初不息，河洛流派空争猜。爲學工夫孰大此，莫翻波浪驚兒孩。昌黎修綆志徒苦，瘦島轆轤用未該。請觀朱子芳塘喻，要識源頭活水來。

壽藤杖行

君不見奇章咨嗟削方竹，老杜作詩誇紫玉。又不見東坡驚喜鐵鏗然，靈壽曾爲漢臣辱。我有怪藤幾千歲，老髯乳節雷斧斸。古苔蒼蘚封護祕，風删雨剥枝幹禿。頭角軒昂曲虬勢，皮毛冷滑鳥蛇腹。鶴膝銅環不敢班，武夷湘水皆退縮。不借山翁荷蓧去，未逢太乙然藜讀。祥光閃閃意有在，殷勤來壽徐平叔。平叔樂道玄又玄，奼女嬰兒丹久熟。兩脚踏在真實地，一善滿載長生籙。採芝覓藥扶峻險，敲雲挑月相追逐。有時化作葛陂龍，先生騎上蓬萊宿。

廣曾敬仲

功名須少年，老大意終懶。學問本無窮，青春嗟有限。用處不需多，雲霄路坦坦。賈生正英鋭，郎潛自羞赧。文字浩如山，奏功五寸管。達者未必長，窮者未所短。人生窮達各有時，倏爲在我當自反。螢案尚研摩，況有五花館。當年驕惰氣，猶賴世情剗。只有學道心，歉然不自滿。庭外槐花任爾黄，達人高視供一莞。

和立齋歲寒歌五章

羌人生之秉貞兮孰無陽秋，惟澹而無欲兮斯能無求。宜此心之冰堅兮凛北風之正遒，歲寒之堂兮足以自修。

憶昔堅保兮銘著心腑，故迹堙蕪兮茫茫墜緒。瞻翠碧之萬竿兮猶有遺矩，歲寒之句兮〔二〕儼然如覩。

聖人體物兮萬世之訓，究厥後凋兮基于不競。使與春争妍兮曷保常真，歲寒之知兮寧不謂性。

有勗我人兮先君之思，有陟爾岵兮我心傷悲。望松柏之蒼蒼兮我無令姿，歲寒之操兮炯炯心期。

車馬南歸兮惠我五闋，一唱三歎兮亦孔之惙。盍置諸左右兮觀省昭揭，歲寒之歌兮聲聲激烈。

和廬山高韻

北山之北幾千古兮，嶕嵐層嶂數百叠，巋然横枕乎浙江。歷潛岳石磴綿延而上，是爲山橋之絶景兮，驚霆噴雪終歲聲擊撞。風柔日暖花氣發，綦屨杖策而一游兮，躋攀分寸獵犖确，如躡太虚之渾厖。峭壁立之萬仞兮，著亭對峙窺谽谺。雲中泉石更磊磊，玉虹步步鳴淙淙。清風滿峽振衣袂，清湍修竹飛斜矼。目極千里倚層檻，烟光晻曖兮，樓臺城壘隱隱呈紛哤。上有陽精陰魄走飛轂，下有蜷松偃柏駿旌幢。安期碁局在何處，時有平空特起雲車雙。洞陽有館足高卧，神融氣一澄世痝。參横斗轉萬籟寂，夜夜山鬼窺燈缸。羡君胸中隘宇宙，通明疏暢開八窗。手闢書堂攬奇秀，芳聲聞帝所，錫奎畫昭回，五色琱貞玒。涵蓄平生霖雨志，不應懷寶迷其邦。羞芝餱菊我輩事，春猿秋鶴心空降。誠欲遂公赤松黄石約，更書旂常功業垂朱杠。

五言絶句

題玉澗八景八首

畫出女墻月，老子興不淺。誰識春光中，解使平湖斂。

斷嶼數行樹，孤舟一葉横。前山風雨暗，此岸已天明。

山外江村晚，縱横八九家。過橋無路處，人思渺天涯。

點點飛來雁，空中若有音。詩翁正牢落，識汝别離心。

梵宇出林杪，瞑色斂煙樹。鐘聲有無中，聽于無聽處。

落日下大野，江邊漁事收。小舟橫斷岸，長笛一聲秋。
慘淡經營中，落筆景已换。不見片帆歸，危檣還泊岸。
獨跨藍關馬，茫茫道且長。誰知寒徹骨，一雪到瀟湘。

題時遁澤畫卷十首

斷岸臨江渚，風聲瑟瑟寒。蒼髯五君子，莫作大夫看。
浩浩雲橫塢，霏霏雨不收。野橋人少度，寂寞卧清秋。
虎嘯風生壑，龍藏氣吐雲。草廬勿高卧，天地正絪緼。
磝磝石林立，滃滃雲壑閟。萬杉最深中，莫有前朝寺。

江村依密樹，目遠送征鴻。不盡莫天碧，誰續蘆花風。
巨石聳鰲脊，飛泉漱雪濤。一聲何處笛，呼雨到江皋。
一壑雲屏展〔一二〕，江橫萬里長。漁舟下灘去，寂寞舞斜陽。
一雲山萬重，天地混不分。須臾風浪惡，舟楫泊江濆。
精藍夾江干，鐘鼓時相應。兩山遮不斷，樓閣若争勝。
浩浩乾坤闊，微微見斷山。頗興浮海意，吾道正多艱。

題澤翁小卷

緑陰最深處，樓閣出林杪。江闊野橋閒，目斷行人少。

斷岸江波闊，迢迢十里寬。人煙藏處密，霽色媚寒灘。
石護山溪口，溪溪自有原。若非江海量，曷受百川奔。
寂寞小橋前，山人住何處。村童沽酒隨，策杖同歸去。
兩水滙長江，絶壁上蒼翠。前頭風浪惡，危檣且深避。
縹渺雲煙外，迢迢江水明。數家藏密樹，一塔峭孤城。
野渡人歸處，縱横八九家。晚來寒力健，風颭酒帘斜。
晚得知心友，芳樽日日開。不辭江路遠，依舊抱琴來。
名利馳驅急，江山自古今。舟行水上意，人立渡頭心。

到岸未爲了，行行萬里塗。舉頭歧路惑，岩畔遇樵夫。

題潘氏山水壁

壘巘雲煙表，茅檐竹樹中。起予深隱趣，筆底有高風。

呆官人三絶

直道難行久，前程豈易裁。遜齋薑辣口，奄有世間獃。

冷面無慚色，真心不脱空。雖然獃在我，終是與人忠。

獃本非嘉德，如何樂此名。能于獃外看，方見業之精。

題梅

萬物正摇落，梅花獨可人。空中三五點，天地便精神。

七言絶句

題流觴圖

東晋群賢事已荒，却于紙上見清狂。茂林脩竹今何在，一段風流付夕陽。

題浴沂圖

一時言志聖師前，鼓瑟聲中三月天。誰識咏歸真樂意，如何却向畫圖傳。

題長江圖三絶

一目長江萬里長，幾多興廢要商量。時人莫作畫圖看，説著源頭正可傷。

魚腹江邊八陣圖，嶙峋于此豈良謨。後來浪道長虵勢，用勢還須烈丈夫。

瓜步洲前水最深，幾人恃此縱荒淫。誰云天意分南北，自是人無混一心。

獨坐看海棠二首

萬翠千紅各賦形，原原生意到春深。誰開錦帳藏妖艷，應是東皇有蕩心。

沉香亭下太真妃，一笑嫣然國已危。當日杜陵深有恨，何心更作海棠詩。

題山橋十首

軋軋飛車入翠微，人于妙處未深知。自從標榜新拈掇，碎却山橋一段奇。

北山之北兩山馳，一逕蜿蜒石作梯。脚力倦時山始好，芙蓉東畔赤松西。

石磴斜蹊下水隈，玉虹噴雪掛崔嵬。雖然只是泉三叠，滂湃聲摇萬壑雷。

危嵐鐵面太巖巖，少憩茅欄石下龕。壁立晴空幾萬仞，承天一柱在東南。

世事難憑轉眼空，可人泉石在雲中。此心多少閑丘壑，且發微機與衆同。

脩竹清湍記永和，山陰陳迹已消磨。四時佳興隨人寓，曲水流觴未足多。

步隨流水覓清陰，亂石穿林窈窕深。澗谷未能忘磊磊，何如虚豁一生心。

吹盡塵襟亦快哉，心期千古一時開。清風滿峽誰收拾，即此清風播後來。
滔滔利欲著人深，灑灑衿懷可出塵。指日洞陽斤斧息，開山一著要當人。
風雲下走若馮虛，目極長空千里餘。每日城中望山色，却來倚檻認吾廬。

題易道傳心圖

圖書表裏用功深，此道相傳直到今。書裏有圖圖有句，圖中即是聖人心。

和易岩木樨韻

昨夜西風作意凉，吹開粟粟繞枝黄。有時月窟閒來往，天上人間一樣香。
對花只是月宫遊，浥彼黄流注玉舟。莫被清光虚度了，此生更有幾中秋。

和前人韻

屢作家書欲寄人，姓名愁墮軟紅塵。眼邊忽見傷春句，屈指别來猶是春。

庭前日日見蘭芽，誰把青山特地遮。雁影寂寥君又遠，歸期夜夜卜燈花。

春雪兩絶

開歲晴天亦太慳，六花日日舞簷端。渾然一色無分别，也把梅花作雪看。

無端雨雪恣癡頑，弱甚東君太失權。一白但爲群醜幸，雪消群醜只依然。

和叔崇兩絶

道心常要攝人心，有德之人必有隣。愧我空虚無一善，安能交義契蘭金。

春來風雪無虚日，老去光陰如箭急。窗外梅花猶未殘，高標却被寒留得。

拜明招二先生墓有感

憶昔龍門續斷絃，滎陽一脉浚家傳。誰知麗澤收聲蚤，夢奠于今八十年。
神皋王氣點腥膻，爵命今年下日邊。俎豆孔堂新劍佩，風煙晋國舊山川。
一原英魄一山藏，回首懷忠道路長。天意未開南北限，要教北學王南方。
林麓幽幽氣象閑，三年肄習萃衣冠。自從引翼無求地，荆棘叢中路頓寬。
炯炯長空一片心，東南鼎立統斯文。卷藏萬古春歸去，只有餘光在此君。
研席嘗棲一柏堂，至今魚鼓訴凄凉。溪山不掩中和氣，發見隨時草木香。

竹輿侵曉出山阿，宿露清圓憶舊哦。當日解衣盤礴意，明明分付一池荷。

多少門人迹已空，後生久矣失遺風。聖賢立教無今古，時有污隆道不窮。

束髮家庭識所宗，平生心在瓣香中。白頭始下券臺拜，的的精誠自感通。

仲氏孤忠徹九天，青原淡月慘遺篇。摩挲朱子嗚呼字，寂寂庭前重愴然。

和叔崇清明後四絶

把酒留春尚肯留，幾多生意聚詩眸。可憐桃李無涵養，只有桑麻自進脩。

安期老子肯過從，每恨清尊不肯空。好句忽來今日雨，高情終是古人風。

昌黎空作送春詩，只道門前柳絮飛。豈識一犁江上雨，春風于此大知非。

緩步微吟竹一枝，情懷不比少年時。少年春思無歸宿，却是如今老會嬉。

題立齋天台圖

留題已是十年前，展卷重看思惘然。汝以不言傳至道，豈如吾道以言傳。

出處于人不偶然，當時已報赤城緣。丹青有筆誰能畫，聖則堂前月滿川。

元正

開正又展一年期，霞臉醺醺酒半巵。獨坐晴窗無一事，呼童和墨寫梅詩。

吟詩猶是少年情，要復當初赤子心。心出入時何以御，手持一卷敬齋箴。

和玉成書秋臺詩卷韻

龍蛇筆底盤枯籐，兩卷風騷泣鬼神。此是玉成衣鉢庋〔一三〕，它年出語定驚人。

韋軒遊山遇雨

踏碎羊山黄葉堆，天飛細雨相車回。二皇應訝來何晚，不忍聽君話別杯。

和前人韻

名山終是欠徘徊，小隊輕車決意來。他日相思無覓處，殷勤先贈嶺頭梅。
山靈豈是少恩哉，兩載從容自不來。羊石豈能留得住，和羹消息到寒梅。

答子宣雪中惠吴中珍味

誰枉袁安雪裏車，忽然臺餽入吾廬。平生安識吴中味，攪碎衰翁滿腹蔬。

跋潘默成詩

不動心齋有素規，稜稜風骨太清奇。殘書斷帖人争寶，誰識先生媿禄詩。

書補之梅

玉質萼腴宫様粧，風流終愧水雲鄉。一邨飛落人間世，添却逃禪百倍香。

題王伯忠雪月圖

片紙裁成數寸慳，王孫風致寄毫端。只于天地交光裏，認得前程萬里寬。

除夜訪楊此齋

除夕家家整世氛，老來天賜一閒身。正當風雪翻空急，面拂冰花訪故人。

一別癯仙已八年，伶俜鶴骨尚彈冠。相逢逆旅歡然處，各著精神子細看。

秋興

年少荒唐德頗慚，了無佳客伴清談。相親幸有坡詩在，秋晚堂深燈一龕。

巷底蕭蕭絶市塵，供愁疏雨打黄昏。悠然一曲泉鳴調，燒了夜香深閉門。

塗中即景

溪邊柳色露新芽，春透微波漠漠斜。一陣隨風香頗異，定知前面有梅花。

宿寧庵聞溪聲

清溪瀉出瀑泉鳴，記得昌黎語不平。要識中流多峙柱，故能千古振英聲。

感舊三首

年時清話幾黄昏，雙桂亭前竹外門。離合盛衰方感舊，忽逢新句動詩魂。

交契綢繆事未磨，月窗再得共婆娑。君今有子全無恨，顧我伶俜奈老何。

却爲清貧識世情，人于淡處味方珍。未終舊話君還去，賴有梅花似故人。

湖上

木落孤山分外孤，尖風索索響枯蘆。暗香全未傳消息，和靖還曾著意無。

笙歌只解鬧花天，誰肯敲冰掉小船。要識湖山真面目，偷佗冷月訪三賢。

歸舟三絶

江邊踏月入孤舟，水月流光一片浮。夜静海門雷怒吼，潮頭凍殺未甘休。

波聲拍枕不成眠，擁被推篷月尚圓。霜下夜深人正悄，數聲飛雁度林顛。

幸脱塵氛入帝城，又携幽恨滿歸程。雁行不整關心事，深媿漢人千慮輕。

伯兄新樓十首

斂牆縮地保鄰懽，巧作規模不見慳。初轉層梯心似隘，一開窗了便寬閑。

不嫌陋巷據坡頭，旋斸煙萊著小樓。面面有山殊不惡，倚闌銷盡半生愁。

東山護曉日葱曨，一簇樓臺紫翠中。鴛瓦露溥鱗甲動，參差暈影掛斜紅。

野色晴暉展畫屏，緑槐古樾兩娉婷。却嫌一帶無情竹，只放金華半段青。

投西眼力拓天寬，收得煙林透入關。雙鶩斷霞飛不盡，九峰斜抹有無間。

林間塔影鬱蒼蒼，向晚風傳供佛香。燈焰萬龕時炯炯，恍然文筆吐光芒。

未説樓居即是仙，自然高處隔塵寰。誰家雙鶴鳴清曉，聲在東邊竹樹間。

月滿闌干風滿衿，浪因景物動清吟。鐘驚老鶴翻金刹，角引棲鴉投暮林。

樓頭小圃徑斜通，種竹休教勢倚空。好是故廬猶在眼，未應修篠障西風。

七絃之外數聯詩，裊裊爐煙酒半巵。豈獨對床堪聽雨，不如話到月斜時。

謝葉聖予送笋

誰念篔簹一飯貧，蟄龍頭角正森森。殷勤惠我清貞節，減却君家幾畝陰。

寄題江山葉氏翠香亭

此君來與小山盟，共挹周揚一世英。何用偷它當日意，男兒自要立芳名。取平園相君記誠齋三三逕内有「竹翠摇空，桂香馥袖」之句。

遥想琅玕百頃强，旋栽應笑子猷忙。絶憐羽葆摇新緑，更有風來細細香。

誰竊清香下廣寒，霜風染就粟膚丹。須知葉葉蒼圭色，花未開時自可觀。

小詩越境論交情，不見新亭句未精。寄語主人猶缺典，梅花應恨不同清。

白荷花

玉娥獨自到書屏，不管人間暑氣深。待得詩成花已謝，應無好句慽花心。

三衢紀所聞

青幕紅裾忠懿孫，如今流落不堪聽。丹書鐵券山河誓，却與春閨贖濫刑。

過趙清獻故居

隱隱數間清獻宅，只在城東竹樹中。龜鶴不知何處去，誰將白鹿繼〔一四〕高風。

題思泉庵

一時人物久飛仙，詩竹和庵盡變遷。尚有禪師風味在，野人門外汲寒泉。

赤松夜宿

香火悠長仙力重，山川布護妙難控。詩魂飛繞翠屏中，冷雨疏風時入夢。

中秋

中秋天氣似重陽，幸有庭前桂子香。書册根邊無一事，任佗風雨送凄凉。

寄題胡子升讀易亭韻

梅花亭外倚霜晴，讀易亭中一老成。亭在道旁還有意，幾多行客想風聲。

葉西廬惠冬菊三絶

風緊東籬長舊荄，主人杖履日裴徊。後時獨立應無恨，少待梅花相伴開。

霜天無物不彫殘，忽見青蕤羽葆攢。欲制頹齡須耐冷，一陽定有落英餐。

誰知造化用工深，處士陶潛獨返魂。白髮書生留晚節，從今歲歲典型存。

和乘雪游山韻

千丈層崖玉作堆，瑶林璀璨路縈回。寒光徹骨清無敵，第一軒中第一盃。

右遥想清致。

蕭然窮巷凍堆堆，高卧袁生夢正回。擁鼻微吟燒榾柮，茅柴也薦兩三盃。

右自安清況。

三閭大夫一絶

愛國憂民感慨深，沅湘浩浩魄沈沈。懷沙哀郢成何事，日月争光只此心。

【校記】

〔一〕「豈」後原缺，據《續金華叢書》、四庫本補。
〔二〕此詩原脱，據《續金華叢書》、四庫本補。
〔三〕此詩原脱，據《續金華叢書》、四庫本補。
〔四〕此詩原脱，據《續金華叢書》、四庫本補。
〔五〕此詩原脱，據《續金華叢書》、四庫本補。
〔六〕此詩從開始至「却道平分」原脱，據《續金華叢書》、四庫本補。
〔七〕「意」，《續金華叢書》本作「雨」。
〔八〕「沮」，原作「阻」，據《續金華叢書》、四庫本改。
〔九〕「徹」，原脱，據《續金華叢書》本、四庫本補。
〔一〇〕陳思《兩宋名賢小集》卷二百十四魯齋詩集收録此詩，此句作「小閣重陰一日晴」。
〔一一〕「兮」，原脱，據四庫本補。
〔一二〕「展」，原作「屏」，據四庫本改。
〔一三〕「庋」，《續金華叢書》本作「處」。
〔一四〕「繼」，正統本模糊，《續金華叢書》脱，據四庫本補。

魯齋王文憲公文集卷之四

廬陵銅溪劉同編輯
鄱陽三臺劉傑校正

辭

詛楚文辭并序

先秦之碑凡三，有祀亞駝之文，有祀大沈九湫之文，有祀巫咸之文，大抵皆詛楚也。歐陽公以《世家》推之，楚自成王十八世而至頃襄，秦自穆公十八世而至惠文，惠文末年，嘗與楚數相侵伐，疑此時所作。予按秦指楚忘十八世之詛盟，率諸侯之師臨加我，其爲頃襄無疑。秦自惠文始稱王，不應自稱嗣王。惠文之末，當周慎靚王之三年。楚固嘗率趙、魏、韓、燕伐秦，五國皆敗走，乃楚懷王之初耳，惠文不與楚頃襄相值也。自是懷王數被秦兵，紿以獻地而使與齊絶，紿以會盟而刦執其君，然後頃襄始立，乃與秦昭襄同世。粲然可稽，豈《集古録》考之亦有時而疏乎？古者出師，必聲敵國之罪，求祐于神，如武王底商之罪于皇天后土，所過名山大川是也。詛楚之祀，其遺風歟？頃襄之時，國尤不競，今年失八城，明年失十二城，飲恨祈和〔一〕，逆婦于咸陽，何敢率諸侯犯此氣燄方張之秦哉？予嘗讀蘇氏之論曰：昭王欺楚王而囚之，要之割地，諸侯熟視，無敢以一言問秦者。田文免相于秦，幾不得脱，歸而怨之，借楚爲名，兵至函谷。秦人震恐，割地講解，自山東難秦，未有若此之壯者，此赧王十七年也。司馬公《通鑑》失載，後人幾不得而知，詛楚者必此時乎？秦之不道，諸侯詛之，蓋有不勝其罪者。楚不詛秦，而秦反詛之，凡數其罪，考其《世家》，亦無其實。豈有聰明正直之神而甘受紿于爾之浮詞，而甘受詇于爾之牲幣乎？決無是理也明矣。其碑出于鳳翔開元寺土下，後置于太守之便廳，蓋秦穆葬于雍橐泉祈年觀。今聞〔二〕墓在開元寺東南數十步，則寺豈祈年觀故基耶？見坡公手筆。後之學古者謂三詛文惟祀巫咸者筆法最精，王厚之亦謂筆蹟高妙，世人無復異論，此杜工部所謂「書貴瘦硬方通神」者，此爲得之。大觀間舁入御府，人始不得而模拓。渡江後，間有臨模本，失其真多矣。寶祐甲寅之春，金華王柏得于鬻書人，見而歎曰：「此事固無足取也，亦先秦之古文也，中原之舊物也。通國棄之而流落于陋巷之書生，豈不異哉？」爲之序而繫以辭曰：

於皇上帝，鑑此下民。一善一惡，有炳其分。興亡之感，請觀于秦。繆辭蹇叔，悔誓孔明。於赫元聖,存之于經。秦之于秦,豈曰强兵。昭襄詛楚,虐民慢神。言誣不怍,勒篆堅珉。自播其惡,至今[三]猶存。鬻熊拓地,城池雄深。三閭既放,舉國昏昏。詐槐而縶,强横以婚。稷兮稷兮,胡甚不仁。犧牲圭幣,猶冀神聽。神之聽之,怒終弗平。强弩之末,六國自焚。曾不百年,吕已代嬴。歐公誤考,而曰惠文。彼石弗泐,彼篆弗堙。日月磨盪,風殘雨淋。揮呵守護,奔走山靈。事豈足法,文豈足程。一時之妄,萬世之箴。繆誓既録,書生誦吟。稷詛遺醜,假託籀鳴。彰善癉惡,是曰天心。彬彬爾籀,大篆勃興。未經斯鑿,骨氣厚淳。三代遺跡,不一二聞。大觀之後,内府祕珍。陋巷之士,曷識鏤金。臨摹至再,大觀其真。有來墨本,求售且輕。摩挲慨嘆,剥嚙嶙峋。折旋圓勁,隱然渾成。玉鉤鐵鎖,虬翔鳳騰。忘其不道,政以字稱。第入神品,庸長碑滕。

時在字辭

景定辛酉仲春己亥,遁澤時充之父冠其從子在于學古堂,俾親友王某祝而字之。其辭曰:

古之學者,學以爲己。維爾之先,有志斯偉。巨扁猶在,絃歌息音。歲月滔邁,爾繼爾承。爾宗爾命,冠以追古。以祝以醮,秩秩賓主。我觀《大學》,三在在前。德所以明,由致知焉。致知之要，又在格物。盈天地間，物必有則。格物之理，致吾之知。萬理同原，皆可類推。表裏精粗，推至乎極。真積力久，豁然自得。存之以誠，謹之于思。惟是古學，絶今勿爲。或古或今，是不立志。予也不佞，字以一致。禮儀既備，敬哉敬哉。于時保之，以永方來。

汪功父字辭

表姪汪氏子名蒙，蚤孤，以友愛克自植立。亦有志于學，欲從予游。一日，請所以侑其名者，且求其義。予以爲字者固朋友之事，因爲之辭以祝之曰：

相爾父命，名之曰蒙。以蒙厲汝，俾求其通。通之之道，學問是充。毋自暴棄，而曰顓侗。必浚而窒，必達而聰。或徇爾欲，蟊賊内訌。匪學滋陋，終身昏懵。惟道有原，惟學有宗。載觀義畫，名卦是同。《艮》止乎外，《坎》陷于中。如泉未達，莫適西東。夫子贊《易》，式啓爾衷。乃曰育德，以厚爾躬。又曰果行，以警爾慵。匪育必陷，曷大其容？不果則止，曷追遐蹤？夙夜此訓，業廣功崇。是曰養正，是曰聖功。用力必勇，立志必洪。孜孜善問，如木斯攻。懇懇求友，如石斯礱。必澄以静，必研以窮。日積月累，八窗玲瓏。毋間而斷，百倍其工。功甫字汝，以要其終。汝父已命，匪予之從。

吴子善字辭

寶祐癸丑季冬吉日，松陰先生吴仲淵父冠其子思齊，而謀其字于友人金華王某，再拜而祝之，其辭曰：

古重冠禮，筮人旅占。筮賓戒賓，必惟其賢。我賓不敏，爲子之辱。字之以辭，尚能昭告。后皇嘉惠，降中于民。善善惡惡，是曰良心。氣質匪拘，物欲〔四〕匪蔽。毋自暴棄，必先立志。我懷古人，德馘道尊。赧然而奮，我曷未能？舜何人哉，有爲若是！希聖希賢，惟學可至。服堯之服，誦堯之言，能行其行，是亦堯焉。爾醴爾醮，爾冠爾服，鑒爾嘉名，祝爾成德。惟予祝子，有言爾宜。好善心切，故能思齊。我其字之，曰子善父。汝受而保，承天之祐。

竹字辭四章

平生此君兮交歡，挺勁節兮琅玕。當窮冬兮萬木摇落，貞獨立兮翠寒。

承嘉惠兮君子之庭，昭爾扁兮追舊日之風聲。抗塵容兮不屈，中自守兮虚明。周子言兮甚密，聖可學兮其要有一。止無欲兮二字故，静虚兮動直。動直兮静虚，本立兮不孤。有容兮乃大，忤人兮任渠。

序

續國語序

昆侖旁薄之廣大，前瞻後際之無窮，宇宙之間，人之所以靈于萬物者，以至理獨會于此心，可以知來而藏往，可以原始而反終也。天開文明，《河圖》斯出，聖心默契，畫卦造書，而後三墳、五典、八索、九丘傳于世。後一千八百六十有餘年，吾夫子秉道統之傳，任述作之責，咸黜舊聞，斷自唐虞而已。夫子豈不欲備上古之淳風，考制作之本始，探幽賾而昭陽德也？顧其荒誕鄙野，厖雜殽亂，或詭其旨，或失其傳，非可以立人極、闡世教，爲萬世帝王之法程。于是因民心之感以正其情，删《詩》者所以導其和也；因治世之事以達其道，定《書》者所以立其教也；因民用之疑以極其變，繫《易》者開物之書也；因亂世之事以悼其失，作《春秋》者立法之書也。天地忽否，吾道荆榛，《詩》《書》厄于秦楚烈焰之中。漢之儒者不能追亡補逸，以足百篇之義，乃過用其心于百篇之表，矜功衒博，詭聖誣經，如畫鬼神誑惑群愚，而莫能證其形似也。大抵翻空者易奇，覈實者難工。異哉，太史公之爲書也。唐虞之上增加三帝，曰黄帝，曰顓頊，曰帝嚳，論其世次，紀其風績，驚駭學者，以吾夫子之未及知也。吁，學至于吾夫子而止，夫子之所不書，太史公何從而知之？缺其所不知，不害其爲學夫子也。至我本朝，蘇黄門始曰太史公淺近而不學，疏略而輕信，朱子屢稱此言最中其病。及觀黄門之《古史》，又上及于三皇，以伏羲、神農、黄帝充之，若與《大傳》同；以少昊、顓頊、帝嚳、唐、虞謂之五帝，終與《大傳》異。其輕信何躬自蹈之乎！堯、舜，吾知其爲帝也；禹、湯、文、武，吾知其爲王也；臯、夔、稷、契、伊、傅、周、召，吾知其爲賢也。吾何從而知之？以吾夫子之書而知之也。夫子，聖人也，前聖之相傳，至吾夫子而止，後學之取信，亦至吾夫子而止。于吾夫子而止，于吾夫子不得取吾信，烏乎取吾信？唐虞之上，三皇五帝之有無離合，吾不得而信也。出于吾夫子之言，吾之所信也。其或出于諸子百家之書，非吾之所敢信也。雖百篇之義，固不得而追補，然其大經大法，巍乎粲然，如日月五星之麗乎天，未見其不足也。千載之下，猶未聞有法而行之者，以追帝王之餘風，尚何求于茫茫不可致詰之外哉！《春秋》之書，吾夫子之親筆也，其人可信也，其時可近也。傳之者失夫子之意多矣，曾不是之求，乃舍近而求之遠，棄實而求之虚，何耶？天地之内，一日之間，事如沙塵，何可勝紀？大者無出于三綱五常，而至微者亦皆有理。三代既遠，自漢而下，其見于史者十有七，不過存一二于百千萬億之中，而學者猶罕能盡觀而徧考也。我朝治平間，先正司馬公奉旨編成《資治通鑑》，合一千三百六十二年之事爲二百九十四卷，君臣出治之本，天人相與之際，規諫之從違，刑政之得失，善可爲法，惡可爲戒，採摭刊削，井然有條，最爲三代之下甚盛之書也。文公朱先生以之編《通鑑綱目》五十有九卷，大書爲綱，分注爲目，綱倣《春秋》，目倣《左傳》，踵編年之成文，還策書之舊制。門人李方子爲《後語》，精覈明暢，發揮本旨，羽翼麟經，殆無餘藴。

僕嘗聞朱子曰：左氏于《春秋》，依經以作傳；復爲《國語》二十一篇，國別事殊，或越數十年而遂其事，蓋亦近《書》體以相錯綜云。示以建安袁公樞爲《本末》，其部居門目，始終離合之間，又皆曲有微意。其錯綜温公之書，亦《國語》之流矣。于是考《國語》之爲書，始于周穆王，終于周定王，凡四百八十有餘年，止八國之書，合一百八十有二章。唐之柳宗元乃以《國語》文勝而言厖，好怪而反倫，學者溺其文必信其實，是聖人之道翳也，遂作《非國語》六七十篇，以望乎世者愈狹，而求相于吕化光，豈不愚哉？司馬公曰《國語》所載，皆國家大節，興亡之本，宗元豈足以望古君子藩籬，妄著一書以非之？宋秦公嘗叙之曰：自魏晋以後，書録所題，皆曰《春秋外傳國語》，是則《左傳》爲内，《國語》爲外，二書相副以大成業。凡事詳于内者略于外，備于外者簡于内，先儒亦以爲然，以是知《左傳》《國語》不可偏廢。袁公《本末》之書，歷年幾兩倍于《國語》，而不過二百三十八章，或者疑其太簡，且病于無所發明。然時益近而事益多，此勢之所必至，事益多而詞益少，此可以見其筆力之精也。不觀其博則不知其精，不知其精則不切于用。爲士者以萬物皆備之身而不以古今自任，不以經綸自期者，亦自遏其躬而已。僕因考《通鑑》之初語，即外傳之終語也，以是知司馬公之意未嘗不拳拳于外傳。于是分門約語，附諸儒之論辨，編爲《續國語》，凡若干卷，合若干章，以備一家之文流餘裔。

竊嘗疑之，《左傳》《國語》文氣不同，未必出于一人之手。《左傳》之文浮，《國語》之文質。浮者近于誣，質者近于冗。《左傳》多詳事情，《國語》多陳制度，然重見者亦少，雖間有之，而詳略且異，若故相避然。此可疑者一也。見于《春秋》者猶有一百二十四國，今《國語》止列其八，它皆不足取乎？况陳、宋、衛、秦，皆大國也，亦無一語之可紀，何耶？此可疑者二也。齊之内政不見于經，而出于《管子》，先儒皆以爲非管仲書，疑戰國之士僞爲之。豈有七百餘年之齊，别無他語，獨删節此書乎？此可疑者三也。漢興之初，亦以周之舊典《禮經》廢墜影滅〔五〕，諸儒幸得其傳，皆欣然存之而不疑。司馬公已定爲列國之舊史矣，非左氏之文也。嘗聞諸國各有史而不相知，秦併六國始盡得之，往往私相傳録，皆非全書。左氏文之而爲傳，

《國語》疑未經穿鑿者。秦其本國也，宋、衛非秦所滅，所以獨無歟？自入《通鑑》以來，周止亡國之語耳，非可續也。魏、趙、韓分晋而《晋語》亡，田和篡齊而《齊語》亡，越已滅吴，楚复滅越、滅魯，韓滅鄭，齊滅宋，故國所存，惟楚而已。吁，中原禮義之國，帝王聲教文物之地，俱已丘墟，雖秦楚亦未幾而亡矣。此天地之大變，古今之奇禍也，烏在其爲可續哉？雖然，僕之所續者書也，非續其國也。誠以國言之，魯固亡矣，而有不亡者存。以吾夫子之聖，亘萬世而不可磨滅，門人子孫斑斑于後世，遠夷暴君亦莫不款謁致敬，至今猶然，雖周公、伯禽之封國，實成湯微子之苗裔也。遂以《續魯語》爲首，上以黜夫子之所不取，下以續夫子之所傳。《續魯語》者，亦所以續《宋語》也，又以補袁公《本末》未〔六〕備云。

重改庚午循環曆序

維天之命，於穆不已，四時代謝，循環不窮，而元亨利貞之德未嘗須臾間也。人得天地生物之心以爲心，得天地生物之氣以爲體，子子孫孫曾元雲仍，千宗萬派，與天地相爲終始，此所謂民吾同胞者，共此一原之氣故也。雖其顯晦斷續之不齊，而此氣初無間隔。譬之水焉，自一勺之微，集而爲溪澗川谷，滙而爲沱潛淮漢，其間斷流絶港固不能無，然渾渾浩浩，不害其爲長江大河也。譬之木焉，自一苗之生，發而爲幹支條葉，養而爲梗楠豫章，其間枯萎槁落亦不能無，然鬱鬱茂茂，而不害其爲聳壑昂霄也。古人立大宗小宗之法，所以合其同而嚴其別，固已見之圖譜。原其受姓之初，考其遷徙之序，烏乎吾不得而知之矣？大宗之法有二義，截然以始來在本國者爲始祖，亦一義。吾宗始祖三府君，唐末自義烏之鳳林來居城下，生死之年月無傳。其子六府君實生于朱梁之庚午，感天地生生之德，流行不息，惟吾宗生生之氣，流慶無窮，遂以庚午起曆。凡我一原生息之慶，悉書其日月，于逐歲之下，周而復始，若循環然，雖百千萬年，可同此一曆也。續而成之，尚有望于爾後人。

送倪君澤序

士有求名而勉爲自脩者，此世俗爲人之學也；士有好脩而指曰求名者，此世俗忌人之論也。求名得名，而實有未至，不特人敗之，天亦有以敗之。非天故欲敗之也，此理之所必敗也。有其實而名自至，豈人不得而掩之，天亦不得而掩之。非天不欲掩之也，此理之所必不能掩也。自其變者言之，有其實而名不稱者有之，未有無其實而能久盜其名者也。夫以求名爲心，名苟得矣，則所以自脩者必懈。誠以自脩爲心，名雖得而自脩者益篤。何者？懼其實之不稱是名也。爲人爲己，于是可以判矣。若倪君君澤，所謂有其實而名自至者也。予知君澤爲最密，其爲人也，外木訥而内精敏，所積者深，所存者遠，真自脩之士也。未嘗求人之知，雖終歲同窗共案，而莫測其學之淺深也。一旦對策大廷，結知聖主，置之鼎甲，人方驚嘆駭愕，恨知之晚。今將趨南康幕，戒行有日，予固知其必篤于實而不有是名也審矣。然仕宦之實無它，政事而已。歐陽公一代文宗，而對人多談政事。或有疑而問者，乃曰文章止能潤身，政事可以及物。斯言真可以鍼砭後世文士之膏肓。夫流連詞藻，不能政事者，其病小；玩愒歲月，而不屑于政事者，其病大。乃欲以不事事謂之養望者，益誤矣。昔君澤不憚千里之遠役，甘遲四年之久次，杜門山林，不入城府，與人謙恭，不異平日，此則所謂養望也。今發軔宦轍，已脱冗職之污賤，南康無貳車，太守之下即幕僚也。千里之休戚所係也，百姓之枉直取正也。有貢賦之征焉，有軍旅之事焉，有官吏之宿弊焉，有田里之隱憂焉，又有書院前賢之遺範焉，人未及太守而先議幕府矣。四面之責方至，非可以清談閒雅之爲可尚也，非可以體貌沓施之爲可習也。苟以臺閣自命，富貴自期，厭塵勞而忽〔七〕小物，吾見其名喪而望〔八〕隳矣，何有于養哉！昔魏國韓忠獻嘗以大名爲開封推官，暑月汗流浹背，理事不懈。府尹曰：「此人要路在前，而治民如此，真宰相器也。」此豈非後學之所當法歟？君舊字希程，今改字君澤。夫致君澤民，固儒者之事業，亦朋友以是期君也。自上而下言之，能致君則澤民在其中矣；自下而上言之，能澤民乃致君也。後世無莘野之聘，無版築之求，致君未有不自澤民始。苟以此自詭，不親細務，而曰此養望也，即異時持禄固位之根基，可不懼乎？君不憚其聵，索予言以相其行，輒發是語，庶朋友切切偲偲之義云。

宜晚堂序

題扁之説亦有體乎？齋居則有儆戒之義，堂宇則有頌願之情。亭榭樓觀以寓興致，其標示景物者次也。義烏何公頎字碩甫，取老杜「翠屏宜晚對」之句，以「宜晚」題其堂，而切有疑焉。夫山色青青，萬古不老，四時朝暮，無不宜者，何獨可對于晚邪？豈非旦晝之間，物交物而忘其山色乎？至于弛塵勞于萬變，納真静于一時，適有樂于吾心焉耳，非山宜我，是我宜山也。今何公老矣，其家人親友之所頌願，亦人之至情也。雖借是語，而意實見于言外，未必果有取于山也，咏之者不爲法縛可也。坡老云：「作詩必此詩，定非知詩人。」諸君子雅頌鏗鏘，金舂玉應，得此意者多矣，予何爲者，而可典引于前乎？予與公之子囦予相别餘四十年，一日袖此集訪予于陋巷，各以蒼顔鶴髪，幾不能辨。道舊感慨，且徵予序，固辭不獲，因爲之書云。

墨林類考序

歐陽公集古之勤，十有八年，得千卷，并包夷夏數千萬里，歷周秦漢魏數千百年，聖賢功業、亂臣賊子事迹，往往史傳之外，證明僞繆，其于所得之多，雖勞而有益也。其後東武趙明誠〔九〕著《金石録》三十篇，上自三代，下訖〔一〇〕五季，鍾鼎甗鬲盤彝尊爵之款識，豐碑大碣，顯人晦士之遺蹟，見于金石者，皆去取褒貶之，凡爲卷二千。南渡後，昭武李丙亦集録千卷，越二十年，天下之聞碑名蹟，舉萃其家。百世之消息滿空，歛然具于緗帙之上。其它如《復齋碑録》、《東觀餘論》及《夾漈金石》之類，紀述不一，謂之博古可也，論之學，則進德修業之士有所未暇。東萊先生曰：「心思之不可囿而滯也。」其論精警。予固非有此癖好也，亦非有力可以訪求也。類秦漢之名碑，慕其古也；列晋唐之精刻，善其字也。分爲六門，便于討論也。名曰《墨林類考》，總二十卷，亦未備也。間嘗遐想，在昔往古，隱君逸士嘉言善行沉淪荒墜者，何可勝道？姦回之徒盜名惑世，假託依倚者，宜亦不少。安得强敏有識之士，于進修之餘，追游藝之意，哀金石之所載，具其詞章，攷其真僞，評其得失，削其繆妄，續歷代之典法，補史傳之缺遺，庶有益于後世。無玩物喪志之嫌，可以盡掩前人之編，庶幾乎恢拓翰墨之囿，疏暢心思之滯，集金石之大成而玉振之矣。吁，焉知來者之不如今也？顧予所編，不足以議此，因其序以見此云爾。

考蘭序

序曰：考古，士之常業也。考聖賢之成法，而後識事理之當然。雖天文地理、律曆制度，凡所當考者不一，至于治亂成敗、是非得失之迹，尤不可不考者也。若夫書之爲藝，有六義，有八體，有脱簡缺文之疑，有豕亥魯魚之辨。考者，考其字之訛謬也，非考其字之妍媸也。考其字之妍媸，後世之末學也。梁武評書，按一時之遺跡，蔽數語以形容，此烏足以盡其精微哉？袁昂又評之，唐人又評之，本朝諸公亦從而評之，大抵皆祖述其意而異其辭爾。梁之庾肩吾又品〔一〕第其高下，唐李嗣真亦效之。此固未易工也，亦不過論其大體而已，未有提出一碑一碣，縱論其善惡者，尤未有一碑變數十百碑，如《蘭亭叙》者也。予因觀《蘭亭考》而有感焉，推其源流，辨其同異，列其所自出，萃前賢之論贊，亦可謂好古博雅之士矣。問其考精者之所以爲精，不善者之所以爲不善，則未嘗有決詞也。夫以一紙之字，臨摹響榻數十百本而刻之，雖不能不失真，猶可曰互有得失，蓋所傳者之未遠也。然一石之字，搥拓之間，且有紙墨工拙之異，濃淡肥瘠之不同，豈有一碑轉相傳禪，子子孫孫，變而爲數十百種，而有不失其真者乎？一傳而質已壞，再傳而氣已漓，三四傳之後尚髣髴其流風餘韻者鮮矣，盍亦求其初乎？孟子曰：觀水有術，必觀其瀾。此觀其所會也。又曰：水無有不下，性無有不善。此觀其初也。不揣其本而求其末，不探其源而涉其流，今爲士者事事皆然，何獨于《蘭亭》？可嘆也哉！本朝黄山谷最善評書，其論此碑也，則曰：褚庭誨所臨極肥，張景元所得缺石極瘦，惟定武本則肥不剩肉，瘦不露骨，三石皆有佳處。又謂定州石入棠梨板者，字雖肥，骨肉相稱，觀其筆意，右軍清真風流，氣韻映冠一世，可想見也。今時論書，憎肥而喜瘦，黨同而妬異，曾未夢見右軍脚汗氣。斯言慷慨激烈，似亦審矣。東坡則曰放曠自得，郭河南則曰神氣飛動，殊覺天成。或曰遒媚勁健，或曰温潤典刑，或曰謝脱拘束，皆未爲精密也。米南宫之贊，雖奇崛鏗鏘，殊覺滉漾，其曰「永和」字全其雅韻，「九」、「觴」字備著其真標，「浪」字無異于書名，「由」字益彰其楷，則亦庶幾乎得其實也。或謂定武本「仰」字如針眼，「殊」字如蟹爪，「列」字如丁形，而爲曾公樂道譏之，曰恐爲九方皋所哂。然驟驪黄牝牡之不記則有之，决不以犬豕豺狼麋鹿而謂之馬也。苟能于「永和」、「九」、「觴」、「浪」、「由」、「仰」、「殊」、「列」九字〔一一〕之中開九方皋之目，亦未爲過。近世如尤錫山、王復齋，皆喜評碑帖。陸象山謂二公于《蘭亭》，一主肥，一主瘦。二公猶爾，其孰能决之？惟高宗皇帝贊曰：禊亭遺墨，行書之宗。真百世不易之訓。予嘗味山谷之評以薛肥張瘦，惟定武本不瘦不肥，其論雖審，而觀者未悟其意。後之翻刻者止求于不瘦不肥之間，則字畫停匀，反成吏筆，尚何足以語《蘭亭》乎？其意蓋曰定武本有肥有瘦，肥者不剩肉，瘦者不露骨，此右軍之字所以爲行書之宗也。

夫賞鑑識别之嚴，各隨人品而上下，昧者貴耳賤目，矜己忮善，未易以口舌辨也。間有雅尚君子，絜長度短，博覽研校，不過至定武重開本而止，蓋初本罕落東南，未易見故也。葉公好龍，見真龍而反疑之，紛紛皆然。予見此序亦多矣，雖不能盡知何處所刊，每見善本，亦未嘗不爲之躍然。及見中原故家舊本，于是心降慮消，氣融神暢。又懼其見之未博也，疑必有過于此者，廣采近時精鑑之士所共推爲善本者十餘家，點點畫畫，錙銖而考之，未見其可以伯仲稱也。其〔一三〕肥者必失之氣濁，瘦者必失之骨寒。神癡而質俚者有之，意縱而筆狂者有之，或同兒戲，不知其醜而竢于石者，繁瑣可羞也。若後世再有王右軍，則後之《蘭亭》或勝；若後世未有王右軍，則《蘭亭》當求初本無疑。不見初本，政自不必觀《蘭亭》也。昔有所謂《古蘭》《杵蘭》《褚蘭》，今予作《考蘭》四卷，逐字疏于其下云。

默成賜硯序

昔大父幼師默成也，期待之至，乃以廷對之硯賜焉。大父不負所期，卒以此硯復對策于行朝。其後宦轍南北，必挾以自隨。先君平生無長物，所嘗用者亦止此。先君卒，保藏惟謹。蓋其制古質堅，後人不知，必有厭棄；遂屬内兄伯遠小篆銘文，鐫于其下。今雖廢曠，遺芳不嗣者百有餘年矣，誠得此硯長存，或有志感而自奮者，焉知其不永爲衣鉢之的傳？況兩世手澤在焉，可不知所保乎！

重改石笋清風録序

夫天道流行，發育萬物，鼓天下之動而神變化之功者，莫疾于風。起于空洞蒼茫之中，而激越于山川，徘徊于草木，虚徐游泳于精神興致之表，泠然而不可挹，倏然而不可留，其感人也深，其動物也力，有自然之妙，莫知其所以然者，其唯風乎！聖人觀物察理，擬諸形容，喻君子之善而名之曰德風，感咏歌之意而名之曰國風。曰風氣之開以見造化之推移，曰風聲之樹以示治道之興起。有曰風教、風俗、風範、風致，皆取其感人動物，有自然之妙故也。《烝民》之詩曰：「吉甫作頌，穆如清風。」傳者以爲清微之風，養萬物者也。蓋其薰蒸披拂也，天地爲之光華，如人之嘉言善行，流播傳誦，後世爲之奮起。故聞伯夷之風者頑夫廉，懦夫有立志；聞柳下惠之風者薄夫敦，鄙夫寬。百世之下，聞者尚可以變化其氣質，而况夫先世之流風餘韻，子孫所當觀感服習，繼繼承承，要不失其氣象，而忍遺響之不嗣乎？余生最晚，不克肖似，十有五年而孤，諸父亦相繼淪謝，而于先大父之清規素範，不得而詳也，猶及咨訪故老，探討遺書。至于孫曾，則已瞢然不得而聞之矣。夙夜祗懼，追求亡逸，餘二十年，存者無幾。其幸而得者，爲之裒彙考訂，表識序題，亦既成編，繫之曰《石筍清風録》。石筍者，先大父丘壟之名，清風之所自出也。予今已年幾六十矣，舊學荒蕪，不足以顯揚先德，家事彫落，不足以增衍遺緒。痛文獻之顛連，尤凛凛乎殘毁散逸之至再，則清風爲之掃地。若我群從子孫，書種不絶，清風徐回，凡今日之所以辛勤整比，反復叮寧，或可以爲後日作成之助。况是録也，非有聲色珍寶之可悦，非有鍾鼎爵禄之可慕。玩之者有能思賢人君子交道之所以綢繆，味斷簡塵編辭氣之所以忠厚，必知紹述先志，軌度前脩，兢兢業業，勉勉循循，盡其力于學問之所當爲，絶其意于性分不當得之外。其間或有名世者，斯無忝于爾所生矣。是雖出于秉彝好德之良心，豈無賴于父兄濡染薰陶之力？至于觸其機，動其志，躍如其喜，肅然而敬，是孰使之然哉？是皆有自然之感而莫知其然者，此録之所以謂之清風也。歐陽公曰：《七賢圖》，吾家之舊物，且使子孫不忘先世之清風。嗚乎，若此編者，豈《七賢圖》之所可並稱哉？汝其保之，無負予拳拳，深有望于爾後人。

研幾圖序

《河圖》出而人文開，八卦畫而易道顯，九疇錫而《洪範》著，書固不先于圖也。成王之傳位也，《河圖》在東序，《大訓》在西序，參錯于天球弘璧之間，聖主之所寶可知矣。古人左圖右書，未嘗偏廢，後世書籍浸繁，而圖學幾絶。間有因玩好模寫景物以悦目，而有關于理者固鮮。圖學之中興，非神聖不能作，非明智不能傳。《洪範》歷千有餘年，非箕子孰能陳之？《先天圖》湮没者二千餘年，至邵子而始出。濂溪周子再開萬世道學之淵源者，《太極圖》也，而《通書》次之。蓋有一圖之義，極千萬言而不能盡者，圖之妙實不在書之後也。近世夾漈鄭公遂作《圖譜略》，固不足以盡天下之圖，而圖之名義亦可概見。其論縱横開闔，援引弘博，既富矣哉，而于理非其所尚，此爲可恨焉耳。予曩自麗澤歸，温習舊書，有未解者，因手畫成圖，沈潛玩索，萬理悠然而輻輳，益知圖之爲可貴，而静中之有真樂也。叙其所以，貽之子姓，非敢爲它人道。吁，邵子垂没，始以《先天圖》授之伯温，未嘗不哂其過計也。《先天圖》卒大明于後世者，豈伯温所能與于斯乎，烏在其爲能授也哉！

發遺三昧序

文章有正氣，所以載道而紀事也。古人爲學，本以躬行，講論義理，融會貫通，文章從胸中流出，自然典實光明，是之謂正氣。後世專務辭章，雕刻纂組，元氣漓矣。間有微見義理，因得以映帶點綴于言語之中，是之謂倒學。至于書疏尺牘，亦日用之不可缺者，尤宜爾雅，筆勢欲圓而暢，筆力欲簡而嚴，非學問不足以至之。學得其本，此爲易事；學既淺陋，不得不假借而襲取之也。以是爲學，抑末矣。昔姑溪李端叔善屬文，工于尺牘。東坡謂其得發遺三昧者，釋氏之妙語也，若與之，實少之也。然所以得此三昧者，亦出于博洽之餘，惜所用者小耳。

因見小姪編類尺牘，以資筆端之芳潤，嘗語之曰：「此非所以爲學也，不得已，亦當求于古作者可也。」偶有《姑溪三昧集》，出以示之，亦非可取足于是編也。又爲之博採于韓、歐、蘇、黄而下諸公，分爲十卷，稍廣其見聞。所取者有淺有深，淺者誘其入，深者冀其進，豈不知導其苟而成其陋者，非教也，猶有望其能倒學以識文章之正氣云。

送立齋入京序

立齋東轍南轅，息肩未久，今已艤錢唐之櫂矣。念昔者同保歲寒之盟，杳未有期，不能不使人浩歎。雖然，出處各有義，苟能挽世道，扶綱常，遠者見于行，窮者見于言，非屑屑于往來者，則屈伸行藏同一機也。今久軒一蹴而踐台席，可以行其學矣。立齋以義交而不相忘，可以言其所見矣。今天下事變，其端不一，非可一言而盡。予居山林讀書，以求盡其分耳，苟言天下事，豈無出位之嫌乎？昔顔子居陋巷，樂簞瓢，非有仕禄意也。門人問爲政者前後相望，而顔子獨發爲邦之問，夫子未嘗以思出其位責之，而直告以四代禮樂，何也？蓋學者學聖人之道，豈曰獨善其身而已，亦均有天下國家之責焉。非彼爲則此爲也，寧捨之而藏，不可用之而無以行也。夫當周之末，諸侯日夜之所求者，富國强兵之外無它事也。異時齊景公問政于孔子，而答之以「君君、臣臣、父父、子子」，此可謂迂闊而非急務者，而景公猶能粗識其旨曰信如。以今天下父子之倫廢缺者，固不止一端，而莫大于氏族之無别，絶人宗祀，亂人婚姻，駸駸乎夷狄禽獸之歸，此唐季亂亡之證也。以今天下君臣之倫廢缺者，亦不止一端，而莫大于始仕之無義，德行掃地，浮薄滔天，誣經詭聖，苟于一得，無所不爲，其害有甚于焚書坑儒之禍。苟幸久軒聽予之言，先圖其大者，推其類次第而講行之，亦可爲世道慶，而子今日之往，亦不爲徒行也。視予之皓首窮經，無得于道，無用于時，其行藏未易以優劣也。子其勉之！

宇宙紀略序

伏羲之世，上上古也。天機動而《河圖》出，人文闢而八卦成。天何言哉，感伏羲之心，假伏羲之手，開千萬世文明之治。伏羲亦何言哉，得于心，應于手，而自有不可勝言之妙，不知其幾千百年也。至文王繫彖，周公繫爻，吾夫子又從而翼之，詞則費矣，圖將隱矣。夫子憂其圖之遂亡也，以四句十有八字紀之于《大傳》。又不知其幾千百年也，至我本朝，康節邵先生始得而傳之。及朱子《本義》之書作，而《先天》《後天》之圖，于是粲然而大明矣。予往歲于康誠求家見一《先天圖》，規制甚簡古，云得于徐毅齋，心甚愛之。每疑其中分一半，若倒轉然，于造化不合，耿耿久之。壬戌之冬，上蔡書院納交于玉峰車君，首出此圖示予，即向者之所見,其可疑者已正之矣。終日對之,如在伏羲之世。甚矣,車君之能古其今也,上天下地,古往今來之紀,孰有大于此者乎?既而又出示以巨編,曰《宇宙紀略》,凡幾卷,若干圖,圖之後有證、有考、有釋、有論。至于乾端坤倪,民彝物則,禮樂制度之詳,經傳義理之奥,莫不備載,皆經世之具也。富哉,書乎!人見圖與詞之費也,而不知所以然者實隱乎其中。《中庸》曰「君子之道費而隱」,又曰「君子語大,天下莫能載,語小,天下莫能破」,是書有焉。車君名某,字某,黄岩人,有三世家傳之淵源,有四方朋友之博雅。與予一見如平生歡,命爲之序。予不敢辭,于是乎序。

【校記】

〔一〕「和」,原作「知」,據四庫本改。

〔二〕「聞」,原作「開」,據四庫本改。

〔三〕「今」,原作「念」,據四庫本改。

〔四〕「物欲」,原作「欲物」,據四庫本乙。

〔五〕「影滅」,四庫本作「湮滅」。

〔六〕「未」,原脱,據馮本補,四庫本全句作「又以補袁公《本末》之所未備云」。

〔七〕「忽」,原作「忍」,據馮本、四庫本改。

〔八〕「望」，原作「重」，據馮本、四庫本改。
〔九〕「誠」，原作「識」，據馮本、四庫本改。
〔一〇〕「訖」，原作「記」，據馮本、四庫本改。
〔一一〕「品」，原作「号」，據馮本、四庫本補。
〔一二〕「列九字」，原作「九字列」，據四庫本乙。
〔一三〕「其」，原作「脱」，據四庫本改。

魯齋王文憲公文集卷之五

廬陵銅溪劉同編輯
鄱陽三臺劉傑校正

序

書疑序

聖人之經，最古者莫如《書》，而最難讀者，亦莫如《書》。以二帝三王治天下之大經大法，孰有加于《書》者？奈何伏生之口授，科斗之變更，孰能保其無誤？此《書》之所以難讀也。朱子于諸經，莫不探其淵源，發其簡奧，疏瀹其湮塞而貫通之，縷析其錯揉而紬繹之，無復遺恨。獨于《春秋》不敢著一字，《書》止解《典》、《謨》三篇而已，後又有《金縢》《召誥》《洛誥》説及《考定武成》凡四篇。予嘗多幸，得觀典謨手筆〔一〕，密行細字，東圈西補，蓋非一日之所更定。其用力精勤如此，學者猶恨不及見其全書，孰知《書》之果不可得而全解也？朱子嘗謂眉山蘇氏《書説》善得其文勢，或謂失之簡，曰如是亦可矣。謂金陵王氏獨不解《洛誥》，猶能于此而不穿鑿，亦稱之也。又嘗問東萊先生于《書》有不可解者否，曰亦無可缺。後二年復見，乃曰誠如所喻，是亦難説者。至于朱子教門人，則俾之先讀其易曉，而姑後其聱訛，此固不得已之詞。甚矣，《書》之難讀也。今九峰蔡氏祖述朱子之遺規，斟酌群言而斷以義理，洗滌支離而一于簡潔。如今文、古文之當考固已甚明矣。大序、小序之可疑今已甚於！帝王之詞與史氏之詞參錯乎其中，今亦可辨。有害理傷道者，又辭而闢之。有考訂平易者，亦引而進之。如天文地理之精覈，歲月先後之審定，用工勤苦，久已成編，後學可謂大幸。然疑義缺文之難，朱子曰未詳、曰脱簡者，固自若也。分章絶句之難，朱子不肯句讀者，亦未能盡通也。况讀書至拙如予者，豈能遽豁然于中哉！諸儒之所能解，予固幸因得而通之，予之所不能通，雖諸儒極融化之妙，支綴傅會，屈曲將迎，然亦終未能盡明也。在昔先儒，篤厚信古，以爲觀書不可以脱簡疑經，如此則經盡可疑，先王之經無復存者。後生爲學，所當確守先儒之訓，何敢疑先王經也！不幸秦火既焰，後世不得見先王之全經也。惟其不全，固不可得而不疑，所疑者，非疑先王之經也，疑伏生口傳之經也。讀書者往往因〔二〕於訓詁，而不暇思經文之大體。間有疑者，又深避改經之嫌，寧曲説以求通，而不敢輕議以求是。夫聖人之書，萬世之大訓也，與日月並明，與天地始終，不惟不當疑，亦本無可疑。後學非喪心，孰敢號于衆曰吾欲改聖人之經？然伏生女子之口傳，孰不知其訛舛？聖人之經不可改，伏氏之言亦不可正乎？糾其繆而刊其贅，訂其雜而合其離，或庶幾乎得復聖人之舊，此有識者之不容自已。漢唐諸儒，智不足而守有餘，泥古護短，堅不可開。逮至本朝二三大儒，方敢折衷以理，間有删改，譏議喧豗，猶數十年而後定。今訓注多已詳明而猶可略也，惟錯簡繁多，極閡〔三〕玩索，若稍加轉移以復大體，不動斤斧以鑿元氣，不可强通者仍〔四〕缺之，是亦先儒凡例之所評〔五〕也。元體苟正，則訓詁不待費詞，可以益簡而益明矣。愚不自揆，因成《書疑》九卷，凡五十篇，正文考異八篇，藏之家塾，以備探討。嗚呼！歐陽公曰：經非一世之書也，傳之繆非一日之失也，刊正補輯非一人之能也。使學者各極其所見，而明者擇焉，以俟聖人之復生也。予深有感于斯言云。

雅歌序

古之詩猶今之歌曲也，但《雅》《頌》作于公卿大夫，用于朝會燕享，用于宗廟祭祀，非庶人所敢僭。惟《周南》《召南》通上下而用之，被之于管絃之中，以約其情性之正，以範其風俗之美，此王化之所由基，非後世之所可及也。其餘《國風》雜出于小夫賤隸婦人女子之口，以述其閭巷風土之情，善惡紛揉，而聖人亦存之以爲世戒，非皆取之以爲吟咏之當然。讀之者悚然知所羞惡，則聖人之功用遠矣，正不必句句紬繹而字字精研，求其美者玩味誦咏之可也。

若以爲聖人既删之後，列之經籍，而皆不可廢，則又何以謂之鄭聲淫而放絶之乎？今考《桑中》之詩曰：「期我乎桑中，要我乎上宫，送我乎淇之上矣。」其《溱洧》之詩曰：「維士與女，伊其相謔，贈之以芍藥。」雖蕩然無復羞愧悔悟〔六〕之意，若概之後世，怨月恨花，殢紅偎翠之語，艷麗放浪，迷痼沈溺者，又不可同目而語矣。予嘗謂鄭衛之音，二《南》之罪人也，後世之樂府，又鄭衛之罪人也。凡今詞家所稱膾炙人口者，則皆導淫之罪魁耳，而可一寓之于目乎？然三百篇之音調已亡，雖《鹿鳴》而下諸〔七〕篇腔律具于《儀禮集傳》，又非樂工之所能通識。觀其章疊句整，氣韻和平，而淵永深穆之意乃在于一唱三嘆之表，孰能審其音以轉移其氣質，涵泳于義理哉！至于習俗之歌謠，辭俚而韻窒，又無足取。所以學士大夫尚從事于後世之詞調者，既可倚之于弦索，泛之于唇指，宛轉縈紆于喉舌之間，憂憤疏暢，思致流動，猶有可以興起人心故也。間因暇日，有傳寇忠愍《陽關》之作，而子朱子爲之感慨題贊，其意深矣。因併及它作可以麗于此者，不問古今，類爲《雅歌》若干卷，而竊有取于放鄭聲之遺意云。

先世遺蹟序

某幼罹艱棘，學蕪行荒，慶源寖寖乎將堙，先德垂垂乎就泯。天開一覺，豁然四顧，茫無根蒂，藉朋友之力，粗知學問之正塗，回首家庭之文獻，已流落幾于盡矣。既而自慰曰：與其守先世之遺書，不若得先世之遺志。雖然，伯魯之簡已失，叔敖之孤徒存，今不考諸遺書，何以繼其遺志？幸保手澤數紙，晚遂裝整，列其目于《魯齋清風録》之首，使觀者知不肖孤不能自强，終無以續先世之遺音，將抱恨于九原，猶可以爲後人之鑒云。某拜手敬序。

送曹西淑序

僕聞聖人著明明德之教于後世，曰《大學》，其書有治國平天下之道，于終篇曰絜矩。後世不循其本，而遽以治國平天下自任，國且未治，而天下得其平者尤鮮。蓋絜矩之道未易明也，絜矩者所以處天下以方正均一也。三代而下，所甚急者富國强兵而已。富國强兵必以理財爲本，而儒者不屑爲。夫理財而不用儒者，其害不可勝言矣。朱子曰：「國富則民貧，兵强則民病。」今民已貧且病也，而國未嘗富，兵未嘗强，何哉？夫財者，天下公共之物也，積于左而右必困，聚于右而左必虚，前後上下皆然。今乃上不積于國，下不積于民，必有所偏聚者矣。僕于是知絜矩之道爲甚精密也，故著孟獻子之言爲公卿大夫之法，且極言聚斂之臣其罪踰于盗臣，其斥之也可謂深切矣。自貢助徹之制壞，而租庸調之法立，庶邦惟正之供者止此，它皆非正法也。今勢家巨室以不輸王賦爲能，相習成風，而有司惟困弱小户之是征，至再至三，無所愬告，驅而爲盗賊而後已。咸淳辛未，寶謨宗卿曹公分符寶婺，下車之初，悼帑藏之赤立，恨勾稽之久廢，不得已借鈔于勢家巨室，以攷其虧盈，此救時之權也。蓋一巨室勢家必兼百千萬小户之資，督一大户可以寬百千萬小户之力，庶幾乎絜矩之道。財賦方輻輳而謗議紛然而遽止，雖一時講行尚欠從容詳密，而初無重催抑納之訴，又何尤焉？既而百廢具舉，時和歲豐，民安其業，且陰爲水旱貴糴之備，不止其數以求名，人歌頌者不釋口，獨于借鈔之事人不以爲善。吁，可歎也！吁，亦不足嘆也！可嘆者傷直〔八〕道之難行，不足嘆者吾知謗者之心矣。上今以大農之長召公，豈不以大農者國家財賦之淵藪，正欲倚公經理之？願公無以前事爲鑑而自沮，進而告于上，退而告于元老，理財無巧法，止得天下輸其所當輸者足矣。但輸其所當輸，當自公卿大夫始。是道也，即絜矩之道也，以義爲利者也，平天下無以易此。僕誤辱眷遇之隆，不能爲祖餞之禮，贈之以言，古人所重，敢以是告執事云。

樓説之名字序

予外舅峴山先生樓公晚而得子，愛如拱璧。方生計衰落，僑寓金華，自任薪水之勞。鞠其子兀坐于枯椽敗牖之下，或勉其爲農，或勉其從釋，先生愠形于色。又有勉之以讀書習字者，則亦俛而不答。年幾弱冠，乃謂予曰：「冠而字，周道也。吾將與之冠，而名且未命，子盍爲我謀之？」予謝不敢當，曰：「命名，父事也。字則賓焉。」先生固請，予未有以對。頃之，有日者過我，試以此子之五行叩之，其言曰：「澗下有水，源幽而地寒，將束其流，而巨山限其前；退而西就兑澤，則得其所矣。」予心獨有感，復命曰：「宜名此子爲澤，字以説之。」先生曰：「何義也？」曰：「山下有澤，于卦爲《損》，此子生而家道替之象也。水逆行，非性之罪，有山障其流，回入于澤，勢使之然也。夫兑者，説也。陽剛居中，中心誠實之象；柔爻在外，接物和柔之象。故爲説而能正，此至善之道也。象曰：『麗澤，兑，君子以朋友講習。』蓋兩澤相麗，交相浸潤，互有滋益，此説之大者。若夫汪洋演漾，澄涵清泚，上接洙泗之淵源，下承伊洛之流派，是澤之德也。不然，則同流合污，濁斯濯足，爲澤之羞，亦自取之也。」先生曰：「然，得之矣。」因爲之序。

好生録序

天道流行，發育萬物，得天地生物之心以爲心，是之謂仁。故仁爲心之德而愛之理也。愛莫大于愛親，此本其所由生也。其次則仁民而愛物，此推其所並生也。吾儒所謂理一而分殊者，愛有等差如此。自世教不脩，人欲横流，戕賊其天理，本其所由生也。既懵然而不知省，又烏知其並生于天地之間者？雖草木蟲魚之微，亦不當無故而毀傷也，故曰天子無故不殺牛，大夫無故不殺羊，士無故不殺犬豕。是以孟春之月，犧牲不用牝，禁止伐木，毋覆巢，毋殺孩蟲、胎、夭、飛鳥，毋麛，毋卵。仲春之月，毋竭川澤，毋漉陂池，毋焚山林。季春之月，田獵罝、罘、羅、罔、畢、翳、餧獸之藥，毋出九門。君子達而在上，立法定制，品節禁戒，其爲教也順而易。君子隱而在下，著書立言，開導勸止，其爲教也逆而難。況愚夫愚婦冥頑蔽痼，教化未易感，刑罰未易艾，不得不推天道福善禍淫之理，多方以誘之，開其不忍之端，遏其稔惡忘返之念。此令君《好生録》之所以編歟。令君嘗宰金華，律己甚嚴，視民如傷，百里旄倪愛之如父母。忽浩然懷歸不可挽，後四年以此編見寄。三復披玩，作而嘆曰：至哉，令君之存心也！先之以列聖之寶訓，次之以賢哲之格言，雖佛書道藏、稗官野史無所不載，分門合類，善惡粲然。吁，其用力亦勤矣！雖非先王化民之正法，是乃仁術也，識者當觀其心云。

送王伯忠序

淳齋王伯忠調浙江征官，兼惠民藥局。戒行有期，先數日訪别，索〔九〕予言爲贈，予謝不敏，而徵之再三。惟伯忠明粹疏練，處事暇密，不患不見知于當世，區區之慮，正恐珠光媚海，玉彩摇山，不能不返起愚夫之疑，敢以「韜晦涵養」四字爲涓埃之助，而申其説。昔先正樞相筮仕之初，西山真公爲作《潛齋記》，其所以推「潛」之義，殆無餘藴，大略亦韜晦涵養之意。今登于文集，刻于堅珉，植于家塾，樞相平生受用，異時功名事業實基于此，伯忠夙夜觀感服習，亦既熟矣，奚待予言？每讀《魯論》，至亡而爲有，虛而爲盈，約而爲泰，此直妄人也。聖人之言寬大，止曰「難乎有恒矣」。既不能常，則其實可立而見，豈能欺人？徒自欺耳。若夫以能問于不能，以多問于寡，有若無，實若虛，犯而不校，亦幾于詐，而曾子以之稱顔子，何也？苟出于詐，亦豈能有常而從事于此哉？善乎，朱子之言曰：「顔子之心惟知義理之無窮，不見物我之有間，故能如此。」予未嘗不爲之躍然有感。蓋人之美質難恃，學問易晝，惟知義理之無窮，則學問自不能止。此句地步甚闊，根基甚厚，工夫甚深，有純亦不已氣象。誠能如是，又不止于韜晦涵養而已。今輦轂之下，四方智愚賢不肖之所轇轕也，是非曲直利害之所嚻豗也，貧富貴賤禍福之所變化也。榮華之所馳騖，習俗之所薰染，威勢之所怵迫，或壓于上而不得伸，或忌于旁而不得釋，或謗于後而不能自明，或誘于前而不能自禁，必至于悼忠改錯、追巧苟媚者相迹而奔也。有能不變于初，不貳其守，亦可以爲難矣。于斯時也，不期于韜晦涵養而不容自已，蓋不韜晦則蹈危機而不知，不涵養則鼓輕躁而不覺。然苟止于韜晦涵養，則猶故吾也，何有進乎？惟能常存義理無窮之心，而益求其所未至，凡一事一物，無易無難，皆莫不爲吾進德之助矣。《詩》云「衣錦尚絅」，惡其文之著，此韜晦之方也。故君子之道闇然而日章，此涵養之功也。爲己之學、入仕之初，立心當自此始，伯忠亦然之否？

啓蒙發揮後序

沖漠無朕而萬象已具，風氣漸開而人文漸明，非一聖一賢之所能盡發。故伏羲氏之畫八卦也，仰觀俯察，近取遠取，得《河圖》而後成。雖曰闡陰陽變化之妙，而其用不過教民決可否之疑而已。歷唐虞夏商，有占而無文。至文王始繫之以象，周公繫之以爻，吾夫子又從而爲之傳。更三古四聖人，而《易》之爲書始備，蓋非一時之所能備也。文王變後天之卦，而先天之《易》幾于亡，《大傳》發義理之奥，而變占之用幾于隱。後世不能會通而並觀，于是尚義理者淫于文辭，尚變占者淪于術數，而易道始離矣。我朝盛時，邵子密傳羲畫而缺于辭，程子晚繹周經而缺于象，先後不二十年，而從游非一日，迺不相爲謀而各自成書，皆臨終而後出。書雖不同，然各極其精微，反若分傳而互足。異哉，《易》道之所以大明也！由是朱子著爲《本義》，謂《易》本于占，而義爲占而發。懼後學梏于見聞而未易信也，又作《啓蒙》四章，先開其祕而祛其惑，首之以《本圖書》《原卦畫》，示《易》之所由始也。次之以《明蓍策》《考變占》，示《易》之所以用也。然亦各爲一書，而學者猶未能融會而貫通之。北山何先生受業勉齋之門，聞此義爲甚蚤。晚年纂輯朱子之緒論，羽翼朱子之成書，不敢自加一字，而條理粲然，群疑盡釋。至于引《本義》之彖辭，參于變占之後，使千百年離而未合者兩無遺恨，真有得于體用一原、顯微無間之深旨，豈不爲後人之大幸歟！先生無恙時，因約齋王史君請刊梓于盱江，嘗命僕序其首，僕固辭不敢承。先生今亡矣，不可使觀者不知編摩之大意，于是忘其疏鹵，述其略于後云。

會拜題名序

自後世宗法不立，而尊尊之義、親親之恩幾至于晦蝕泯滅而不存。豈秉彝好德之良心不如古人哉，亦以觀感服習之未至，此正父兄之責也。吾宗自始祖至五世，大宗嘗中斷矣，又三世，嘗以儒學顯于時矣。于是推親睦宗族之道，立爲序拜之禮，每朔會于四大位，上冢受胙亦然，所以一人心、定名分，以培根本也。扶持保守亦既有年，諸長上欲立始廟而未得其所，後因東軒虛曠，而卒成先志。然猶有所未盡，間嘗攷之《禮經》：「別子爲始祖，繼別爲大宗。」注疏有二義：一謂諸侯之庶子，别爲後世之始祖；一謂始來在本國者。今三府君自鳳林遷入城府，固已合始來之義。若以天子建德胙土言之，尚書莊敏公胙土東陽郡，侍講煥章公祚土金華，丞相文定公祚土魯國，皆得以爲始祖也。小四府君創業臨江，子孫出仕亦得以附始末之義，闔族建議，請同享于三府君之廟，所以共明命而厚人倫，于親親尊尊之道，庶幾乎有所觀感服習，垂裕無窮云。咸淳己巳冬至，奉安禮畢序拜謹述事，始〔一〇〕書于題名之首。

記

默成定武蘭亭記

《蘭亭脩禊序》，右軍之神筆也。所謂遒勁圓健，已備其美。七傳而至智永，其徒辯才尤秘藏如護頭目。越二百六七十年，而唐太宗以術取之，未幾，殉于昭陵，而真蹟亡矣。唐初善書者多，而臨摹不止一家，惟歐陽率更爲逼真，勒石禁中。石晋時契丹舉歸，流落于定武，此所以定武本獨貴重于天下。本朝慶曆中碑出民間，歐公《集古》所見已四五本，乃以定武爲別本，蓋亦未深考也。其後米南宫所得，止褚河南臨本耳。自熙寧後薛師正父子别刊二本以易元碑，于「湍」、「流」、「帶」、「左」、「天」劖損一二筆爲識，行于世者往往别刊本，故定武真本亦不多見。南渡以來，紛紛翻刻，幾千石矣。訛以傳訛，僅同兒戲，每竊哂之。寶祐丙辰仲夏將晦，内兄潘伯遠之子出乃父遺訓，以家傳數碑授予，囑以後事，而默成所寶《蘭亭叙》亦在其中。予且悲且懼，質曰〔一二〕：以承命久而玩之，實熙寧以前定武本也。何以證之？字有率更體，而所劖五字尚可見也。諸家所識精筆，儼然在目，千石辟易，莫敢仰視。如皓月中天而萬緯沈暉，如祥鸞覽德而群飛斂翼，自可獨步東南也。方宣和、紹興間，胡馬南馳，中原俶擾，士大夫宜未暇留神于翰墨，題識于後者猶二十餘人，多一時名公卿也，豈非懷古傷今而卒付之無言乎！最後范太史冲一跋，微發其機，寓感慨之深意，真足以瘖晋室群賢之舌而奪之氣。後之來者，宜不復可措手矣。惜乎元祐諸君子之故蹟脱落不存，自是息影潛形百二十餘年而歸于予。以予無所嗜好，一朝而得北方盛時之名刻，傳默成衣鉢之餘玩，亦異事也。暇日摩挲展觀，對諸賢姓名，肅然起敬。豈特懷感世道之廢興，而是物之託諸人者，已不勝其可嘆，未知後之視今復何如也。因題其顛末于後云。銘曰：

默成典刑，百年雲散。伯遠治命，授此珍玩。

定武故實，諸賢題贊。獨步東南，永式清鑒。

淳化帖記

本朝儒學獨盛，非漢唐可比，而碑刻尤多，蓋太宗皇帝偃武修文，一洗五季鋒鏑之腥，以闡吾道伊洛之原。天下甫定，即遣使購募前賢真蹟，集爲法帖十卷而藏之，鏤板于中禁，每大臣登進二〔一二〕府者，賜以墨本。歐陽《集古録》云：時禁中灾，碑板被焚，遂不復賜。或云板今在，但不賜耳，故人間以官法帖爲難得。然當時命王著辨精粗，而著之識鑒不明，真僞莫察，玉石雜揉，遂爲全帖之累。前人論此固多矣。此雖不能無疵，今彙萃古人筆，千百年間，一開卷而粲然在目，使人擊節賞嘆不已，豈不快哉！後來未暇論其少繆，政恨真法帖之難見。絳帖銓次不同，劉希白長沙帖字行疎密亦異，陳王本病于無精神，臨江本病于瘦弱，俱不足以比肩閣本，紛紛各自夸張，不特字體變動，而摸拓亦無精墨。是以山谷云，當時用歙州貢墨模打則色濃，李莊簡云：用李廷珪墨。後用潘谷墨則色淡。此墨色濃淡之分也。李莊簡云初時板完好，不用銀釘，後來板漸拆裂，然後用銀釘。此銀釘有無之分也。山谷又謂墨濃則瘦，墨淡則肥，此字畫肥瘦之分也。然非閣本，則此皆不足辨。予所見閣帖凡四本：一爲李莊簡舊藏，此爲墨最濃，而未見銀釘；一爲先伯文定家藏，墨淡而肥，已有銀釘；一爲聞人仲信家藏，亦非先本；一爲潘氏維屏得故家物，疑陳王本也。淳祐癸丑之夏，予偶得鬻碑廛敗之帖兩卷，人所不售者，細視之，真李廷珪墨打者也，精神體致絶出前四本。手自裝褫，分爲四册，永爲閣本之式。以予草茅下士，解后而得中原盛時難得之帖，亦大過分矣，而敢望其全乎！惟其不全，故予得而寶之。錫山尤公有云「鳳皇一毛，麒麟一甲，終是希世之寶」，況已得十分之二矣。天下之尤物，豈盡出于金題玉躞中耶？

靜觀堂記

予之宗人廬陵史君平生嗜《易》，自號玩易老人。晚于所居之西偏敞堂一區，扁曰「靜觀」。予時得從容于其間，而思得其義。蓋《易》之道，陰陽、動靜兩端而已。靜而觀萬物之理，是靜涵乎動；動而順萬物之情，是動主乎靜也。周子曰：動而無靜，靜而無動，物也；動而無動，靜而無靜，神也。故又曰非不動不靜也。朱子曰：惟聖人全乎天理，其動也，靜之理未嘗忘；其靜也，動之機未嘗息。此周子所謂神妙萬物者也。史君學有淵源，講動靜之理熟矣，觀萬物之情精矣。故出而試郡安吉也，當嘉熙庚子歲以歉告，禱雨盡其瘁，嗇其用，廣其儲，梳剔獄訟，動卹民隱，凡可自盡者，皆得于理之所當然。惟此郡苗額悉隷上供，歲仰和糴，例責牙儈。是時價日穹，用日窘，轉糴于大家，亦理也。豪猾訴于漕臺，使者嚴止之，告于朝廷，都曹不恤也。内有兵食之憂，外有餓莩之責，郡復可爲乎？于是再乞祠，三自劾而歸矣。動靜者進退之機也，進退審則動靜之見定，可以無媿。淳祐乙巳，再守建昌，未兩月盜發廣昌之管下，蓋頑民蟠據山谷，家植戈矛，平時擅私販之利，生長于寇略，爲患且久矣。一旦因憲司保伍之令太嚴，激其嘯呼，勢漸猖獗。侯亟作運調，爲捕招並行之計，糾合諸寨，請兵諸司，款賊謀，散徒黨，結内應，利器械，偫糗糧，應變轇轕，疾如風雨，卒能平盪八千之凶孽，無延蔓之禍，見于諸公之言者，尤可證也。有曰侯謂彼衆我寡，法當刑之，計以取之，使之不敢遠離巢穴，吾事濟矣。此制勝第一機也。有曰不動聲色，密運籌策，張聲勢，倡偶總，設招誘，解脇黨，郡賴按堵，皆由深沈果斷，應接得宜，不失事機故也。有曰子不聞比歲漳浦之盜乎？此其徒也，譬之養疽，不潰決不止，侯能款以計，一舉勦之，除數歲醖釀之禍根于旬月間，四境無相煽以動者，功不偉歟？夫平寇之策，不過招與捕二説，招所以捕，捕所以招，應機者神，執方則泥。己丑之失，必于招也，今日之得，招而捕也。且招且捕，不足以相病故也。其後鄭公逢辰之奏〔一三〕，尤爲慷慨，皆未足以得侯之心。蓋〔一四〕其静觀乎世道久矣，故能以一静獨立于群動之表，應倉卒而不瞿者，此也。至于廬陵之功，尤爲敏捷。始兵鈐挾驕卒，劫制郡將，一日號呶，侯叱之，氣讋而退。鈐乃密申諸司，謂卒爲亂。卒知之，不平，碎其車蓋，罵辱之。侯聞于朝，逐去。卒憤平而懼生，慮憲司之追捕，始謀作亂，闔郡惴惴。一日刻期縱火，伺者密告侯，歸理止以夜直之卒，出其不意，悉擒之，天風雷雨以助其威，侯入教場，施行如法，民不知也。簿書獄訟如平時，人咸服其從容。兵鈐竟媒孽以罪罷，邦之人士冤之，方建靖亂大碑以紀其實，作爲歌謡以頌焉。寓公歐陽守道爲之序，至今人德之。凡此三郡之設施，皆以静制動之効。觀其動而用者不失其當，知其静觀乎萬物之理，豈不精哉！侯以静而觀，予獨觀夫静而有感焉。周子《通書》以《蒙》《艮》二卦終之，何也？山下出泉，静而清，所以養其未發之善。《艮》其背者静而止，所以全其已發之善。一敬湛矣，萬想不摇，山光凝而夜月白，野水空而庭草翠，悠然自得，表裏俱融，此不特静觀也，而深造乎主静之地。果能如是，有何事業之不可爲？夫子曰精義入神以致用也，利用安身以崇德也，其勉之哉！史君名侑，實予之族姪云。

婺州都税院記

古先聖王屬意于商賈也厚矣，其制法爲甚詳，其設官爲甚密，以其貿遷有無，爲民生之大利也。故有司市之職，分地以經之，辨物以平之，禁靡以均之，與之行布徵價止訟，與之除詐去盜斂賒，無所不備。又有質人掌成市之貨賄，有司關達貨賄，以節傳出之，何其慮之深而衛之周也！孟子曰：古之爲市者，以其所有易其所無者，有司治之耳。其後有登龍斷左右望以罔市利者，人以爲賤，故從而征之。蓋紀征商之所自始，非若漢武帝窮兵黷武，海内虚耗，始税商賈以充其欲。此非賤其罔利也，而實利其倍息而已。凉法斂事，一開其源，而終不可窒，然亦通都大邑，燕車楚輦之交馳，江艫海舶之輻輳，征之未以爲虐，取之未以爲苛，猶將飭其詞曰：「所以抑末而厚本。」居是官者，晨出坐曹，群賈在列，或色動神喜于萬寶横陳之時，或朵頤染指于巨貝旅廷之後，一念火熾，百行瓦解。知自愛者于銓曹不敢輕下願注之筆，以其財利易汙也。惟婺之征官則異于是。地僻而道左，物瑣而利釁，官寒吏瘠，朝夕盼盼于刀錐之贏。歲額雖輕，而課賦常負，官多虚而吏專責矣，故益不可爲也。按郡乘，都税務舊在西南二百六十五步，宣和己亥煨燼之餘，徙于今地，去州西二里一十步，實建炎庚戌也。紹興辛酉又災，郡太守龍圖周公綱即新之。嘉定初又災，集撰王公棐在郡幕，奉命重創，嘗爲精廨矣。寶慶丁亥，漫塘劉公宰爲趙君琚作《題名記》及《征官箴》，人多稱誦之。景定庚申，居民不戒，災又及之。咸淳丙寅，侍郎陳公綺始創屋四楹于草莽荆棘之場，洞無壁立，不得與閭閻伍，過者愈薄之。越四年，天台侍郎慥堂鄭公之仲子某，不鄙其陋，辱莅斯職。既至，顧瞻徬徨，不忍周視，愀然太息曰：「此實吾之責也。」默計事力，蹙蹙靡騁，何所鳩材，何所僝傭，首以從物之費別貯以立其志，伐廢址大樟以定其本，繩檢浮蠹，對越實心，以俟其機。果有天幸，脩翁大資王公之伯子襯以大理簿來爲員外司馬，君以契家子受教于脩翁之門有年矣，理簿慨然曰：「成君之志，非吾其誰？」于是請于侍郎趙侯孟傳，願寬其期會，以日額補虧之奇羨捐以起其役，且自割俸米食之，又以橋梁之餘材佐之，遂得以因其四楹，前後翼之以軒，廳堂門廡、吏舍庖湢，次第而完且美矣。且斂牆縮地，虛其四旁，以防延燎。斧斤斷續，兩年于兹，會其貲凡十有五萬，無一毫及于商賈，皆欣欣然悦而願藏于市也。君以某有一日過從之雅，乃述其顛末，來徵事記曰：「某之先君子更歷中外幾三十年，屋不足以庇風雨，田不足以贍妻孥。夙夜懼不克紹此清規，貿貿逐禄，貧甚于家，不敢以賤有司弛其責，冒興大役，僥倖有成，何意深刻大書以述其勞？念廢興歲月不可以無考，且冀後之來者增而大之，以蓋吾陋。」予竊謂天下無不可爲之事業，顧吾用心如何耳。鄭君耳濡目染，冰蘗之操，不以貧累其心，見義必爲，所以如是之勇，獲乎上，得乎友，天實相之。蓋異時爲仕者不自重，官與吏爲市，吏與民爲仇，天降其灾，屢剥其廬。聖人觀《剥》之象曰：「山附于地，剥上以厚下，安宅。」此萬世爲政之大教也。嗣是居者警前日焚毀之慘，思今日興復之難，原先王恤商賈之心，利民生日用之需，誠能厚其下，必能安其宅云。

保寧軍節推廳建造記

惟我國家肇造，無一事不爲萬世長久之基。乾德間，始詔官廨增葺創造，對書新舊官曆，其不葺者殿一選。至景德三年，定爲印紙之目，廨宇間數既書其虧損，至添蓋則又問配民不配民，皆所以防制官吏，鞭辟其苟且，至詳密也。誠如是，則官舍常新矣。自印紙之式改，後人不復見舊制矣，官吏之苟日滋，官舍之圮日甚。咸淳辛未，永嘉曹公以宗卿出守東陽郡，政成民裕，堂宇樓觀次第脩整，雄壯藻麗，鎮壓溪山，氣象偉然，心乎義感，而幕府亦從而效焉。節推趙君某一日訪予于陋巷，曰：「敝廨幸已落成，願有以紀其役。」予以年衰學槁辭，而請不置。考諸郡乘，節度推官廳在州西二十八步，它無碑碣，而創始之歲月已荒。兩監郡之尊，前後臨之，城隍妥靈于其旁，涖職者惴惴不敢肆，往往視爲傳舍，苟焉支柱而已。前推官臧君某懼其廳宇之將壓也，嘗新之矣，迫于替去而不遑它顧。趙君來未久，堂室之輪奂粲然，兩序之榱桷翼如也。非有嚴令迫于前而不可不爲，非有醲賞誘于後有爲而爲，正以作于上者，從容而有餘，應于下者，亦隨力而興起，不過以吾職之所當得者，爲吾之職所當爲爾。區畫之暇，藏焉息焉。堂之中器用雅潔，堂之後水石幽邃。東序則經史横陳，琴聲清越，足以澡瀹其精神，足以涵養其志慮。事至理形，其應不倦，蓋有以澄治其原也。賢太守遂大書「不倦」扁其堂，猗歟盛哉，意甚渥也！竊謂不倦與無倦相似，而微不同。不倦者與之之詞也，無倦者，勉之之詞也。人方困于色，荒于酒，役役于貨利，營營乎進取，此心之德已虧，豈能不倦哉！昔子路勇于有爲者也，而夫子慮其不能持久，猶以無倦勉之，況後世氣昏質懦者乎！或始鋭而終怠，或驟作而隨止，曰姑緩、曰少待者皆倦也。凡勤其所不可勤，必倦其所不可倦，二勢之所必至，非毅然有守、確乎有常者，不能不愧于斯扁，與之者乃所以勉之也。或謂昔韓忠獻嘗爲推官，有稱其理不倦，爲宰相器，豈非賢太守以是期之歟？君曰：「何可擬也。忠獻以少年登高科，授監〔一五〕丞、常丞，通判淄州，直集賢院，然後徙爲開封府推官。擬非其倫，則吾豈敢？味此二字，即張子警惰之意。某雖不敏，請事斯語不敢忘。」予曰：君之言善矣，須知不倦者，終日乾乾之路頭也，非進德居業，不能至此。徹上徹下語，更無餘法。異日交承，不必對書印曆，請觀斯扁，則告新之能事忠矣。君黄巖人，遠庵之從孫也。

復齋記

《詩》不云乎「上天同雲，雨雪雰雰」，而終之以「生我百穀」，余嘗疑焉。方其朔風怒號，寒威凓凓，草拂之而色槁，木嬰之而葉凋，水落石出，山川寂寥，于是天地閉塞而成冬矣。所謂穀者投廩庾，混埃塵，瘁然未有生意也。是時太史謹候玉琯，輕葭飛灰，陽氣潛動，此之謂生生不息之機。物無終困之理，聖人之象《復》，于以見天地之心焉。蓋萬物必有大剥落，然後有大發生。人亦必有大摧折，然後有大成就。予友汪伯壽嗣詩書，蒙故業，有屋一區，蕭然于茂林脩竹間，雜卉芳妍，家具雅潔，有晋宋間風致，人所歆羡。一旦流落飄蕩，不與余相聞者十有餘年。一旦過予，面有德色，曰：「我遇異人，授以醫學，已療數十人矣。貧者施之藥，富者與之方，日邁月往，證熟理明。我將謀數椽之居，名之以『復齋』，閉門静坐，益探索其所未至，子盍爲我記焉。」予曰：「嘻，醫道之難言也久矣。此聖智之所盡心，而後世庸妄者假爲媒利之階，由是以技名也，士君子往往恥言之。殊不知古人有『不作宰相，必爲名醫』之語，謂其俱有活人之功也。至于燮理陰陽，審調虚實，使天下享安静和平之福，則相猶醫也。如是則醫之道亦大矣，而豈易言歟？今伯壽奮于久困之中，得倉扁不傳之妙，融幽釋眇，剖機剔鐍，采擷冥隱，排迮老蒼，萬尋而一綬，逸鶩而高翔。而又廣求天下名方精論百餘家，編帙華整，不容他人手觸。洗削纖浮，纖捕微奧，反冲斂約，守之于内，變通達化，應之于外，奇意芽甲，新語茂長，欲自成家。要使廢者復興，仆者復起，病有盡而藥無窮，固已體天地生物之仁，得《復》道反善之義。以此名齋，不亦宜乎！予力貧陋巷，故交影絶，獨伯壽時過我，要盟于文字之間，意則厚甚，余不敢辭。然伯壽燕坐于復齋之下，仰觀精畫而思其義，當存警戒之心。苟或縱酒眩色以復其狂，言浮意誇以復其誕，膠樸凝固以復其癖，此《易》所謂『迷復』也，雖欲自附于庸醫，不可得矣。予聞有萬卷堂、獨善閣者，君家之故物也。君能開其道〔一六〕，正其學，嘗其勤，範其廉，不失先世之初意。又能疏迪義理，講求淵源，以復漸麗澤之餘教，藹然于士君子之間。是亦復之義也，而況于毉乎！」

長嘯山遊記

辛卯之秋八月末晦有六日，長嘯子與客游于北山。未至赤松三里而近，有徐先之之别業焉。一山倔起于平壤之中，顧而異之。啓柴扉，穿小徑，步至其顛，勢如卧牛。南望積稻山如覆釜當前，皆赤松之應山也。迤邐而邁，步松陰之下，徘徊兩山間，水聲潺湲，竹樹繁翳，便與塵世隔絶。入寶積觀，遂吟《招隱》之詞曰：「金風瑟瑟兮斂素秋，黄雲逝兮委空疇。歲冉冉兮于邁，形役役兮奚求？彼美人兮襆被命駕，指北山兮爽氣朝浮。揮囂氛兮遠卻，策枝笻兮娛憂。穿松關兮深以悄，潛玄宮兮清以幽。仙道恍惚兮亘千古以難悟，遺像寂寞兮想二子之精修。噏清岑兮飲玄玉之液，餐芝英兮嗽華池之流。叱群羊兮共化，駕雙鶴兮同游。朝崑崙兮暮玄圃，揖羨門兮訪丹丘。橫八風兮上下，歸兩澗兮綢繆。嗟彭殤兮均一夢之不返，何虞象兮同一氣而不侔！嗟子房之末智兮捨圯上之老，黃石有約兮猶封留。念予生之多艱兮命與事仇，髮已種種兮盍早爲謀？何時結茅兮憑井竈之餘休，嘯日月兮跨蒼虬，飛紫府兮棲瓊樓，二三子兮其從予否？」見住持蔣道士鑿崖架室，石磴崎嶇，名之曰清涼境界。鶴計簡淡，松度凝遠，真修行人也。次歷諸道房，有樓峻峙于西岫，丹楹畫棨，欒櫨相因，重闉旋閣，雲縵霞敞，幽闃深窈，便戶潛通，器具精潔，窗几濟然。道士曰馬庵主，烹茶焚香，意甚勤愉。復尋周管轄、丁洞元、童掌籍精舍，軒池儼是，人琴俱非，屈指舊遊二十年矣，一嘆而退。登方丈，轉至鐘樓之側，有室曰隱齋。階下一石，玲瓏秀膩，下銳上展。齋後累石爲山，峰巒參差，花木間發，思致殊不惡。樓三區，在卧房之右。一曰邀月，正與鐘樓對。曲轉兩間，窗前脩竹萬竿，邃密環繞。竹外即溪流也，翠色滿樓，泉聲滿耳，坐久不能捨。次至夢仙堂，題「歲月經濯纓」，少憩于枕流亭上，奕棋一二局，草酌少許。徧讀前賢石刻，景慕高風，相與嘆咏，因得四十字曰：「二皇不可見，小酌酬清歡。晚逕山林沉，秋香院宇寬。清泉噴白石，翠竹護朱欄。滿壁先賢句，摩挲子細看。」再茶于過清，入小桃源，臨飛流，澡滌滿面康衢之埃。然後出觀門，轉橋東，謁二仙祠。酌祠後井水，清泚甘洌，香味雋永，久而不散。登祠右經臺，見山川融結之妙。策杖回步，而蔣道士邀諸塗，呼酒于隱齋樓下，遂留宿于邀月，又得四十字曰：「黄冠輸勝景，邀我上危梯。地僻人聲悄，樓高山影低。窗前列脩竹，檻外即清溪。泉石偷風雨，詩魂一夜迷。」時夜過半，紙窗微明，疑曉光之何亟也，推窗一望，月色皎然，竹影落澗，瑶光玉繩，蹔落陸離于幽眇苴漏之間。起坐久之，餐靈山之爽秀，吸顥氣之清英，如已飛化于蓬島之上，又得一絶云：「風露高寒夜向闌，月光穿縷萬琅玕。寂然不是人間世，多謝仙家露一斑。」黎明，假山輿上丹山，酌丹井。井淺而渾，遠不如祠後之泉也。陟雲巢，祀老君石像，捫丹竈故址。道士云：「昔年大雪，他處幾半丈，獨此數尺之地無之。」島嶼縈迴，連岡跨谷，古松合抱，林木茂密，鬱乎蒼蒼。由是披蒙茸，跡山脉，自丹井右分爲兩支，蜿蜒翔舞，三川縈絡，合鎖于赤松之原。所謂卧羊山，即二仙祠照山之陽也。靡迤而上，所謂煉丹山，即寶積觀之主山也。觀後所倚者曰屏風山，觀前所拱者曰金華山，此則赤松之大略可想矣。自煉丹山轉而之右，峜崟矗矗，氣象雄偉，名曰郭公尖，或曰郭公占，昔景純占于其上。起伏奔馳，至大溪而止，是爲馬鋪嶺，實王氏之祖塋也。自郭公尖轉西而北，疊巘峨阜，鬱茀綿邈，沿崖成蹊，寂寞長邁。俯瞰灊嶽，一逕迢迢，隨兩山之峽而入山橋。未至山橋半里許，有曰姜村，籬落扶疏，甍棟鱗萃，蟠山帶壑，平地曠衍，田園雞犬晏如也。爰居爰處，以安以固，使隱者得之，足以畢餘生而遂至樂也。山橋雖居嶺椒，然危青峭碧，戛霄摩漢，遠眺城郭，隱隱在晴光晻曖中。杖屨穿确磽而上，力憊息喘，至一聚落，縱横十餘家，皆汪其姓，生涯隨足，無甚貧者。一老饋漿而辭，余問其屋後最高之山，曰碁盤山，而不識其命名之意。山頂有徐公湖，水旱之禱，無遠無近，神岫相盼，嶄巖鈎鎖，豈無意而然耶！雜坐盤磯，上有蒸雲一穗，滏涬于隆阜之表，指謂同行曰「此雨雲也」，皆莫之信。偶得一絶云：「每日城中喜看山，却來絶頂望塵寰。白雲何處爲霖雨？尚在山尖蓊鬱間。」由是踰岡下垤，至于鹿田，本一寺也，今爲東、西，有故相葉公、養空潘公之題字，皆鐫之石。寺後有斷崖大石，離立于竹樹間，養空榜曰「第一軒」。觀其亂山如城，合圍于外，魚鼓對鳴，相呼于内，衍平皋以如席，分園廬之向背，膏壤布濩，廣袤數里，而鹿之不畊也亦已久矣。冠以朝真之險，賓以馬面之雄，碁盤蟬聯，白望虎踞，長蛇屈曲而下，群蛙亂躍而驚。顧楊家山崔嵬其左，後阿山蟠据而右，雙龍繞其胸，尖峰掇其肘，名曰第一，真不虚也。少休于東寺，午炊未熟，雷聲虩虩。須臾雲氣昏昧，狂風振蕩，驟雨飄忽，晦冥隱滅，淵妙屏迹。遂賦四十字而出，詩曰：「自陟山橋路，青巒步步奇。探幽忘倦懶，脱險得平夷。」「香火分雙寺，風流訪斷碑。我來風雨甚，妙處未容窺。」頃之雨定，冒溼而至金華觀。觀方重建法堂，虹梁雪壁，藻焕明敞。道士徐清臣進酒而先已醉甚，遂宿于爽軒。窗前一峰卓立，煙雲出没，頃刻百變。是夜薄冷，松聲摇蛩，飛瀑漱風，睡思清甚。蚤作促炊，入雙龍洞，洞前有椒庭，壁間句云：「一水穿開岩底石，片槎引入洞中天。」誠絶唱也。若夫峭壁擁地，穹谷隱天，清流亹亹，玄蔭耽耽，束緼分光，葉艇航碧，外洞可容千夫，内洞深窈無極。神鑱鬼削，賦諸形似，或如龍鱗爪轔囷，或如象鼻脚贔屓，獰如獅，甲如黿，寶蓋懸空，霞帶拖綉。

有浴室，有架衣。溝塍刻鏤，原隰畇畇，此仙田也。握拳撞擊，鼕鼕錚錚者，此鐘鼓也。最奇者曰水滴，尤妙者曰雪山，瑤琳玫瑰，璀璨玢豳，銀屋閃閃，皓質清潤，非世間物也。低而深者靈湫洋洋，沸騰淼漫，有神龍焉，不可至矣。路轉山腰，屐齒印蘚，探冰壺洞。洞前一亭，亦新創也。下危梯，觀瀑布，續登朝真。自鹿田西麓而上，一逕如綫，草莽斜封，一峻一險，前呼後扶。白雲深處，碧竇大張，石室直連三大間。最後石梁雄架，幾數百尺，限以横石，圓淵谽谺，瑟瑟有聲，蓋莫知其幾深也。有天窗，有月岩，素光淡薄，破暗鏤冥。外有小穴，俯首盲進十餘步，内復虚曠。斜坡慢道，上有雙室對敞。支洞之側，崖縫如擘，狹僅容身，上不見際。曲進數尺，一泓清淺，漏泉點滴，四時泠泠，不涸不涸。其外怪石數顆，對列洞前，趺坐其上，萬象森陳，千古不老。挹天宇之轇轕，攬烟塵之吐吞，溪瀨阡陌，互相經緯，樹色點綴，錦出綉没，真奇偉絶特之觀也。窮幽極眇，杳然莫測，靈以奇而生，境以静而融，世慮消忘，仙志遐舉。竊謂地勢高絶，人迹疎遠，非有神以司之，則虎豹狐狸之所宅也。勝域殊景，未易久留，歸授山靈，猛捨而返。次經石井潭，飛瀑漱雪，壯響轟雷，小亭翼然當前，野橋斜跨其上。遠望洞山，已入霄漢，佳思飄飄，所不足者脩竹耳。過秦國長主之塋，樓墮五鳳，孤塚巍然，枯棘翦翦，荒茅芊芊，羊虎殘缺，甲士不全，四顧蒼莽，無片瓦寸甃之存焉。嘆朱門之不恃，要後世之多賢。斜訪法清寺，僧有分謙者，精廬倚翠，曲池涵泚，小橋低飛。入養空所書浸碧軒，軒後一亭雅潔，花石濟楚，鑿石聚泉，標爲「玉乳」。便房曲閣，折構華巧。謙長髯而慧，裝背古帖，默然前輩尺牘，頗識吾人氣味。欣然不憚于相陪，引至穆賓閣，見養空《昆中四詩》板，精畫飛動，詞理超逸〔一七〕，相與敬嘆而出。訪智者寺，坐雷音亭上，尋雙澗之源。其一始于廢事寺之右，曰慈源，山川相繆，地靈闡露。回入智者，再飯于雙清堂，欄外方塘，龜魚藻荇，游泳縈紆，古木灌叢，野草馨烈。壁列侍郎陳公、相國葉公、尚書陳公、參政錢公四君子賡唱之什，知寺邀茶，爲禮頗敬。叩龜巢，歷覺報，乃魯國文定之塋也。方丈久虛，一卒住守墳。望尖峰四圍寬敞〔一八〕，門前松徑里餘，豐碑道旁，規橅宏壯。路由葛村而歸。于時丹楓纈林，香桂染袖，金粟垂穎，翠莢採豆，芙蓉靚冶，籬菊敷茂。紫蘭兮抗莖濯蕊于深幽，香稻兮春玉簸珠于踐蹂。懸顆苞于棗栗，粲青黄于橘柚。日暄而不熇，雨寒而不驟，正一年之佳景候也。爰乃馳勝軌，脱凡塵，志同類偶，心閑景妍，不爲酒困，不爲事牽，烟霞甄冶，神觀澄鮮。首尾越四日，各有得而還，粗述梗槩，奇妙莫宣。足跡之未歷者，復與同行尋盟焉。同行者誰？楊元定、徐彦成、汪必先，長嘯則金華王某，字會之也。

慕庵記

金華令尹愚翁先生蘇公，秋水之操而春風其德，不以僕爲邑子而鄙之，辱交甚厚。一日浩歌《歸去來》之詞，百里士民不能回也，鄉之寓公與當路使者，俱不得而留也。自公之去，金華無令尹者今四年矣。戊辰冬，辱公之書曰：「某少孤，先君久在殯，始克襄大事。越二十年，地以泉脉沈浸，遂改卜于帆遊鄉唐奥茶嶼，與先妣合葬，幽魂即安。遷徙至再，是皆不肖孤執事不敬，致[一九]此後悔。今又三十年，雖謹叨末第，而禄養不及，哀哀之痛，抱恨終天。自度狷介之性，必至忤物召禍以羞其親，由是奉身蚤歸，得以時拜墓下。每誦康節先生之詩曰『三尺荒墳百尺山，生身慈愛在其間。此情至死不能盡，日莫徘徊又且還』，未嘗不爲之心目悽斷。近葺數椽爲棲止之地，榜曰『慕庵』。子盍爲我記諸。」僕雖不敏，不敢辭。竊謂聖人删詩，而《蓼莪》之篇特著于《小雅》，蓋其推父母劬勞之恩，周密詳盡，所以感動人心，有惻其隱而不能自已。孟子所謂「大孝終身慕父母」者，正以「欲報之德，昊天罔極」也。今公有味乎康節之吟，徘徊不忍去，故作精舍，以奉烝嘗，以報顧復，可謂不忘其所由生矣。雖然，「誰云寸草心，報得三春暉」，此晋之受業者所以廢《蓼莪》之講也。今公以「慕」題其扁，固無待乎觀省之助，抑亦以示子孫云爾。自吾父母之當慕也，推而至于曾高，極而至于授姓命氏之初，同此一慕也；下而至于雲仍，以及乎千萬世之遠，亦豈外此慕哉？非曰徒慕其慈愛而已，必思所以脩身厲行，保一氣之流行而無間斷可也。一舉足而不敢忘父母，一出言而不敢忘父母，不敢以先父母之遺體行殆，懼虧其體，懼辱其親也。保一氣流行而無間斷者，亦惟存此心之仁而無間斷耳。此心之仁，即父母生育之仁也，父母生育之仁，即天地生物之心也。其所慕者不亦遠乎？敢以是語復于公，請以是語詔其子孫。若夫創造之歲月工程，則有不必書者矣。

陳氏世系記

陳氏之先居閩之侯官。本朝古靈先生之裔有諱螽者，自閩徙于台，自〔二〇〕台而徙居義烏。螽字宜詵，仕至秘書，生常。常生秉、彝。秉生潮，潮生光、明、昭，昭衢州路教。光生峴、崇、峻。峴生九齡、九萬，崇生九疇、九鼎，峻生九有、九思。明生嵩、岑。嵩生九澤、九陸。昭生田、岱、坦、嶽，遷稠巖。岱四門助教，生九成、九章、九用。九齡生銓、鈞、鈺。九萬生鋼、鐶，九疇生鏞，九鼎生鑑、鉅，九有生鉶、鋭。九思生鐸、鎬，鐸湖州通判，鎬太學直講。九澤生鑾，九成生鉉，九用生錫。鈞生涇、渭，綱生洙、泗，鏞生淵，鑑生灝、濟、溥，鉅生溶、洋，鉶生洪。鋭生濘。鐸生澄、瀚，澄爲郡馬。鎬生潛、洵、湛、淘。鑾生涪，鉉生瀾、潛。錫生温、濂。淵生模、桓。溥生杰、森，溶生楷、栻，洋生櫝、檜，洪生林，義烏教諭。澄生世績、世忠，世績郡馬。瀚生柟，潛生橋，洵生某〔二一〕，湛生相，淘生樞、機、衡，涪生棋，瀾生槩、格、楂，温生柟。濂生楧、杙，杙受業北山何先生之門。由秘書以來，何嗣胤之綿綿也！豈非積善而致然歟！

【校記】

〔一〕「筆」，原作「畢」，據馮本、四庫本改。
〔二〕「因」，馮本、四庫本作「困」。
〔三〕「闋」，原作「問」，據《續金華叢書》改。
〔四〕「仍」，原作「乃」，據《續金華叢書》、四庫本改。
〔五〕「評」，四庫本作「詳」。
〔六〕「悟」，原作「悮」，據《續金華叢書》、馮本、四庫本改。
〔七〕「下諸」，原作「天下」，據馮本、四庫本改。
〔八〕「直」，原脱，《續金華叢書》作「真」，據馮本、四庫本補。
〔九〕「索」，原脱，據四庫本補。
〔一〇〕「始」，原作「姑」，據四庫本改。
〔一一〕「曰」，原作「田」，據四庫本改。
〔一二〕「二」，馮本、《續金華叢書》作「天」。
〔一三〕「奏」，原作「秦」，據四庫本改。
〔一四〕「蓋」，原作「益」，據《續金華叢書》、四庫本改。
〔一五〕「監」，原本不清，據馮本、阮本、四庫本補。
〔一六〕「道」，原脱，《續金華叢書》、馮本亦脱，據四庫本補。

〔一七〕「逸」，原脱，據《續金華叢書》、四庫本補。

〔一八〕「敞」，原作「軟」，據四庫本改。

〔一九〕「致」，原作「之」，據四庫本改。

〔二〇〕「自」，原作「而」，據四庫本改。

〔二一〕「某」，原脱，據《續金華叢書》補。